Customer Service

고객서비스 능력 향상을 위한

NCS 기반

고객응대실무

서여주 저

 (주)백산출판사

머리말

오늘날 산업의 패러다임은 제조 산업 기반에서 서비스 중심의 산업으로 빠르게 변화하고 있으며, 경제활동의 권력은 공급자 위주에서 소비자 중심으로 바뀌게 되었다. 또한 다양한 기술의 발전과 개인적 요구의 증대는 소비자의 힘을 더욱 강화시켰으며, 이로 인해 소비자의 니즈를 분석하고 이해할 수 있는 학문과 기술 분야가 각광 받고 있는 상황이다.

서비스는 무형성(intangibility), 비분리성(inseparability), 이질성(heterogeneity), 소멸성(perishability) 등의 특징을 가지는데, 이러한 특성으로 인해 구체성이 떨어지고 서비스 제공자마다 서비스 품질이 달라지는 등의 문제가 존재한다. 따라서 서비스 경험을 구체적으로 가시화하고 표준화하는 등 전체적인 서비스의 경험 가치를 높이기 위한 방법이 중요한 이슈로 부상하게 된다. 서비스 산업이 경쟁력을 갖기 위해서는 무형의 서비스를 시각화·실제화시키고 고객에게 일관된 경험을 제공하는 체계적인 방법론을 갖추는 것이 필요하다는 것이다. 이는 고객의 요구에 맞추어 상품·서비스를 제공하는 것이 아니라 고객 안에 현재화된 요구(needs) 이상으로 잠재된 욕구(wants)를 미리 예측하고 대응하는 것이 필요한 시대가 도래했음을 의미한다.

더욱이 고객응대는 고객의 제품구매를 유도하기 위해 고객이 만족할 수 있는 제품의 정보와 지식을 제공하고, 고객과 직접 접촉하여 구매를 도와주는 행위로 판매 서비스인의 고객응대는 기업의 생산과 판매활동에 있어 매우 중요한 부분이라 할 수 있고, 특히 고관여 제품일수록 제품에 대한 전문적인 지식과 정보를 많이 갖춘 판매 서비스인의 고객응대에 따라 판매에 영향을 많이 받는다. 이런 의미에서 고객응대기술은 판매 서비스인의 전문성을 높이는 데 매우 중요한 요소이다.

이 책은 2016년 8월 새로 개정된 NCS(국가직무능력표준: National Competency Standard) 능력단위 중 매장판매상담(1003020112_16v2)에 초점을 맞춘 내용으로서, 판매 서비스인은 물론 고객 서비스와 밀접한 전공을 선택한 대학생을 위한 교재로 고객지향적 판매활동 능력을 향상시키는 데 목적을 두고 저술하였다.

책은 총 5부 16장으로 구성되어 있다.

제1부는 고객서비스에 대한 이해를 위해 서비스, 서비스 산업, 서비스 경제에 관한 설명과 서비스가 가지는 주요한 특징 그리고 고객 만족에 대한 의의를 다루었다.

제2부는 고객의 개념과 역할 그리고 고객응대 담당자의 역할 및 자세에 대하여 제안하였다.

제3부는 고객의 내적 요인에 관한 지각과 주의, 학습과 기억, 동기와 감정, 성격의 의미와 그것이 고객행동에 미치는 영향을 고찰하였다.

제4부의 고객응대기술 I 은 실무적 내용으로 고객 맞이하기, 고객응대 대화법을 중점적으로 소개하였다.

제5부의 고객응대기술 II 는 고객 불만과 고객 불만 처리에 관하여 살펴보았다.

끝으로 이 책이 나오기까지 많은 분들이 도움을 주셨다. 우선 무리한 일정에도 기꺼이 출판을 허락해 주신 백산출판사의 진욱상 대표님과 책을 만드느라 애써주신 편집부 및 마케팅부 임직원 여러분께도 진심을 담아 감사의 마음을 전해 드린다.

2018년 1월
서 여 주

CONTENTS

제1부

고객서비스의 이해

서비스를 이해하기 위해서는 그 상반된 개념인 재화와 비교해 보는 것이 유용하다. 재화는 창출될 수 있고 전달될 수 있는 유형적 물적 대상 혹은 제품으로서, 시간이 지나도 존재할 수 있기 때문에 추후에 창출 혹은 사용이 가능하다. 그러나 서비스는 무형적이면서 일정 시간이 지나면 쓸모없어지는 특성이 있다.

Chapter 01 서비스의 이해

1. 서비스의 개념

우리는 일상생활에서 서비스라는 용어를 자주 접하며 살지만 이에 대한 의미에 대하여 명쾌하게 대답할 수 있는 사람은 드물다. 서비스(service)의 어원은 노예라는 의미의 라틴어 'servus'에서 유래되어 '사람에 시중을 들다'라는 의미의 'servant', 'servitude', 'servile'이라는 영어를 파생시켰다. 이처럼 초기의 서비스는 계급사회이던 고대와 중세의 봉건제도하에서 왕실, 귀족 등의 특권층을 대상으로 노예가 주인에게 충성을 바쳐 거든다는 의미에서 출발하였음을 알 수 있다.

그러나 서비스의 개념은 시대와 사회의 변화에 따라 변모되었고 산업구조의 변화에 따라 상이한 의미로 사용되어 서비스를 하나의 표현으로 정의하기는 힘들다. 즉 서비스 자체가 다양하고 복합적인 특성을 지닌 탓에 포괄적 개념으로 이해해야 할 것이다.

우리나라 국어사전에서의 의미는 '남의 뜻을 받들어 섬김', '남을 위하여 자신을 돌보지 않고 노력함', '국가와 사회를 위하여 돌보지 않고 노력함'의 의미로 사용하며, 영어사전에서는 봉사, 돌봄, 용역, 근무, 접대, 시중, 조력, 공공편익, 종교의식, 수리와 보수 등의 다양한 개념으로 사용되고 있다.

한편, 서비스를 이해하기 위해서는 그 상반된 개념인 재화와 비교해 보는 것이 유용하다. 재화는 창출될 수 있고 전달될 수 있는 유형적 물적 대상 혹은 제품으로서, 시간이 지나도 존재할 수 있기 때문에 추후에 창출 혹은 사용이 가능하다. 그러나 서비스는 무형적이면서 일정 시간이 지나면 쓸모없어지는 특성이 있다. 서비스는 거의 동시에 창출되고 사용되는 프로세스나 형태를 의미한다. 소비자로서는 서비스가 창출된 이후 실질적으로 서비스를 보유할 수는 없지만 서비스의 효과는 유지할 수 있다. 이러한 서비스의 특성을 바탕으로 서비스를 '시장에서 판매되는 무형의 상품'으로 정의하고 무형과 유형의 기준은 손으로 만질 수 있는지 여부로 구분하였다(Rathmell, 1966). 경제학에서는 서비스를 용역으로 이해하여 유형재인 재화와 구분하며 비생산적 노동이나 비물질적 재화로 보는 관점이 주를 이룬다.

서비스에 대한 경영학과 마케팅 분야에서의 연구는 1960년대 초반부터 시작되어 재화와 서비스의 비교가 이루어졌다. 1970년대에 들어서면서 서비스의 특성 및 현상에 대해 관심이 집중되었고, 서비스 조직체만의 고유한 법칙, 개념, 전략 등의 연구가 진행되었으나 이론적 개념이나 접근법으로 발전하지 못하였다. 1980년대에는 서비스가 국민경제에서 차지하는 비중이 커지면서 품질관리에 관한 이슈들이 중요한 문제로 대두되었으며, 1990년대에 걸쳐 서비스에 대한 이론적인 체계와 전략적인 이슈가 학문의 대상이 되었다.

서비스에 대한 정의를 세분화하면 활동론적 정의, 속성론적 정의, 봉사론적 정의, 인간 상호관계적 정의로 나누어볼 수 있다.

(1) 활동론적 정의

고객응대 담당자가 고객편의를 위해 제공하는 신용 제공, 고객응대 담당자의 충고와 도움, 배달 등과 같은 여러 행위는 물론 일반 제품의 판매까지 포함되는 넓은 의미로 해석된다. Biois(1997)는 "서비스란 제품의 형태를 물리적으로 바꾸지 않고 판매에 제공되는 활동"이라고 정의한다.

Stanton(1981)은 "서비스란 소비자나 산업구매자에게 판매될 경우 욕구를 충족시키는 무형의 활동으로 제품이나 다른 서비스의 판매와 연계되지 않고도 개별적으로 확인 가능한 것"이라고 정의한다.

(2) 속성론적 정의

Rathmell(1974)은 서비스를 "시장에서 판매되는 무형의 상품"으로 정의하고 무형과 유형의 구분을 손으로 만질 수 있느냐의 여부에 따라 판단하고 있다. Shostack(1997)은 서비스는 무형재가 아니며 무형재로서 판매되지도 않는다는 반론을 제기한다. Shostack은 서비스가 무형성 이외에는 유형적 제품과 같다고 여기는 것은 잘못이라 말하고, 경험(영화), 시산(컨설팅), 과정(세탁) 등의 무형적 서비스에서 유형적 소유권을 구매할 수 없다고 하였다.

(3) 봉사론적 정의

Levitt(1972)은 서비스를 주종관계에서와 같이 윗사람을 섬기는 일로 보는 것이 기존의 통설이라 전제하고 현대적 서비스는 이런 전통적 주종의 사고에서 벗어나야 한다고 주장한다. 그는 서비스를 새로운 수단과 시스템을 사용하는 기능으로 인식하여야 서비스에 효율성, 신뢰성, 품질을 높일 수 있다고 하였다. 서비스는 대량생산을 하거나 미래나 수요에 대비하여 미리 저장할 수 없기 때문에 고도의 탄력적인 생산시스템이나 상당한 수준의 유휴 생산설비를 갖추지 않는 한 수요의 파동성에 대비하기 어렵다. 따라서 수요와 공급 간의 균형을 유지할 수 있는 변동적 수요대응 전략이나 수요와 공급을 균형 있게 조정할 수 있는 세심한 운영 전략을 필요로 한다.

(4) 인간 상호관계론적 정의

'서비스는 무형적 성격을 띠는 일련의 활동으로서 고객과 고객응대 담당자의 상호관계에서부터 발생해 고객의 문제를 해결해 주는 것'이라고 보는 입장이다. 많은 경우 서비스는 서비스 제공자와의 상호작용을 포함한다.

때로는 고객이 서비스 기업과 상호작용을 하지 않는 것처럼 보이기도 하지만 실제는 상호작용이 발생하게 되어 있다는 견해이다.

여러 정의를 정리하면, 서비스란 고객이 원하는 것을 제공해서 만족스럽게 하며, 그로 인해 부가가치를 높이기 위한 일련의 무형적 활동이라 정의할 수 있다. 더불어 고객 서비스란 고객에게 만족을 주고 또 고객과 우호관계를 장기적으로 유지하면서 고객을 조직화하는 일련의 활동이라 정의할 수 있다.

Chapter 02

서비스 산업의 이해

1. 서비스 산업의 배경

우리 경제는 제조업으로부터 서비스 산업으로의 구조변화가 급격히 진전되고 있다. 우리나라의 본격적인 경제개발이 시작된 1960년대 이후 제조업은 우리 경제의 중심으로서, 그리고 성장의 동력으로서 그 역할을 수행해 왔다. 그러나 클라크(Clark)가 경제발전에 따른 "1차 산업→2차 산업→3차 산업"으로의 구조이행에서 지적했던 바와 같이, 우리 경제도 1990년대 이후 제조업의 상대적 정체와 서비스업의 빠른 신장이 두드러지게 나타났다. 물론 다른 선진국이나 우리나라와 비슷한 발전단계에 있는 국가와 비교할 때 우리나라 제조업은 여전히 강세를 유지하고 있지만, 이미 과거 개발연대와 같은 눈부신 성장은 기대하기 어렵게 되었다. 그 대신 서비스업은 생산이나 고용 양면에서 매년 그 비중이 꾸준히 늘어나고 있으며, 선진국들의 경험에 비추어볼 때 이러한 추세는 앞으로도 지속될 것이다.

선진국들이 서비스 산업에 주목하는 이유는, 첫째, 서비스 산업 속에는 기존의 단순 가공조립 중심의 저부가가치 제조업에서의 경쟁우위 상실을 보완할 수 있는 중요한 업종들이 있기 때문이다. 전형적으로 그러한 분야는 수출 가능한 서비스업종으로서 금융, 관광, 국제물류, 사업서비스업, 문화콘텐

츠 등이며 여기에 최근에는 교육, 의료서비스 등도 부상하고 있다. 둘째, 서
비스 산업이 궁극적으로 '삶의 질'을 높이는 데 결정적으로 중요한 역할을 하
기 때문이다. 여기에는 개인서비스, 사회서비스, 공공서비스, 통신서비스 등
이 포함된다. 그러므로 일정수준으로 성장한 경제에서 나타나는 성장둔화
의 시기에는 기존의 제조업이 담당하던 성장 동력 기능을 어느 정도 대신하
고, 질 높은 생활수준을 보장하기 위해서 서비스 산업의 발전은 필수적이다.

〈표 1-1〉은 서비스 산업의 업종을 구분한 것으로 서비스 산업이란 무형의
재화(서비스)를 제공하는 산업으로서, 농림어업이나 제조업 등 유형의 재화
를 생산하는 산업을 제외한 모든 산업을 말한다. 이를 위해 한국표준산업분
류(KSIC : Korean Standard Industrial Classification, 제9차 개정)상 서비스
산업의 범위는 다음과 같다.

표 1-1 **서비스 산업의 분류**

한국표준산업분류(대분류기준)	세부내역 및 주요 업종
A. 농업, 임업 및 어업	• 농업 : 직물재배, 축산, 수렵 등 • 임업 : 묘목 생산, 벌목, 이생임산물 채취 등 • 어업 : 원양 · 연근해 · 내수면 어업, 양식 등
B. 광업	• 석탄 · 원유 · 천연가스, 철 · 비철금속, 비금속(석회석 · 모래 자갈 등) 채굴 · 채취 · 추출 활동
C. 제조업	• 원재료를 성질이 다른 새로운 제품으로 전환시키는 활동
D. 전기, 가스, 및 수도사업	• 전력 발전 · 송전, 가스 제조 · 공급, 증기 · 냉온수 공급, 생활 · 산업용수 공급
E. 건설업	• 지반공사, 건물 및 구축물을 신축 · 증축 · 재축 · 개축 · 수리 · 보수 · 해체 등
F. 하수폐기물처리, 원료재생 및 환경복원업	• 산업 · 생활 폐기물의 수집 · 운반처리, 환경 정화 복원, 원료재생 등
G. 도매 및 소매업	• 각종 물품에 대한 도 · 소매업, 무점포 소매업(통신판매, 노점 등) 상품중개업 등
H. 운수업	• 철도, 도로, 파이프라인, 택배, 해상 및 항공 등으로 여객 및 화물 운송, 화물취급업, 창고업, 터미널시설 운영업 등 운송관련 서비스업 수행
I. 숙박 및 음식점업	• 숙박업 : 호텔, 여관, 콘도, 캠프장 및 캠핑시설 등 • 음식점업 : 식당, 음식점, 간이식당, 카페, 다과점, 주점 및 음료점업 등

한국표준산업분류(대분류기준)	세부내역 및 주요 업종
J. 출판, 영상, 방송통신 및 정보서비스업	• 출판 : 일반서적 및 정기간행물 발간, 소프트웨어 개발 및 공급 등 • 영상 : 영화, 비디오물, 방송프로그램 제작 · 배급 · 상영 등 • 방송 : 라디오, 텔레비전 송출 • 통신 : 우편, 유무선 정보 송 · 수신 전달 • 컴퓨터 : 컴퓨터 시스템의 통합관련 기획 및 설계서비스, 관리 관련 기술서비스 등 • 정보 : 자료처리, 호스팅, 포털, 뉴스제공, 데이터베이스 및 온라인 정보제공 등
K. 금융 및 보험업	• 금융업 : 자금조성, 자금 재분배, 공급, 중개 • 보험업 : 개인 및 단체 대상 보험 · 공제사업 또는 연금사업
L. 부동산업 및 임대업	• 부동산업 : 자기소유 또는 임차한 건물, 토지 등의 운영 및 임대, 구매, 판매 등 • 임대업 : 산업용 · 개인 · 가정용 기계장비, 용품, 무형재산 권 임대
M. 전문, 과학 및 기술서비스업	• 연구개발 : 기초탐구, 응용연구, 실험개발 등 연구개발활동 • 전문서비스 : 법률, 회계 · 세무, 광고, 시장 · 여론조사, 경 영컨설팅 등 • 과학기술 : 건축설계, 엔지니어링 서비스, 검사 · 분석, 지질 조사 등 • 기타 : 수의, 전문디자인, 사진촬영, 매니저, 통 · 번역 등
N. 사업시설관리 및 사업지원서비스업	• 사업시설관리 : 청소, 소독 및 방제 서비스 및 조경관리 및 유지 • 사업지원 : 여행사업, 인력공급 · 고용알선, 경비 · 경호 · 보안, 문서작성 · 복사 등
O. 공공행정, 국방 및 사회보장 행정	• 입법행정, 일반정부행정, 사회 · 산업정책행정, 외무 · 국방행정, 사법 및 공공질서(경찰, 소방서 등)행정, 사회보 장행정
P. 교육서비스업	• 초등 · 중등 · 고등교육 정규교육기관 • 특수 · 외국인 · 대안학교, 일반 교습학원, 레크리에이션 · 직업훈련
Q. 보건업 및 사회복지서비스업	• 보건업 : 병원, 의원, 공중보건의료, 기타 유사 의료 (미술치료 등) • 사회복지서비스업 : 노인요양복지시설, 양로원, 장애인복지 시설, 보육시설
R. 예술, 스포츠 및 여가 관련 서비스업	• 창작 및 예술 : 연극, 무용, 음악 등 공연 기획 · 시설운영 • 도서관 · 사적지 등 : 도서관 · 독서실, 박물관 · 식물원 · 동물원 등 운영 • 스포츠 : 골프장, 스키장, 수영장 등 운영 • 유원지 및 기타 오락 : 유원지, 테마파크, 오락, 복권발행 등

한국표준산업분류(대분류기준)	세부내역 및 주요 업종
S. 협회 및 단체, 수리 및 기타 개인 서비스업	• 협회 및 단체 : 산업 · 전문가단체, 노동조합, 종교 · 정치단체, 시민운동 • 수리업 : 기계 · 장비, 자동차 · 모터사이클, 가정용품 등 • 개인서비스 : 미용업, 세탁, 장의업, 예식장업, 결혼상담업, 개인간병인 등
T. 가구 내 고용 및 자가소비 생산활동	• 가구 내 고용 : 가정교사, 가정부, 개인비서, 집사, 운전사 • 자가소비 : 사냥, 수확, 농장일 등 자가소비를 위한 가사 생산활동
U. 국제 및 외국기관	• 주한 외국공관, UN · OECD 등 근무

출처: 서비스 산업총연합회(http://www.fsi.or.kr)

[그림 1-1]은 서비스 산업의 고용현황을 나타내고 있다. 2014년 서비스업(SOC부문 제외)의 취업자 수는 17,841천 명으로 1980년의 5,065천 명에 비해 약 3.5배 증가한 규모이며, 1980~2014년간 연평균 3.9%의 높은 증가율을 기록하였다. 이는 동 기간 제조업의 취업자가 연평균 1.1%(전 산업은 연평균 1.8%) 증가한 것과 비교하면 3배 이상 높은 증가율로 지난 30여 년간 서비스업이 전체 취업자 증가를 주도해 왔음을 보여준다. 그 결과 전 산업 취업자 수에서 서비스업 취업자 수가 차지하는 비중도 1980년 37.0%에서 2014년 69.7%로 약 2배가량 늘어났다.

[그림 1-1]의 1980~2014년간 산업별 취업자 수 변화 추이에서 보는 바와 같이 제조업의 취업자 수가 1995년을 정점으로 완만한 감소추세를 보이고 있음에 비해 서비스업의 취업자 수는 1998년 외환위기로 인한 일시적 감소를 제외하고 지속적으로 증가하는 추세를 보이고 있다.

그림1-1 산업별 취업자 수 변화 추이 (단위: 천 명)

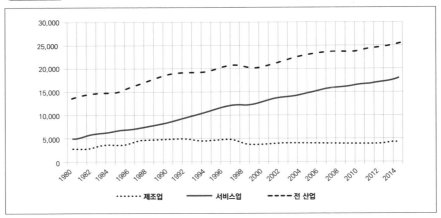

주: 1) 통계청의 표준산업분류체계의 개편으로 1992년과 2000년, 2004년에 시계열의 단절이 발생함.
   2) 서비스업에서 SOC부문(전기, 가스 및 수도업과 건설업)은 제외함.
자료: 통계청, 경제활동인구조사.

취업자 수 변화를 기간별로 나누어보면 제조업의 취업자 수는 1980년대 연평균 4.8%의 높은 증가율을 보였으나 1990년대에는 연평균 1.8%씩 감소하였다. 정확히는 1995년을 정점으로 취업자 수가 감소하기 시작하여 2009년까지 지속적인 감소세를 보였으며, 2010년 이후 다시 완만한 상승추세로 전환하였다. 반면 서비스업의 취업자는 1980년대 연평균 5.4%, 1990년대 연평균 4.6%, 2000~2014년간 연평균 2.5%로 비록 증가율은 둔화되고 있으나 지속적인 증가추세를 이어가고 있다.

표 1-2 서비스 산업의 분류: 산업별 취업자 수의 기간별 추이

	1980(A)	1990	2000	2014(B)	연평균 증가율(%)			B/A (배)
					'80~'89	'90~'99	'00~'14	
제조업	2,955	4,911	4,293	4,330	4.8	-1.8	0.5	1.5
서비스업	5,065	8,441	12,958	17,841	5.4	4.6	2.5	3.5
전 산업	13,683	18,085	21,156	25,599	2.6	1.5	1.6	1.9

자료: 통계청, 경제활동인구조사.

앞에서 살펴본 바와 같이 서비스업의 취업자 수는 지난 30여 년간 지속적으로 증가해 왔으며, 시간이 지남에 따라 증가폭은 둔화되고 있지만 지속적이고 안정적인 증가추세를 보여왔다. [그림 1-2]는 제조업과 서비스업의 취업자 수 순환변동치 추이이다. 이는 경기 변동에 따라 취업자 수가 얼마나 민감하게 반응하는가 하는 변동성을 보고자 함이다. 그림에서 보는 바와 같이 서비스업은 제조업에 비해 변동폭이 훨씬 작음을 알 수 있다. 1980~2014년간 서비스업의 취업자 수 순환변동치의 표준편차는 1.7로 동 기간 제조업의 4.7에 비해 훨씬 작다. 제조업의 표준편차를 1로 한 서비스업의 상대표준편차는 0.4이다. 제조업에 비해 서비스업 취업자 수가 경기 변동에 덜 민감하다는 것을 알 수 있다.

그림1-2 **산업별 취업자 수 순환변동치 추이** (단위: 천 명)

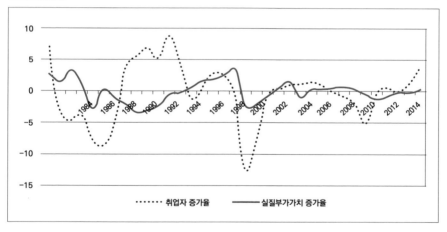

주: H-P필터를 이용하여 추세를 제거한 순환변동치를 백분율로 환산한 것임.
자료: 통계청, 경제활동인구조사.

일반적으로 노동에 대한 수요는 산업 생산으로부터 파생되는 수요이며 실제 노동 수요에 가장 크게 영향을 미치는 지표는 산업생산지표라 할 수 있다. 그러므로 여기서는 서비스업의 취업자 수 변화를 생산지표인 실질부가

가치의 변화와 관련지어 살펴보기로 한다. 1980~2014년간 서비스업의 취업자 수는 연평균 3.9% 증가하였고, 동 기간 서비스업의 실질부가가치는 연평균 6.5% 증가하였다. [그림 1-3]에서 보는 바와 같이 서비스업의 실질부가가치와 취업자 수는 동일한 변화 패턴을 보이고 있어 생산이 취업자 수에 영향을 미치는 중요한 변수임을 알 수 있다.

OECD 국가들은 부가가치와 고용창출의 70% 이상을 서비스 산업에서 차지하고 있다. 이와 같이 경제활동에서 서비스 부문이 주도적 위치를 차지하는 경제를 서비스 경제라 한다.

그림1-3 서비스업의 취업자 증가율과 실질부가가치 증가율 추이   (단위: %)

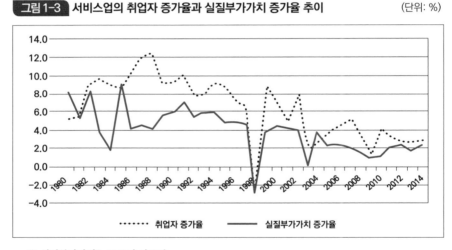

주: 실질부가가치는 2010년 기준임.
자료: 한국은행, 「국민계정」; 통계청, 「경제활동인구조사」.

2. 서비스 산업의 성장변화 이유

서비스 산업을 백과사전에서는 상업 · 금융업 · 보험업 · 운수업 · 통신업 · 관광업 · 광고업 등을 말하며, 최근 이에 속한 산업종사자는 자본주의 발전과 함께 증가하고 있다. 이는 생산과정 발전에 따른 유동부문의 확대를 의미하는 동시에, 신규졸업자나 젊은 노동자들이 서비스업에 유입됨을 뜻한다.

현대적 의미에서 국가핵심산업·국가전략산업이라고 할 수 있는 서비스산업이 성장할 수 있었던 이유는 여러 가지 내·외적인 성장배경이 있을 수 있으나 거시적인 측면에서 크게 8가지 이유에서 살펴볼 수 있다.

(1) 서비스의 중요성 인식

현대를 사는 소비자들은 재화보다 서비스에 대한 지출을 유지하는 데 더욱 높은 우선순위를 두는 실정으로 바뀌고 있다. 실제로 현대인들에게 있어 육아·건강관리·항공운송·오락·관광·교육 등은 재화보다 지출에 할당된 부분이 매우 커지고 있다.

학자와 실무자들에게도 기존 서비스의 가치는 부정적인 고정관념이 변화되고 있다. 서비스는 제조업에 비해 생산된 재화의 가치가 덜하다는 구시대적 이론이 바뀌고 있다. 서비스 부문의 노동에 대한 투자가 자본투자보다 훨씬 크며 생산성이 낮다는 기존의 이미지가 사라졌다. 항공, 통신, 공공 서비스와 같이 매우 자본집약적인 사업이 서비스 부문의 핵심이 되고 있다. 또한 많은 연구에서도 서비스 부문의 생산성이 제조 부문의 생산성을 능가한다고 밝히고 있다. 제조업이나 기타 산업에 있어 디자인·운송·재고 시스템과 같은 서비스는 기업의 생산성 증가에 매우 큰 역할을 하며, 제품의 구색을 소비자가 원하는 구색으로 전환시켜 완제품의 가치를 높이는 데 큰 기여를 한다. 또한 서비스 부문은 경기순환 시 고용을 안정시키는 역할도 한다. 이는 서비스에 대한 소비자의 지출이 제조업에 비해 보다 안정적이기 때문이다.

이처럼 소비자들은 물론 기업의 경영자 및 실무자를 포함한 학자들이 국가경제에 있어 많은 연구들을 통해 서비스의 중요성을 충분히 인식하고 있다. 이는 기존 제조업에 대한 관심이 서비스 경제로의 전환을 촉진시키는 큰 역할을 하고 있음을 간과할 수 없을 것이다.

(2) 정보기술의 발달

정보기술이 발달함에 따라 새로운 서비스가 시장에 수없이 등장하고 있다. 즉 컴퓨터 등장과 더불어 정보통신의 발달에 기인하여 많은 신종 서비스가 등장하고 발전하기 때문으로 여겨진다. 컴퓨터 · 스마트폰 · SNS 등의 등장은 전통적인 서비스 방식을 대체하였고, 새로운 개념의 서비스를 등장시키고 있다.

(3) 소비자 욕구의 다양화

소비자의 생활안정과 소득수준 향상 및 여가시간 증대와 같은 생활패턴 변화는 라이프스타일을 여러 형태로 변화시키고 있다. 즉 생존을 위한 기본욕구에서 여가 · 여행 등의 다양한 형태의 서비스를 출현시키게 되었다.

이와 더불어 소비자의 욕구가 점점 높아지고 있다는 것이다. 새로운 기술의 개발을 통해 기업이나 정부 등으로부터 더 많은 보다 높은 수준의 서비스를 기대하고 있다. 즉 기업으로 하여금 제품개발을 유도함으로써 새로운 형태의 다양한 서비스를 출현시키고 있다.

(4) 기업 활동에서의 필요성 증대

기업 간의 경쟁이 심화됨에 따라 다양한 형태의 서비스가 필요하게 되었다. 기업 내부적으로 R&D, 직원연수, 시장조사, 경영컨설팅, 정보관리강화 등이 기업경영의 주된 과제가 됨에 따라 경영컨설팅회사, 디자인연구소, 연수기관 등의 새로운 서비스를 출현시키게 되었다.

(5) 여성의 사회참여 확대

사회 인력 전반의 교육수준 증대와 더불어 여성들의 권익이 특히 향상되고 있다. 이와 더불어 여성들의 사회진출은 서비스 산업 노동구조를 변화시키고 있으며, 이러한 여성의 사회참여 및 취업증대는 새로운 서비스 산업(외식 · 통신 · 유통) 형태를 출현시키고 있다.

(6) 삶 형태의 복잡 · 다양화

현대사회는 소비자의 삶이 매우 복잡 · 다양해지고 있다. 경영컨설팅, 심리상담, 투자 및 취업상담 등등 개인의 안정적인 생활을 위해 새로운 형태의 서비스가 등장하고 또한 성장하고 있다.

(7) 제품의 복잡화 증가

가전제품을 비롯하여 자동차와 컴퓨터 등과 같이 과거와는 매우 다른 복잡한 제품들이 홍수처럼 쏟아져 나오고 있다. 이러한 제품은 소비자의 욕구 충족을 위해 매우 정교하고 복잡하게 이루어져 있다. 따라서 이를 사용하는 소비자가 제품 고장 시 자신이 직접 수선이나 수리를 할 수 없다. 이러한 복잡한 제품의 등장과 더불어 이를 유지하기 위한 수선 및 수리 서비스가 급속하게 발전하고 있다.

(8) 새로운 서비스의 등장

예전에 존재하지 않았던 새로운 형태의 서비스가 등장하고 있다. 즉 대혁신 서비스에서부터 기존의 서비스와 동일한 본원적인 욕구를 충족시키려는 신 서비스를 도입하는 새로운 사업의 등장과 기존 서비스에 새로운 서비스의 추가, 서비스 계열의 확장과 같은 새로운 형태의 서비스가 등장하고 있다.

3. 서비스에 대한 오해와 진실

서비스의 중요성이 날로 커지고 있지만 아직까지도 그 가치를 파악하지 못해 관심을 두지 못하는 경우가 많다. 일반적으로 사람들은 서비스에 대해 다음과 같은 오해를 하고 있다.

(1) 서비스는 다른 분야의 희생 대가로 생산된다?

이것은 초기 경제학 이론을 근거로 생겨난 편견이다. 카를 마르크스(Marx. K.)와 애덤 스미스(Smith. A) 모두 서비스는 제조업보다 중요하지 않으며 서비스에 대한 투자는 가급적 피해야 한다고 생각했다. 하지만 우리는 경제 전반에 걸쳐서 서비스의 가치와 중요성을 관찰할 수 있다. 오늘날에는 제품보다 서비스에 대한 예산 비중이 더 늘고 소비자들의 소비 경향에 있어서도 서비스가 더 우위에 있다. 전통적으로 서비스 분야는 경기순환 시 경제를 안정시키는 역할을 담당해 왔다. 과거 자료를 보면 경기 침체기 동안에 서비스 분야에서의 고용은 제조업보다 더 안정적이었다. 왜냐하면 서비스의 소비와 고용은 꾸준히 유지되어 왔기 때문이다.

즉 서비스 부문은 경기 불황 시에는 고용인구 감소를 줄였고 경기 호황시에는 제조부문에 비해 고용인구 증대에 더 기여하였다. 한 연구에 의하면 미국의 60년대 중반에서 80년대 중반까지를 보면 불황 시 2.1%, 호황 시 4.8%의 취업인구 증가를 서비스 부문에서 보였다. 반면 제조부문에서는 불황 시 8.3% 감소, 호황 시 3.8% 증가를 보였다.

(2) 서비스는 노동집약적이고 생산성이 낮다?

실제로 서비스는 자본집약적인 업종이 많다. 연구 결과에 의하면 자본집약적 기업의 절반이 서비스 업체였고 서비스 업체가 자본집약 정도가 낮은 기업에 속하는 경우는 거의 없었다. 최근에는 서비스 분야의 총투자가 제조업을 능가한다. 아울러 최근 연구들을 보면 서비스 분야의 생산성이 점차 증가하고 있고, 많은 경우 제조업의 생산성을 배가시키는 중요한 역할을 담당하고 있음을 알 수 있다.

(3) 공공부문의 투자 때문에 서비스 산업의 비중이 높을 뿐이다?

지난 수십 년간 공공분야에서의 고용을 통해 엄청난 성장을 이룬 것은 사실이지만 실제로 노동력의 절반 이상이 공공분야가 아닌 민간분야의 서비스업에 종사하고 있다. 따라서 이 역시 서비스에 대한 편견이라고 할 수 있다.

(4) 서비스는 비용으로 작용할 뿐 수익성의 요인이 아니다?

이는 서비스를 수리, 유지, 고객불평처리 등 판매 후 지원의 개념으로 간주한 것이다. 그러나 최근에는 서비스에 대한 개념이 확대되어 소비자에 대한 만족이나 가치를 증대시킬 수 있는 무형적인 것은 모두 서비스에 포함시킨다. 따라서 점차 많은 기업들에게 서비스는 경쟁자들과 차별화시키는 수단이자 중요한 수익 창출원이 되고 있다.

기업들이 서비스 전략의 효과에 의문을 갖기 시작하게 되자, 많은 연구자들은 제대로 수행된 서비스 전략이 기업에 수익을 준다는 것을 입증하기 시작했다. 하버드경영대학원에서는 내부서비스와 직원만족도가 고객 만족도를 높이고 궁극적으로 기업의 수익에 기여한다는 '서비스 수익 체인(service-profit chain)'을 제안하였다. 미시간 대학교에서 개발한 고객 만족지수인 ACSI(American Customer Satisfaction Index)와 관련한 연구결과들을 보면 고객 만족이 높을수록 수익성 및 주주가치와 같은 기업성과가 높다는 것을 알 수 있다. 국내의 경우 한국능률협회컨설팅의 KCSI(Korean Customer Satisfaction Index) 데이터를 분석한 결과 고객 만족도 점수 상위 50% 기업이 하위 50% 기업에 비해 매출액은 3배, 영업이익은 8배, 매출총이익은 4배가량 높은 것으로 나타났다.

이러한 실증적인 연구를 바탕으로 높은 수준의 서비스를 고객에게 제공함으로써 고객 만족을 실천하면 기업의 성과가 높아짐을 알 수 있다. 즉 서비스는 비용이 아니라 기업의 수익에 기여하는 중요한 요인임을 확인할 수 있다.

정부도 이에 발맞춰 기업들이 소비자 관점에서 자율적으로 소비자 권익을 증진하는 경영활동을 하도록 유도하려는 목적에서 소비자중심경영(CCM: Consumer Centered Management) 인증제도를 도입하였다. CCM 인증제도는 기업 측면에서는 소비자 지향적 경영문화를 확산하고, 소비자 중심으로 경영 시스템을 구축·정비하여 대내·외적으로 기업의 경쟁력을 향상시키며, 소비자 측면에서는 소비자의 권익을 증진하려는 노력을 통하여 소비자의 후생과 권익을 높이는 데 기여하는 것을 목표로 하는 제도이다. CCM 인증제도의 기대효과는 다음과 같다. 첫째, 소비자 측면에서는 상품 및 서비스 선택기준이 되는 정보를 제공받고, 인증기업과 소비자문제 발생 시 CCM 운영체계에 따라 신속하고 합리적인 해결이 가능하다. 둘째, 기업 측면에서는 CEO와 임직원의 소비자 권익에 대한 인식을 제고하고, 상품과 서비스 수준을 소비자 관점으로 끊임없이 개선함으로써 대내·외 경쟁력을 강화할 수 있다. 셋째, 공공 측면에서는 사후 분쟁해결 및 행정조치로 인한 사회적 비용을 절감하고, 소비자중심의 선순환시장을 조성함으로써 기업-소비자 상생문화 확산에 기여한다(서여주, 2016).

Chapter 03
서비스의 특징

[그림 1-4]에 따르는 서비스는 유형의 제품과 달리 무형성, 생산과 소비의 동시성, 이질성, 소멸성으로 인하여 경영자가 관리하는 데 많은 한계를 갖는다. 따라서 서비스 경영은 결국 이러한 서비스 특성을 잘 활용하고 문제점을 극복하는 과정이라고 할 수 있다.

그림 1-4 서비스의 특징

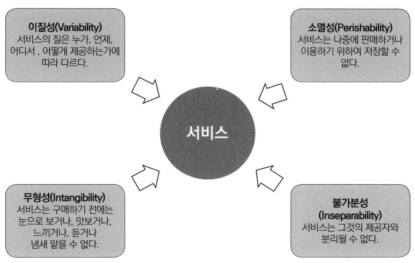

이질성(Variability)
서비스의 질은 누가, 언제, 어디서 , 어떻게 제공하는가에 따라 다르다.

소멸성(Perishability)
서비스는 나중에 판매하거나 이용하기 위하여 저장할 수 없다.

서비스

무형성(Intangibility)
서비스는 구매하기 전에는 눈으로 보거나, 맛보거나, 느끼거나, 듣거나 냄새 맡을 수 없다.

불가분성
(Inseparability)
서비스는 그것의 제공자와 분리될 수 없다.

출처: 이인경(2016), 인파워 & 서비스 이미지 메이킹, 백산출판사.

1. 무형성(Intangibility)

(1) 무형성의 의의

서비스를 재화와 구분하는 가장 기본적인 특성은 무형성이다. 이는 서비스는 제공받기 전에는 맛볼 수도 없고, 냄새 맡을 수도 없으며, 소리를 들을 수도 만질 수도 없기 때문이다. 이처럼 서비스의 기본적인 특성은 형태가 없다는 것인데 이를 무형성이라 한다. 따라서 서비스의 가치를 파악하거나 평가하기는 어렵다.

그래서 많은 기업에서는 광고보다 사용경험자의 구전에 많은 비중을 두고 있다. 이는 고객들이 서비스를 구매하기 이전에 불확실성을 줄이기 위해 물적 증거를 찾기 때문이다. 예를 들면, 백화점 매장 내의 외관, 청결상태, 고객응대 담당자의 표정, 태도 등의 단서를 통해 서비스를 평가하게 되는 것이다.

무형성의 문제를 해결하기 위해 유형적인 요소의 탁월성을 알리는 것은 좋은 전략이다. 유형적 단서가 있어야만 무형성을 감소시킬 수 있으며, 동시에 무형성 때문에 가중되는 소비자의 위험을 감소시킬 수 있다.

한 가지 주의할 점은 완전히 무형적이거나 완전히 유형적인 서비스는 존재하지 않는다는 것이다. 그래서 유형성이 제품과 서비스를 구분하는 중요한 기준이 될 수는 없다.

(2) 무형성을 극복하기 위한 서비스 전략

서비스는 상호작용하는 행위이기에 유형의 제품처럼 눈에 보이지 않는다. 그래서 '서비스의 무형성'이라는 특징은 서비스 기업 경영에 있어서 몇 가지 시사점을 제시하고 있다. 그것은 바로 무형성을 어떤 형태로든 유형화시켜 고객들에게 이러한 점을 해소시키는 것이다.

예로, 당일 배송, 15분 인화 등을 생각해 보자. 고객들은 배송이라는 무형화된 서비스를 당일(24시간 이내), 15분 등의 시간적 유형화 개념으로 이해하면서 무형의 서비스를 더 직접적으로 느낄 수 있게 되는데, 이와 같은 것을 물리적 증거라 한다.

즉 물리적 증거는 일련의 서비스의 무형성을 어떠한 형태로는 유형화시키는 시도를 일컫는 말로써, 매우 다양한 형태를 가지고 있다.

먼저, 호텔에서는 객실과 식음료를 이용하기 전 홈페이지나 광고 등을 통해 간접적인 경험을 접할 수 있도록 하여, 구매를 결정하는 데 영향을 줄 수 있도록 하고 있다. 또한 호텔고객응대 담당자들의 복장과 용모 및 태도 등도 모두 물리적 증거에 해당한다.

병원에서는 병원 내부의 적정온도 및 조명, 소음, 청결 정도, 각종 검사장비 및 소개자료 등 모두가 물리적 증거에 해당한다. 이처럼 고객들은 이러한 증거들을 통해 해당 기업을 사전에 판단하여 결정에 영향을 받기도 한다. 물리적 증거의 제대로 된 관리는 해당 기업에 대한 긍정적인 첫 이미지를 고객에게 심어줄 수 있을 뿐 아니라 서비스 품질에도 믿음을 줄 수 있는 결정적 역할을 한다. 그러므로 경영이 잘 되는 기업은 최종적으로 물리적 증거를 잘 관리한다는 뜻으로도 해석할 수 있다.

2. 비분리성(Inseparability)

(1) 비분리성의 의의

서비스는 생산과 소비가 동시에 일어나는 비분리성 혹은 동시성을 갖고 있다. 유형제품의 경우 거래와 함께 소유권 이전이 일어나지만, 서비스의 경우는 놀거나 즐길 수 있을 뿐 가질 수는 없다. 즉 서비스는 그 서비스 제공자가 사람이든 또는 기계이든 간에 제공자와 분리될 수 없다는 것을 의미한다.

다시 말해, 사람이 서비스를 제공한다면, 그 사람은 서비스의 한 부분이 되는데, 결국 서비스를 행하는 것은 정신적·물리적 노동을 결합한 결과를 의미한다. 이러한 비분리성으로 인하여 고객이 서비스의 생산과정에 참여하면 생산자의 측면에서는 서비스의 한 부분으로 인적 요소의 중요성이 당연히 부각될 수밖에 없다.

서비스는 우선 판매되고 그 후 동시에 생산·소비되는 관계로, 고객은 서비스가 생산되는 현장에 있어야 하며, 제공자와 고객 간의 상호작용이 서비스 마케팅의 중요한 특징이 된다. 즉 서비스 공급자는 고객들과 지속적으로 접촉하게 되고, 고객과의 상호작용은 매우 중요한 역할을 하게 된다.

이처럼, 생산과 동시에 소비되기 때문에 소비자의 서비스 생산과정 참여가 빈번히 일어난다.

(2) 비분리성을 극복하기 위한 서비스 전략

버스의 경우 기사는 운전을 생산하고 동시에 고객은 운송을 소비한다. 헤어숍에서 머리를 자르는 것이나, 네일숍에서 네일서비스를 받는 것도 미용사와 네일디자이너의 생산의 과정이지만 고객은 소비의 과정이기도 하다.

이처럼, 생산과정에 고객이 참여하는 하는 것을 비분리성이라 할 수 있다.

매장을 방문하는 고객이 자신이 원하는 스타일에 대해 설명하는 참여행위는 절대적으로 중요하다. 제품의 경우 구입 전에 소비자가 시험해 볼 수 있지만, 서비스의 경우에는 불가능하고 이는 구매 전에 품질통제를 하기 힘들기 때문이다. 따라서 직원 선발에 신중해야 하고 지속적인 교육훈련이 필요한 이유가 여기에 있다.

3. 이질성(Heterogeneity)

(1) 이질성의 의의

서비스는 비표준적이며 고도로 가변적이다. 서비스 생산과정과 분배과정에 사람이 개입하기 때문에 유형 제품처럼 동질적일 수가 없는데, 이러한 서비스 이질성 때문에 고객 제공 서비스의 표준화가 어렵다.

즉 제품과 서비스 간의 차이점에 있어 매우 빈번하게 강조되는 점은 바로 고객에게 서비스가 제공되기 이전에 서비스의 품질을 통제할 수 있는 방법이 부족하다는 점이다.

서비스 접촉은 실시간(real-time)으로 발생하고, 고객은 이러한 서비스 생산과정에 현존하게 된다. 따라서 서비스의 생산 및 전달과정에서 문제가 발생하게 되면, 고객에게 서비스가 전달되기 이전에 품질통제의 수단을 강구하는 것이 매우 어렵게 된다. 이처럼 서비스의 이질성은 서비스가 생산 및 전달되는 과정상 계속해서 완벽한 서비스 품질을 달성하는 것을 불가능하게 하는 요소이다.

이는 한 고객에 대한 서비스가 다른 고객에게는 다르게 제공될 수 있기 때문이기도 하며, 서비스가 100% 표준화될 수 없다는 한계점이 있기 때문이다. 즉 서비스는 고객과의 상호작용 과정에서 고객과 제공자에 따라 다양하게 나타나기도 하며, 언제 어디에서 그리고 어떻게 제공되느냐에 따라 다양하게 나타나기도 한다. 품질이 제공자와 장소 및 시간에 따라 혹은 제공자의 내·외부 환경적인 요소에 따라 변하기 때문에 서비스의 표준화와 품질통제는 매우 곤란할 수밖에 없다. 또한 서비스를 전달하는 제공자의 인간적인 요소가 제품에 함께 포함되어 전달되기 때문에 표준 매뉴얼과 제품 표준화를 만드는 작업이 매우 어렵다. 그러므로 서비스 과정에서 어떤 일이 발생될지를 예측할 수 없기 때문에 이를 찾아내거나 시정하는 것이 거의 불가능하다.

(2) 이질성을 극복하기 위한 서비스 전략

메리어트 호텔(Marriott Hotel)이 경영하는 음식점과 호텔에는 일하는 데 일정한 규칙이 정해져 있다고 한다. 이를 메리어트의 표준운영절차(SOP: Standard Opereating Procedure)라고 하는데, 이는 처음부터 올바르게 일하는 습관을 몸에 익히고 사소한 것까지 정해진 순서와 매뉴얼대로 일을 처리해 나감으로써 서비스를 표준화시키는 것이다.

예를 들어, 메리어트의 숙박산업에서는 백과사전과도 같은 '절차에 관한 매뉴얼'을 사용하는데 그중에서 가장 악명 높은 것은 30분 이내에 호텔 객실을 청소하기 위한 66단계에 이르는 절차에 관한 지침이라고 한다. 그럼 왜 메리어트에서는 일의 절차나 일관성을 그렇게 중요하게 생각하는 것일까?

기본적으로 시스템은 사람을 위주로 하는 기업에 있어서 자연적으로 발생하는 문제에 질서를 부여해 준다. 기본적인 규칙이 없다면 100명에게 똑같은 과업을 주었을 경우 수많은 다른 종류의 일하는 방식(이질성)을 낳게 될 것이다. 따라서 효율적인 시스템과 명확한 규칙만이 일관성 있는 제품과 서비스를 생산할 수 있게 도와줄 것이다.

또한 메리어트의 첫 번째 목표 중 하나는 고객들에게 불편함이나 의외성 없는 일관성 있는 서비스를 제공하는 것이라고 한다. 검증된 시스템과 표준운영절차(SOP)는 고객이 가장 싫어하는 의외성을 제거해 줌으로써 일관성 있는 서비스를 가능하게 해준다. 예를 들어 고객이 너무 피곤하여 거의 반쯤 잠든 상태로 호텔에 들어왔다고 하자. 매우 신속하게 숙박등록절차를 마치고 객실로 가서 편히 잠잘 수 있게 도와주는 서비스를 받고 감동하여, 다시 그 호텔이나 같은 브랜드를 가진 호텔에 갔을 때 언제든지 일관성 있게 고객들에게 같은 서비스가 제공된다면 그것은 고객들에게 호텔에 대한 신뢰와 계속해서 다시 찾아오고 싶은 동기를 부여할 것이다.

4. 소멸성(Perishability)

(1) 소멸성의 의의

서비스는 생산되는 즉시 소멸되기 때문에 재고 형태로 보존할 수 없으며, 즉시 사용하지 않으면 사라진다. 그러므로 소비자가 서비스가 제공되는 시점에 이를 소비하지 않으면, 그 서비스는 사라져버린다.

반면에, 제품은 재고로 보관이 가능하다. 예를 들면, 비행기 좌석은 저장될 수 없으며, 채워지지 않은 좌석은 저장되는 것이 아니라 사라져버리고 만다. 항공사는 어제의 비행에서 재고로 남은 빈 좌석을 내일의 초과수요를 채

우기 위해 재고로 유지할 수 없는 것이다.

레스토랑 매장에서도 고객들이 예약시간을 지키지 않는 경우 이에 대한 비용을 부과하는 것은 서비스의 소멸성 때문이다. 수요가 지속적으로 안정적이면 서비스의 소멸성은 문제가 되지 않지만, 그렇지 못한 경우에는 크게 문제가 될 수도 있다.

(2) 소멸성에 대처하기 위한 서비스 전략 사례

극장이나 통신사들은 수요가 없는 시간에 이용하는 고객들에게 조조할인 등 보다 낮은 요금을 적용함으로써 가장 수요가 많은 시간의 초과수요를 이전시키고자 하는 서비스 가격의 차별화를 통해 소멸성을 극복하려 한다. 또한 스키장은 비성수기에 잔디 썰매장을 설치하거나 리프트를 이용한 경관수요 등을 창출할 수 있다.

또한 많은 은행들이 보통예금 등에서 얻은 낮은 수익을 보완하기 위해 다양한 투자성 서비스를 제공하기도 하며, 항공사, 철도, 호텔, 식당 등에서는 예약시스템을 도입하여 고객 수요를 사전에 확보하기 위해 노력하고 있다. 서비스의 특성에 따른 문제점과 극복전략을 〈표 1-3〉에 다시 정리하였다.

표 1-3 서비스의 특성에 따른 문제점과 극복전략

서비스의 특성	문제점	극복전략
무형성	• 독점적 권리에 의한 보호 불가능 (특허보호의 곤란성) • 저장의 불가능 • 진열이나 설명의 어려움 • 구매하기 전 확인 불가능 • 가격 설정 기준의 불명확	• 실제적 단서의 제공 • 개인적 접촉의 강화 • 구전활동 적극 활용 • 기업 이미지관리 • 구매 후 커뮤니케이션의 강화
비분리성	• 서비스 생산과정에 고객이 참여 • 집중화 및 대규모 생산의 어려움	• 직원 선발 및 교육에 집중 • 철저한 고객관리 • 서비스망의 구축
이질성	• 표준화 어려움 • 품질 통제의 어려움	• 서비스의 표준화 구축 • 고객층에 맞는 개별화 전략구축
소멸성	• 재고로서 보관이 불가능 • 구매 직후 편익이 사라짐	• 수요와 공급의 조절

출처: 문소윤(2016), 서비스파워, 백산출판사.

Chapter 04

고객 만족의 의의

1. 좋은 서비스를 갖추기 위한 요건

고객 서비스(customer service)는 재화나 서비스 상품을 구입한 고객에게 제공하는 사전 및 사후 관리 서비스를 말한다. 또한 서비스 산업에서 경쟁우위를 확보하는 데 매우 광범위하게 활용되고 있다. 기업에서 고객 서비스 역할은 무한경쟁시대에서 성공적인 기업활동을 이끌어나가는 데 중추적인 역할을 한다고 볼 수 있다. 이는 기업활동을 함에 있어 모든 절차가 고객으로부터 시작하여 고객으로 끝나는 철저한 고객중심적 사고를 하여야만 그 기업이 성장·발전할 수 있는 시대가 되었기 때문이다.

그렇기에 고객 서비스는 기업 간의 경쟁우위를 확보하는 방편이자, 고객을 확보하고 재창출해 내는 일련의 활동이라 정의할 수 있다. 때문에 많은 기업들은 끊임없이 변화하는 고객들의 필요요소를 파악하고 충족시키는 과정을 통해 고객들과의 관계강화에 많은 노력을 기울이고 있다.

앞서 살펴본 바와 같이 기업에서의 고객서비스는 기업을 유지·발전시키는 데 반드시 필요한 성공요소 중 하나가 되었다. 얀 칼슨의 『진실의 순간』이란 저서 중에도 "소매업에서는 가격이 하루 만에 똑같아지고 상품 품목은 3일 만에 모방된다. 차이를 좁히기 힘들고 따라할 수 없는 것이 서비스다."라고 설명하고 있다. 이러한 서비스가 성공적으로 잘 이루어지기 위해 고객응대 담당자가 갖추어야 할 필요요건과 기업이 갖추어야 할 필요요건을 함께 살펴보자.

1) 고객응대 담당자가 갖추어야 할 필요요건

(1) 기술

고객응대 담당자에게 필요한 요건을 먼저 살펴보면, 먼저 기술이라 할 수 있겠다. 그렇다면, 서비스가 기술이 될 수 있을까?

기술의 사전적 의미가 영어로는 Skill(훈련 등으로 얻은), Technique(전문적인), Technology(과학ㆍ공업 등의)로서, 무엇인가를 만들어내거나 성취하는 방법을 뜻한다고 할 수 있다. 이제껏 기술이 단순히 인간생활에 유용하도록 가공하는 수단의 하나였다면, 21C에서의 기술은 그 범위가 확장되어 있다. 예로, 과거 기술에는 건축, 공업, 무기 제조, 운전 등이 있었다면, 이제는 서비스도 기술영역의 하나에 포함되고 있기 때문이다.

고객 서비스에 있어서의 기술이란, 고객응대 담당자의 커뮤니케이션 기법, 이미지 관리, 서비스 마인드, 그리고 고객응대 담당자 개개인만의 재주 등을 통해 고객과의 관계를 도모함과 동시에 재방문을 이끌어내어, 서로 간의 WIN-WIN관계를 유지하는 데 필요한 능력 혹은 역량을 말한다. 서비스 기술에 속한 세부요소들은 뒷장에서 좀 더 세세하게 다루어보기로 하고, 우리들 각자가 고객서비스에서 어떠한 기술을 갖추고 근무하고 있는지 혹은 준비하고 생각하여 보자.

(2) 목표의식

기업에서는 외부환경과 내부환경의 변화에 관계없이 항상 목표를 설정하고 이를 수행하기 위한 목표관리를 하고 있다. 이를 통해 직원 개개인은 조직의 장기적 비전에 맞추어 주체적으로 자신의 개인목표를 설정하고, 설정된 목표와 기획을 통해 적극적인 실행을 위한 자기 목표관리를 하고 있다.

이처럼, 기업에서도 형식적인 측면에서 직원 개개인의 업적을 평가하는 것이 아니라, 직원의 자발성과 책임 있는 행동을 통해 인사시스템을 관리하고 있다.

1994년 위스콘신대학의 연구진에 따르면, 목표의식을 가진 사람과 그렇지 않은 사람들을 대상으로 단어 퍼즐처럼 두뇌를 사용하는 과제에서부터 통나무를 베고 자전거 페달을 밟는 신체활동에 이르기까지 모든 영역에서 뚜렷한 성과 차이를 보였다고 한다. 이처럼 목표의식을 가진 벌목꾼들은 그렇지 않은 사람들에 비해 같은 시간에 더 많은 나무를 베었고, 운전기사들이 트럭에 실어 나르는 통나무의 양도 법적 허용치의 60%에서 90%로 많아졌다.

이처럼, 직원 개개인의 목표의식과 관리는 자신의 개인 역량발전의 성과에도 밀접한 관련이 있으며, 나아가 개인과 조직이 함께 성장할 수 있는 튼튼한 밑거름이 될 수 있다.

1:1.6:1.62라는 공식이 있다.

일할 때 남이 시켜서 일하는 경우의 능률이 1이라고 한다면, 자발적으로 하는 경우는 1.6배, 능동적으로 즐기면서 하는 경우의 능률은 1.62, 즉 2.56배의 성과를 낼 수 있다는 것이다. 결국 두 배의 성과 차이도 각자의 목표의식의 유무에 달려 있다는 것을 알 수 있다. 목표를 하나씩 실천하려는 자세를 갖출 때 그것이 실력이 되고, 결국 승리자로 남게 될 것이며, 더 나아가 기업의 성공도 가져올 수 있다. 결국, 기업의 고객 서비스 경영이 성공적으로 이루어지기 위해서는 직원 한 명 한 명의 목표의식이 매우 중요하다고 할 수 있다.

보통 우리는 습관적으로 상대방과 스스로를 비교하며, 불만을 가지거나 불행하다고 느끼는 경우가 많은데, 진정한 승리자는 어제의 나와 오늘의 나를 비교하고, 현재 자신의 목표성과가 어느 정도 달성되었는지를 평가하는 사람이 아닐까?

"우리에게 필요한 것은 아무런 긴장도 없는 안락한 상태가 아니라, 스스로 선택한 가치 있는 목적을 위해 애쓰고 노력하는 것이다."라는 빅터 프랭클의 말처럼, 적당히 이루었다고 생각될 때 긴장의 끈을 놓으면 성장은 정체되고, 그 시간이 길어지면 자연히 퇴보할 수밖에 없다는 사실을 잊지 말아야겠다.

2. 기업이 갖추어야 할 필요요건

(1) 내부고객 만족

서비스 산업에서 인적 자원이 차지하는 비중은 매우 크다. 인적 자원을 통해 경영활동을 수행하고 매출과 이윤을 창조한다는 점에서 직원의 직무만족도나 직무수행능력은 기업의 경영성과와 직접적으로 연결되어 있다고 할 수 있다.

이는, 일반적으로 고객지향성이 높은 서비스 종사자들은 제조업에 비하여 외부고객의 필요(needs)와 욕구(wants)를 직접적으로 충족시켜야 하는 업무환경으로 인해, 이들이 더 질 높은 서비스를 제공하기 위해서는 서비스 기업의 내부고객 만족방안과 그 중요성의 문제를 깊이 새겨보아야 한다.

그래서 현재 많은 기업에서는 내부고객의 고객지향성을 증대시키고, 개개인의 능력이 발휘될 수 있도록 하는 내부마케팅 활동에 역점을 두고 있다.

실제로 의료서비스 기업인 병원에서도 신규환자(고객)의 비율이 70~80%가 넘는다면 이는 내부마케팅이 잘 되어 있는 병원이라고 할 수 있다고 한다. 외부 광고를 하지 않는 경우 보통 내부마케팅을 통한 CRM 구축이 매우 잘 되어 있기에 가능한 것이다. 이처럼, 좋은 서비스를 제공하기 위해서 가장 중요한 요소가 내부고객 만족이며 동시에 기업의 경영이 성공적으로 운영될 수 있는 것이다.

사우스웨스트 항공의 허브 켈러허 전 회장은 창립 25주년 기념식에서 "직원, 고객, 주주 중에서 누가 가장 중요한가?"라는 질문을 던졌다고 한다. 여러분은 누구라고 생각하는가? 켈러허 전 회장에게는 이 질문이 전혀 문제가 되지 않았다고 한다.

이유는 직원이 바로 첫째이기 때문이다. "직원이 행복하고, 만족하며, 헌신적이고 에너지가 충만하면 고객에게 서비스를 잘하게 된다. 고객이 행복하면 그들은 다시 오게 된다. 그러면 그것이 주주도 행복하게 만든다."라는 말에서도 엿볼 수 있듯이 기업이 직원들과 이익을 나누면 나눌수록 손실이 발생하는 것이 아니라 더 많은 이익이 발생한다는 사실을 깨달아야겠다.

경영자가 직원을 다루는 방식이 그 직원이 고객을 다루는 방식과 직결되어 있기 때문이다. 만약 직원들이 고객들에게 친절하게 대하고, 그래서 고객들이 더 많이 찾게 된다면 그것이야말로 사업에 진짜 이익이 되는 부분이 아닐까?

(2) 리더십

리더십은 집단의 목표나 내부 구조의 유지를 위하여 성원이 자발적으로 집단활동에 참여하여 이를 달성하도록 유도하는 능력이라 정의하고 있다. 리더십이 과거에는 정치·사회학에서 많이 다루어져 왔으나, 현대에 들어서는 기업이 경영활동을 하는 데 있어 경영학 중에서도 경영관리가 큰 문제로 대두되어 왔고, 경영자의 리더십은 기업의 발전을 좌우하는 것으로서 중요시되고 있다.

그러나 많은 유수의 기업 CEO가 모두 훌륭한 리더십을 가지고 있지는 않다. 어떤 경영자는 조직 내에서 자신의 권한을 이용하여 직원을 압박하거나 본인이 회사 내부 사정을 가장 많이 알고 있다고 생각하기도 한다.

하지만 경영자가 누구보다도 많이 알아야 하며, 누구보다도 많이 연구해야 하는 것은 바로 다름 아닌, 모든 직원의 역량을 마지막 1%까지 완전히 발휘할 수 있도록 도와주는 방법이어야 할 것이다.

무한경쟁시대에서 경영을 지속적으로 유지하고 살아남으려면 직원 한 사람 한 사람의 재능을 100% 동원할 수 있도록 동기를 부여하고, 그들의 능력과 아이디어를 효과적으로 끌어낼 수 있는 동기부여형 리더십을 기르는 것이 기업 CEO의 중요한 역할일 것이다.

부정적 기업문화를 긍정적인 문화로 바꾸는 데는 최대 6년이라는 시간이 걸리지만, 직원들의 사기와 생산성을 떨어뜨리는 데는 5분도 채 안 걸린다는 연구결과는 리더가 보여주는 모습이 그대로 직원들에게 투영되므로 말이 아닌 행동으로 보여주는 솔선수범이 요구된다고 하겠다.

3. 고객서비스 품질 측정

고객서비스 품질은 전달된 서비스의 고객 만족도로 평가된다. 고객 만족도는 서비스에 대한 고객의 기대(expectation), 인지(perception) 수준과 서비스의 실제 수행능력에 의해 측정된다. Parasuraman, Zeithmal, & Berry(1988) 등은 10가지 차원으로 구성된 서비스 품질의 속성을 5개 차원으로 통합하여 SERVQUAL(Service+Quality)이라는 서비스 품질 측정항목을 개발하였다 (〈표 1-4〉 참조).

표 1-4 고객서비스 품질의 측정항목

서비스 품질 평가 10차원	정의	SERVQUAL 5차원	정의
유형성	서비스의 평가를 위한 외형적 단서 예) 물적 시설, 장비, 서비스 종사자의 외모, 서비스 시설 내의 다른 고객, 의사소통도구의 외형	유형성	물리적 시설, 장비, 직원, 커뮤니케이션 자료의 제공
신뢰성	약속된 서비스를 정확하게 수행하는 능력 예) 서비스 수행의 철저함, 청구서 정확도, 정확한 기록, 약속시간 엄수	신뢰성	약속한 서비스를 믿을 수 있고 정확하게 수행할 수 있는 능력

서비스 품질 평가 10차원	정의	SERVQUAL 5차원	정의
응답성	고객을 돕고 즉각적인 서비스를 제 공하려는 의지 예) 서비스의 적시성, 고객의 문의나 요구에 즉시 응답, 신속한 서비 스 제공	응답성	고객을 도와주고 신속 한 서비스를 제공하려 는 의지
능력	서비스를 수행하는 데 필요한 기술 과 지식의 소유 예) 조직의 연구개발력, 담당직원과 지원인력의 기술과 지식	확신성	직원의 지식 및 공손 함, 신뢰성과 안전성을 유발시키는 능력
예의	고객과 접촉하는 서비스 종사자의 친절과 배려, 공손함 예) 고객의 재산과 시간에 대한 배 려, 담당 서비스 종사자의 정중 한 태도		
신용성	서비스 제공자의 진실성, 정직성 예) 기업평판, 기업이름, 서비스 종 사자의 정직성, 강매의 정도		
안전성	위험, 의심으로부터의 자유 예) 물리적 안전, 금전적 안전, 비밀 보장		
접근성	접근가능성과 접촉 용이성 예) 전화예약, 대기시간, 서비스 제 공시간 및 장소의 편리성	공감성	쉽게 접근할 수 있고 의사소통이 잘 되고 고 객을 제대로 이해하려 는 개인적 관심과 애정
커뮤니케이션	고객의 말에 귀 기울이고 고객에게 쉬운 말로 알림 예) 서비스에 대한 설명, 서비스비용 의 설명, 문제해결 보증		
고객이해	고객과 그들의 욕구를 알려는 노력 예) 고객의 구체적인 요구사항 학습, 개별적 관심 제공, 사용/우량고 객 인정		

(1) 유형성(tangibles)

유형성은 물리적 시설, 장비, 인력, 각종 커뮤니케이션 용품 등의 외양으로 정의된다. 이 모든 것은 고객, 특히 신규고객이 품질을 평가할 때 사용하는 서비스의 물리적 표현과 이미지를 제공한다. 유형성은 특히 레스토랑, 호텔, 백화점 매장 등과 같이 고객이 서비스를 받기 위해 시설을 방문하는 접대 서비스업에서 강조된다.

(2) 신뢰성(reliability)

신뢰성은 약속한 서비스를 정확하게 제공하는 능력으로 정의되며 서비스 품질을 지각하는 데 가장 중요한 요소로 꼽히고 있다. 신뢰성이란 기업이 서비스 제공, 문제해결 등에서 직접적으로 한 약속이나 가격책정에서 간접적으로 한 약속을 제대로 제공하는 것이다. 고객은 약속을 지키는 기업과 거래하기를 원하며 고객이 기억하는 분쟁의 대다수는 핵심서비스시스템의 실패와 이를 해결하려는 후속조치의 미비에서 발생한다.

(3) 반응성(responsiveness)

고객의 요구, 질문, 불만, 문제 등을 처리하는 배려(attractiveness)와 신속성(promptness)을 강조한다. 즉 고객과의 중요한 서비스접점에서 언급한 고객응대 담당자의 행동과 서비스 품질의 반응성 간에는 강한 유사성이 있다. 반응성은 도움, 질문에 대한 대답 및 문제해결에 소요되는 시간이라고 할 수 있다. 또한 반응성은 유연성과 고객의 욕구에 서비스를 맞추는 고객화란 개념도 포괄한다. 서비스 제공과정이나 문제해결과정을 회사의 관점이 아니라 고객의 관점에서 얼마나 신속하고 유연하게 해결하는가가 관건이 된다.

(4) 확실성(assurance)

확실성은 회사와 고객응대 담당자의 지식, 정중함, 믿음직하게 느끼게 하는 능력 등으로 정의된다. 믿음(trust)과 확신(confidence)은 증권 중개인, 보험대리인, 변호사, 컨설턴트 등과 같이 고객에게 기업의 서비스를 연결하는 사람이 실현해야 할 과제이다. 이러한 서비스의 경우 회사는 핵심접촉인물과 고객 사이에 믿음과 애호가 형성되기를 바란다.

(5) 공감성(empathy)

공감성은 회사가 고객 개개인에게 제공하는 주의(attention)와 보살핌 (caring)으로 정의된다. 공감성의 핵심은 개인화된 고객의 주문 서비스로 고객이 독특하고 특별하다는 것을 전달하는 것이다. 고객은 서비스를 제공하는 회사가 자신을 이해하고 중요하게 느끼기를 원한다. 서비스 기업의 직원은 흔히 고객의 이름을 알고 고객의 개별적인 욕구와 기호까지 알아 이를 감안한 관계를 구축한다.

그림 1-5 SERVQUAL 모형

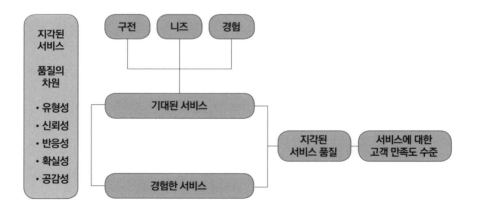

4. 고객 만족을 위하여 서비스가 중요한 이유

1) 고객 만족의 이해

기업이 서비스를 제공하는 핵심은 상품을 구매하는 고객의 만족이라 할 수 있다. 그러면 고객을 만족시킨다는 것은 무엇이며, 어떻게 효과적으로 다양하고 복잡한 개개인을 만족시킬 수 있는지가 현재 기업의 가장 큰 과제일 것이다.

일반적으로 기업에서의 고객 만족(customer satisfaction)이란 고객이 자신이 지불한 비용보다 제공받은 서비스 품질이 높다고 판단하여, 기업에 대한 신뢰감을 갖게 되고 결과적으로 재방문이 연속적으로 이루어지는 상태를 말한다.

고객 만족을 이루기 위해서는 다양한 요인이 고객을 만족시키지 않으면 안 된다. 특히 최근에는 고객의 요구 및 욕구수준이 높아 기업에서 고객의 기대치 이상의 서비스를 지향하지 않으면 절대 고객 만족이 이루어지지 않는다는 사실을 명심해야 한다. 일단 고객 만족을 이루기 위해서는 기업에서 판매하는 제품, 서비스, 기업 이미지 등이 고객 만족과 직접적인 관계가 있다고 보면 된다.

(1) 제품

고객은 제품을 통해 그 기대가치를 인식하고, 구매 후 사용해 봄으로써 실제 사용가치에 대한 만족 정도를 표시한다. 디자인, 스타일, 색상, 상표 및 인지도, 편리성 등의 하드적 가치와 품질, 기능, 성능, 효능, 가격 등의 소프트적 가치를 동시에 만족시키는 것이 바람직하다.

(2) 서비스

서비스는 만질 수도, 눈에 보이지도 않지만 제품에 감동과 즐거움, 그리움과 설렘을 제공하기도 하며, 만족도 평가 시 주요 구성요소가 된다. 쾌적한 분위기, 호감 가는 분위기, 적정 공간 등의 전반적인 분위기와 복장, 미소, 표정, 친절, 신속, 정확, 전문적인 상담 등의 접객 서비스를 적절히 제공해야 한다.

(3) 기업이미지

아무리 제품이 훌륭하고 서비스가 뛰어나더라도 그 기업이 지닌 평판, 신뢰성 등 기업 이미지가 나쁠 경우 만족도는 감소한다. 따라서 문화활동, 사회복지활동, 건전한 사회풍토 조성, 지역사회 발전방안 모색 등의 사회공헌활동이 기업이미지를 향상시킬 수 있다.

표1-5 고객 만족의 구성요소

제품	제품의 하드적 가치	품질, 기능, 성능, 효율, 가격
	제품의 소프트적 가치	디자인, 사용의 편리성, 사용설명서 등
서비스	영업장의 분위기	호감을 가질 수 있는 업장, 쾌적한 분위기
	판매담당자의 접객서비스	복장, 언행, 인사, 응답, 미소, 상품지식 등
	애프터와 정보서비스	애프터서비스, 라이프스타일, 정보제공 서비스
기업 이미지	사회공헌활동	문화, 스포츠 활동 및 지원, 복지활동
	환경보호활동	리사이클 활동, 환경보호 캠페인

2) 고객 만족에서 서비스가 중요한 이유

[그림 1-6]과 같이 고객 만족을 위한 서비스가 중요한 이유를 한번 살펴보자.

첫째로 고객이 만족 혹은 감동을 받았을 때에는 기업의 제품을 재이용함으로써 충성고객으로 전환된다. 더불어, 기업의 판매 및 이윤증대에 큰 역할을 하여 좋은 구전효과를 기대할 수 있다.

반면에, 고객이 불만족하였을 경우에는 이용을 즉시 중지하거나 경쟁업체 등장 시 곧 이탈할 수 있으며, 나쁜 이미지로 낙인되어 결국 판매 및 이용감소로 이어져 기업 유지가 힘들어지는 결과를 초래하게 된다.

그러므로 문제가 발생되었을 때 어떻게 대처하느냐에 따라 고객 만족 혹은 불만족으로 이어질 수 있게 된다.

그림1-6 고객 만족을 위한 서비스를 창조해야 하는 이유

출처: 이정학(2016), 서비스경영, 기문사.

읽을
거리

고객에게 감동을 선사하는
와우 고객서비스(Wow Customer Service) 개념과
실행을 위한 7가지 팁

2배
좋은 소식 대비
나쁜 소식 확산 속도

85%
나쁜 고객서비스 경험으로
특정 업체와의 거래를
중지한 고객

한 기업에 대한 좋은 소식 대비 나쁜 소식이 퍼져나가는 속도
2배, 나쁜 고객서비스를 경험하고 해당 업체와의 관계를 끊
은 고객은 85%. 그만큼 기업의 생존에 있어서 '고객과의 관계가
중요하다'는 것은 많은 기업들이 아는 사실입니다.

이제는 고객을 만족시키는 단계에서 끝나는 서비스는 그만, 앞
으로는 고객들에게 감동을 선사해서 '와우!' 소리가 나오게 하는
서비스가 중요해질 것이라고 하는데요. 그렇다면 도대체 와우 고
객서비스(WOW Customer Service)란 무엇이고, 기업에서는 와우
고객서비스 시대에 어떻게 대응해야 할까요?

와우 고객서비스(WOW Customer Service)란?

말 그대로, 고객의 입에서 감동의 "와우!"가 나오는 고객서비스
를 뜻합니다. 고객이 "와우"를 경험한다는 것은 기업이 고객의 '기
대치' 이상으로 훌륭한 서비스를 제공했다는 것입니다. 그렇기에
고객이 기업과의 관계에서 행복을 경험하게 되고 이는 충성도로
연결됩니다.

와우 고객서비스는 고객에게 기업의 관심을 어필하는 서비스입니다. 진심을 담아서 말이죠. 단순히 고객의 문의사항에 의무적으로 답하는 것을 벗어나, 고객의 입장에서 그들의 마음을 헤아리고 고객의 입장에서 최선의 답안을 도출해 보는 과정이라고 생각하면 되겠습니다.

고객을 '만족'시키는 것에 대해 잠시 생각해 보도록 하겠습니다. 기업 구성원의 입장에서 볼 때 '고객을 만족시켜야겠다'로는 별로 동기부여가 되지 않습니다. '나는 오늘도 고객에게 만족을 줄 거야!'라고 담당자 스스로 동기부여가 되기는 어렵습니다. 고객 입장에서도 '궁금했던 사항에 대해 답을 얻었으니 만족해' 정도로는 주변에 그 기업에 대해 언급조차 하지도 않죠. 그만큼 고객 만족이란 개념은 낡은 발상입니다.

이쯤 해서 와우 고객서비스에 대해 얘기해 봅시다. 기업에서 답변의 질을 한 단계 높여서, 고객을 만족시키는 데 그치지 않고, 고객 입에서 '와우' 소리가 나는 답변을 제공한다면? 고객에게 사랑, 친근함, 유익함, 공감 등의 가치를 제공한다면 고객들은 감동을 받게 됩니다. 그리고 자신이 해당 기업의 멋진 서비스에 얼마나 감동을 받았는지 주변에 홍보하고 다니겠죠.

와우 고객서비스에 대해 어느 정도 감이 잡히셨다면, 이제는 와우 고객서비스를 제공하기 위한 7가지 팁을 소개해 드리도록 하겠습니다.

와우 고객서비스를 제공하기 위한 7가지 팁
1. 고객과의 첫 만남에 집중하라
고객들의 입에서 "와우!" 소리를 끌어내기 위한 첫 번째 단계는 바로 첫 만남에 심혈을 기울이는 것입니다. 잘 와 닿지 않는다고

요? 그렇다면 Wufoo의 CEO Kevin Hale의 비유를 통해 좀 더 쉽게 설명해 보도록 하겠습니다.

"예를 들어 소개팅 자리라고 가정해 봅시다. 첫 만남에서 상대방이 코를 판다면 당연히 두 번째 만남으로 이어지지 않겠죠. 반면, 수년간 같이 살았던 배우자가 똑같이 코를 파고 있다고 해도 그게 즉시 이혼으로 이어지진 않습니다. 이렇듯 관계가 이미 형성되었는지 아닌지에 따라 분명히 차이가 존재합니다."

새로운 고객은 여기서 소개팅 상대이고, 기존 고객은 결혼한 배우자입니다. 그렇다면 어떤 고객에게서 온 문의사항에 더 집중해야 하는지 명확해집니다. 새로운 고객의 문제를 정성스럽게 해결하세요. 새로운 고객이 와우 효과를 경험하면 기업에 대한 충성도가 올라갈 것입니다.

2. 항상 해결책을 제시하라

그 어떤 상황에도, 그 어떤 난관에도 항상 해결책을 제시해야 합니다. 우리 모두 마음가짐을 달리해야 하는데요, 고객의 문제를 해결하기 위해 "그 어떤 자원이 소비된다 하더라도" 고객에게 행복을 전달하는 것이 우리의 제1 목표가 되어야 합니다.

고객서비스의 정석이라고 불리는 자포스(Zappos)를 예로 들어보겠습니다. 자포스는 원칙적으로 미국 내 배송서비스밖에 제공하고 있지 않은데요, 해외에 있는 자포스의 고객들로부터 종종 "해외로도 배송해 달라!"라는 문의를 받는다고 합니다. 단순히 "죄송합니다. 고객님, 저희 회사는 미국 내 배송만을 원칙으로 하고 있습니다."라고 대답하는 대신에, 자포스는 똑같은 제품을 해당 국가로 배송해 주는 타 사이트의 목록을 작성하여 고객에게 보내줍니다.

경쟁기업을 제공하면서까지 고객과의 관계에 많은 노력을 기울이는 것을 확인할 수 있는데요. 참 역설적이지 않나요? 하지만 이러한 진정성이 바로 고객과의 관계를 향상시키는 비결이라고 합니다.

3. 최대한 빠르게 답변하라

와우 효과를 얻는 방법 중에 하나로는 고객에게 최대한 빠른 답변을 주는 방법이 있겠습니다.

실제로 고객이 기대하는 응답 속도는 다음과 같았는데, 24시간 내 답변하는 것이 고객으로부터 만족감을 이끌어낼 수 있습니다. 하지만 우리의 목표는 고객에게 '와우!' 소리를 듣는 것이기 때문에 이보다 훨씬 빨라야겠죠?

4. 모든 답변에 인격을 더하라

가장 쉽게 '와우!' 소리를 들을 수 있는 방법임에도 불구하고 많은 기업들이 놓치고 있는 부분인데요, 바로 답변에 '인격'을 더하는 방법입니다. 고객들이 이메일, 페이스북, 트위터를 통해 해당 기업과 소통할 때 로고를 마주 보면 벽을 보고 얘기하는 느낌이 들기 마련이죠.

이러한 딱딱함을 해소하기에 가장 쉬운 방법은 고객의 이름을 친근하게 불러주는 것입니다. 김춘수 시인이 "내가 그의 이름을 불러주었을 때 그는 나에게로 와서 꽃이 되었다"라고 한 것처럼, 고객의 이름을 불러줌으로써 실제 사람과 대화하고 있다는 느낌을 고객에게 전달할 수 있습니다.

5. 무료 vs 유료 고객을 동등하게 대하라

Buffer에서는 무료 고객 및 유료 고객 모두에게 "'와우효과'를 주자"는 목표를 설정하고 고객을 대하고 있다고 합니다. Mark MacLeod(Tungle.me와 Shopify의 전 CFO - 편집자 주)가 '왜 그래야 하는데?'에 대해 설명한 내용이 있는데요.

"사람들은 스타트업 기업에서 두 가지 이유로 돈을 지불합니다. 첫째, 다른 어디에도 없는 기술 때문에. 둘째, 다른 어느 곳에서도 경험할 수 없는 질 좋은 서비스와 고객 지원 때문에"라고 합니다.

다른 무료 서비스들이 질 나쁜 고객서비스를 제공하거나 혹은 아예 제공하지 않는 반면, 우리 기업에서 엄청나게 질 좋은 고객서비스를 제공한다면, 그로 인한 결과 차이는 드라마틱할 것입니다.

6. 어떤 상황에서라도 환불하라 - 혹은 환불을 추천하라!

고객에게 '와우효과'를 전달하기 위해 가장 중요한 것들 중 하나는 바로 항상 환불에 대한 선택권을 열어두는 것입니다. 어느 상황, 어떤 경우에라도 말이죠.

사실상 환불에 대한 얘기는 선뜻 받아들이기에는 힘든 부분이 있습니다. 특별한 이유 없이 환불해 달라는 고객의 요청에 응하는 것이 쉬운 일은 아니죠. 하지만 Buffer의 경험담에 따르면 환불정책을 적극 장려하고, 환불을 해주면 해줄수록, 환불할 일이 줄어든다고 합니다.

왜 그런 걸까요? 정답은 생각보다 단순합니다. 고객은 특정 제품을 구입할 때 해당 제품 혹은 회사에 대한 일정 수준 이상의 신뢰에서 출발합니다. 이 일정 수준의 신뢰를 기준으로 고객 환불이 이뤄진다면 제품/회사에 대한 고객의 신뢰 수준에 영향을 미치지 않습니다. (오히려 신뢰 수준을 높일 수 있는 기회도 얻을 수 있습니다.)

스타트업 입장에서는 환불 절차를 진행하며, 고객이 제품의 어떤 부분에서 불편함을 겪었는지 정확하게 파악할 수 있습니다. 이를 통해 제품 개선에 긍정적인 효과를 가져올 수 있습니다. 환불, 이제 다르게 접근해 보면 어떨까요?

7. 돌발행동으로 고객을 놀라게 하라! - 몇 가지 추천 아이디어

고객에게 '와우효과'를 제공하는 방법 중 하나로 '돌발행동'을 들 수 있습니다. 연인관계에 있는 남녀 사이에서도 예상하지 못했던 선물, 여행 등은 긍정적인 효과를 낳는데요. 이 또한, 고객과 회사의 담당자 관계에도 대입할 수 있습니다. 돌발행동의 장점은 고객뿐만 아니라 담당자 또한 행복과 설렘을 느낄 수 있습니다.

돌발행동 아이디어가 떠오르지 않는다면 아래 기업 리스트를 참고해 보시면 좋겠습니다.

① 우푸(Wufoo) 기업은 HTML로 온라인으로 양식 생성을 가능하게 해주는 미국 스타트업입니다. Wufoo를 통해 주소록, 전자결재, 온라인 서베이 등의 양식을 쉽게 생성할 수 있습니다.
우푸(Wufoo)는 유저들에게 보내는 감사 편지(Thank You Card)로 유명하다고 합니다. 특징적인 부분은 아무런 이유 없이 정말 돌발적으로 보낸다고 해요. 구글에 "Wufoo Thank You Cards"를 검색해 보시면 이 감사 편지로 Wufoo가 얼마나 많은 이목을 끌었는지 놀라실 수도 있습니다.

② 자포스(Zappos)는 신발 및 의류를 파는 미국 온라인 쇼핑몰입니다. 1999년에 설립된 Zappos는 지난 2009년 아마존에 1조 2천억 원에 인수되었습니다.
자포스(Zappos)는 정말 고객서비스만큼은 넘사벽 수준으로 잘하고 있는 것 같아요. 에피소드 또한 너무나 많아서 다 담아낼

수가 없는 정도인데요, 그중 두 개만 뽑아보았습니다.

2011년도에 자포스는 혹독한 치료로 인해 불편해진 발에 맞는 신발을 찾기 위해 신발 6켤레를 주문한 여성분에게 꽃다발을 서프라이즈로 선물했습니다.

2010년도 3월에는, 라스베이거스의 Mandalay Bay Hotel에 투숙한 고객이 주문한 상품 재고가 떨어지자, 자포스 직원이 경쟁업체 가게에 뛰어가 특정 신발을 구해서 전달하기도 했습니다.

출처: http://blog.jandi.com/ko/2015/08/18/7-tips-for-wow-customer-service/

제2부

고객의 이해

고객을 위한 최상의 서비스를 제공하기 위해서는 서비스의 목적이자 주체인 고객에 대한 개념을 명확히 파악해야 한다. 서비스의 주체를 알아야 주체인 고객이 만족하고 감동하는 서비스를 생산, 제공할 수 있기 때문이다. 좁은 의미의 고객은 단순히 우리의 상품과 서비스를 구매하거나 이용하며 서비스를 제공하는 일련의 과정에 관계된 자기 이외의 모든 사람을 지칭한다. 즉 현대사회에서는 나 이외에 모두가 고객이다.

Chapter 01 고객의 개념과 역할

1. 고객의 개념

고객은 기업에 있어서 가장 중요한 사람이다. 고객이 없으면 기업도 없고 서비스도 없다. 이미 60여 년 전 Drucker(1954)는 "경영이 무엇인지, 무엇을 생산하는지, 기업이 번성할지 말지를 결정하는 사람은 소비자이다"라고 강조하였고, Levitt(1960) 역시도 "기업은 제품 판매에 집중하는 것이 아니라 고객의 욕구 충족에 집중해야 한다"고 설명하였다(Bolton, 2004; Shah, Rust, Parasuraman, Staelin, & Day, 2006).

많은 기업들이 고객 만족경영(Customer Satisfaction Management) 및 고객관계관리(Customer Relationship Management), 최근에는 고객가치경영(Customer Value Management)까지 다양한 명칭으로 고객 중심적 경영을 실천하고 있다.

고객을 위한 최상의 서비스를 제공하기 위해서는 서비스의 목적이자 주체인 고객에 대한 개념을 명확히 파악해야 한다. 서비스의 주체를 알아야 주체인 고객이 만족하고 감동하는 서비스를 생산, 제공할 수 있기 때문이다. 좁은 의미의 고객은 단순히 우리의 상품과 서비스를 구매하거나 이용하며 서비스를 제공하는 일련의 과정에 관계된 자기 이외의 모든 사람을 지칭한다. 즉 현대사회에서는 나 이외에 모두가 고객이다.

1) 고객

고객이라는 용어는 한자로 '顧客'이라고 쓴다. '顧'는 돌아보다, 생각하다, 찾다, 사랑하다, 보살피다 등으로 사전에서 정의하고 있다. 그리고 '客'은 사람, 상객(지위가 높은 사람), 단골손님, 손님 등의 뜻을 가지고 있다. 따라서 한자의 어원적 정의는 "불특정 다수의 사람을 상객(上客)으로 모시고, 단골손님으로 만들어 항상 돌보고, 생각하고, 찾아보고, 사랑하고, 보살펴야 하는 존재"라고 정의할 수 있다.

2) Guest

Guest는 Host(초대한 사람)의 반대개념으로 초대받은 손님, 환대받을 손님, 귀하게 여겨야 할 손님이란 의미이다. 경제주체로 사용되는 'Guest'의 의미는 고급 서비스를 제공하는 서비스 기업에서 고객을 지칭하는 용어이다. 주로 호텔, 고급 레스토랑에서 많이 사용된다. 그러나 현재는 서비스의 중요성이 인식되면서 일반기업 및 관공서까지도 확산되어 널리 사용되고 있다. 또한 최근에는 대중매체인 TV · 라디오 · 오케스트라의 특별출연자 · 객원연주자들을 칭하기도 한다.

3) Customer

일반 서비스 기업에서의 고객은 'Customer'라고 표현하고 있다. 상점 등에서 정기적으로 물건 사는 손님을 지칭한다. 'Customer'란 용어의 어원은 '어떤 물건이나 대상을 습관화하는 것' 혹은 '습관적으로 행하는 것'을 의미하는 'Custom'에서 유래하였다.

이 용어는 기업들에게 구매자를 단순히 끌어들이기보다는 고객을 개발하고 키워 나가는 것이 더욱 필요하다는 것을 느끼게 한다. 즉 고객이라는 것은 우리에게 습관적으로 물건을 사는 사람을 의미한다. 여기서 'Customer'란 일정기간, 여러 번 구매와 상호작용을 통해 형성되는 것이다. 접촉이나 반복 구매를 한 적이 없는 사람은 고객이 아니라 단지 구매자에 불과하다. 진정한 의미에서의 고객은 장시간에 걸쳐서 만들어진다.

4) Consumer

'Consumer'는 최종 소비자를 지칭하는 용어이다. 중간 도매상이나 제조업자, 재생산업자가 구매를 한 경우에는 사용하지 않는 용어이다. 이 용어는 상품을 소비하는 대상자를 지칭한다. 즉 자본주의 사회에서 유통되는 물건과 서비스 등에 합당한 대가를 지불하고 그것을 누리는 이들을 소비자라고 한다. 소비자는 자신이 지불한 대가만큼의 권익을 누릴 권리가 존재한다.

> **「소비자기본법」제2조 (정의) 이 법에서 사용하는 용어의 정의는 다음과 같다.**
>
> 1. "소비자"라 함은 사업자가 제공하는 물품 또는 용역(시설물을 포함한다. 이하 같다)을 소비생활을 위하여 사용(이용을 포함한다. 이하 같다)하는 자 또는 생산활동을 위하여 사용하는 자로서 대통령령이 정하는 자를 말한다.
>   소비자기본법시행령 제2조 (소비자의 범위) 「소비자기본법」(이하 "법"이라 한다) 제2조제1호의 소비자 중 물품 또는 용역(시설물을 포함한다. 이하 같다)을 생산활동을 위하여 사용(이용을 포함한다. 이하 같다)하는 자의 범위는 다음 각 호와 같다. 〈개정 2007.10.31, 2008.1.31., 2008.2.29., 2013.3.23〉
> 2. 제공된 물품 또는 용역(이하 "물품 등"이라 한다)을 최종적으로 사용하는 자. 다만, 제공된 물품 등을 원재료(중간재를 포함한다), 자본재 또는 이에 준하는 용도로 생산활동에 사용하는 자는 제외한다.
> 3. 제공된 물품등을 농업(축산업을 포함한다. 이하 같다) 및 어업 활동을 위하여 사용하는 자. 다만, 「축산법」 제21조제1항에 따

라 농림축산식품부령으로 정하는 사육규모 이상의 축산업을
영위하는 자 및 「원양산업발전법」 제6조제1항에 따라 농림축산
식품부장관의 허가를 받아 원양어업을 하는 자는 제외한다.

참고 : 전자상거래 등에서의 소비자보호에 관한 법률상, 소비자는 "가. 사업자가 제공하
는 재화 등을 소비생활을 위하여 사용(이용을 포함한다. 이하 같다)하는 자" 또는 "나.
가목 외의 자로서 사실상 가목의 자와 동일한 지위 및 거래조건으로 거래하는 자 등 대
통령령이 정하는 자"이다. (동법 제2조 제5호)

현대사회에 이르러 고객에 대해 많은 사람들이 아주 다양하게 표현하고
있다. 고객을 신이나 왕으로까지 표현하고 있는 것은 고객이 기업 경영의 도
구가 아니라 기업 경영의 목표이고 중심이 되었다는 것을 말해준다. 특히 서
비스 기업에 있어서는 고객과 언제나 함께한다는 의미에서 고객을 더욱 소
중히 여겨야 한다.

서비스 기업에서 고객은 가장 중요한 사람이며, 우리는 고객에게 의존하
고 있다는 것을 항상 염두에 두어야 한다. 우리가 그들에게 서비스 제공할
기회를 줌으로써 호의를 베푸는 것이 아니라, 그들이 우리에게 서비스 제공
할 기회를 줌으로써 생존할 수 있게 되는 것이다.

따라서 고객이란 그들의 욕구를 충족시켜 서비스 및 상품을 지속적으로
구매하도록 하고 그로 인한 수익으로 기업이 유지될 수 있게 하는 매우 중요
한 대상이다.

2. 고객의 구분

일반적으로 기업에 있어 상품을 구매하고 이용하는 고객은 하나이다. 하지만
고객의 가치를 생산하는 관점에서 내부고객과 그러한 가치를 구매하고 이용

하는 시각에서 외부고객이 있다. 어떠한 고객이 내부고객이며 왜 중요한지, 외부고객과의 관계는 어떠한지, 그리고 외부고객은 무엇을 의미하는지를 보면 다음과 같다.

1) 내부고객

고객이란 일반적으로 조직의 외부에 존재하면서 마케터(marketer)가 제공하는 고객의 가치 패키지(package)를 제공받고 대가를 지불하는 외부고객을 의미한다. 반면 외부고객에게 제공하는 고객가치 패키지를 개발하고 제공하는 데 협력하는 조직 내부의 구성원들을 내부고객이라 한다. 기업에서 내부고객은 기업 내 조직에 포함되어 있는 각각의 구성원들이다. 예를 들어 기업에서 상품을 기획하는 부서는 기획되고 생산된 상품을 판매하는 영업부서와 밀접한 관계를 유지하고 있다. 이처럼 어느 한 기업의 부서는 독립되어 있으면서도 상호관계를 지속적으로 유지한다.

따라서 각 부서 구성원 개개인이 하나의 커다란 상품가치를 창조하게 된다. 한 기업이 외부고객과 효과적으로 상호작용하고 지속적으로 관계를 유지할 수 있도록 하는 것은 각 부서에 해당하는 구성원을 적절히 채용하고 채용된 구성원을 계속적으로 교육시키며 적절한 보상과 자부심을 가질 수 있는 환경을 만드는 데 있다. 특히 상품을 외부고객에게 전달하는 데 있어 내부고객에게 주어지는 환경에 따라 달라진다. 때문에 기업구성원의 내부 마케팅(internal marketing)에 대한 관심은 매우 중요시되고 있다. 내부 마케팅은 기업이 외부고객과의 약속(혹은 요구)을 지킬 수 있게 구성원을 교육하고, 동기를 부여하며, 적절한 보상을 위해 수행하는 활동이다.

최일선에서 상품을 전달하는 고객응대 담당자가 외부고객에게 훌륭한 서비스를 제공할 의지나 능력이 없다면 그 기업은 고객의 욕구를 충족시키지 못하게 되고, 상품의 질은 저평가된다. 따라서 내부고객의 만족은 외부고객 만족이라는 가정에 바탕을 두고 있으며, 내부고객을 중시하지 않는 한 진정한 고객지향적 조직은 존재할 수 없을 것이다.

2) 외부고객

외부고객은 내부고객에 의해 생산된 서비스의 가치를 최종적으로 이용하거나 구매하는 대상을 의미하며, 일반적으로 '고객'으로 통용되는 용어이다. 상품 서비스는 이러한 외부고객의 가치를 이해하는 것으로부터 시작된다. 외부고객은 상품이 존재할 수 있도록 하는 기준이며 목적인 셈이다.

최종적으로 서비스를 이용·구매하는 외부고객의 가치를 인식하여 내·외부 고객의 통합적인 서비스가 이루어져야 한다. 즉 서비스의 가치를 생산하는 기업내부 구성원인 내부고객과 서비스의 가치를 이용하는 외부고객 간에 원만한 유기적인 관계가 유지되어야만 고객가치의 창출을 이룰 수 있다. [그림 2-1]은 내·외부 고객과 수익 간의 관계를 도식화한 것이다.

그림 2-1 내·외부 고객과 수익 간의 관계

3. 고객의 특성

1) 고객은 절대 나에게 인내심을 보이지 않는다

그들은 나에게 조금의 인내심도 보이지 않는다. 하지만 나는 고객에게 무한의 인내심을 가져야 한다. 나의 인내심에 따라 고객을 대하는 나의 행동이 달라지고 그 행동에 따라 하루 일과가 즐거워질 수도 있고 우울하고 고달프게 변할 수도 있기 때문이다.

2) 고객은 언제든지 떠날 준비가 되어 있는 존재들이다

우리가 고객을 만족시키지 못한다면 그들은 언제든지 떠날 준비가 되어 있다. 그리고 그들은 우리가 조금만 미워도, 싫어도 오지 않는다. 항상 우리가 최선을 다해서 노력할 때만 만족한다. 따라서 우리 사업의 성패는 끝까지 만족시키는 데 달려 있다. 고객 없이는 사업 자체가 존재할 수 없다는 것을 기억하라.

3) 고객은 우리의 생존 열쇠를 쥐고 있는 가장 냉혹한 심판자이다

우리 서비스에 불만족한 순간 고객은 등을 돌리고 떠나버린다. 그리고 다시는 돌아오지 않을 뿐만 아니라 주위사람에게 좋지 않았던 서비스에 대한 이야기를 하게 된다. 또한 이 이야기 때문에 추가적으로 부정적인 고객이 생겨나게 되며 이들은 우리 서비스를 경험조차 하려 하지 않기 때문에 실패한 서비스를 만회할 기회조차 상실하게 된다. 때문에 서비스 산업에 있어서의 고객은 가장 냉혹한 심판자가 되는 것이다.

4) 고객은 매사에 즉흥적이다

고객은 아무런 준비 없이 즉흥적으로 매장을 이용하게 되는 경우가 많고 또한 매장이용에 있어서도 즉흥적으로 상품을 선택하는 경우가 대다수일 뿐만 아니라 모든 상품을 자신의 가치판단 기준에 맞추어 선택하게 된다. 때문에 자신의 선입관에 대한 잘못이든 판매자의 관리 잘못에 의한 경우이든 자신이 원하는 상품이 없으면 그 매장은 영업 준비가 전혀 되어 있지 않은 업장으로 평가해 버린다. 따라서 이러한 고객심리에 맞추어 매장을 이용하는 고객층에 맞는 다양한 상품을 제공할 수 있어야 한다.

5) 고객은 항상 더 많은 것을 요구하고 부탁한다

그들은 항상 자기를 알아주기를 원하고 관심과 정성을 가져주기를 원한다. 그리고 항상 더 많은 것을 원한다. 때문에 번거롭기도 하고 귀찮기도 하다. 그러나 서비스 산업에서는 모든 생산과 소비가 고객으로부터 출발하고 고객에게서 마무리되기 때문에 고객을 더욱 소중하고 감사한 존재로 여겨야 한다.

6) 고객은 첫인상에 매우 민감하다

고객이 인지하는 첫인상은 0.3초 만에 결정되며 첫인상에 따라 매장에 대하여 계속적으로 호의적일 수도 있고 부정적일 수도 있다.

7) 고객은 언제나 정당하다

리츠칼튼 호텔(Ritz-Carlton Hotel)의 설립자인 세자르 리츠(César Ritz)에 의해 창안된 '고객은 항상 옳다'는 이론은 모든 서비스를 고객의 초점에 맞춘다는 의미라 할 수 있다.

고객에게 서비스할 때에는 먼저 자신의 존재를 버리는 것이 좋다. 왜냐하면 고객에게 욕을 듣기도 하고 때로는 생각 이상으로 모욕을 당할 수도 있기 때문이다. 그러나 고객으로부터 모욕을 당했을 때 인내할 수 있는 자신의 능력 즉 자신을 일시적으로 버릴 수 있느냐에 따라 고객응대의 성공이 좌우되는 것이다. 고객은 항상 자신이 충분한 대가를 지불하고 서비스를 구매했다고 생각하기 때문에 어떤 요구이건 정당하다고 생각하며 항상 왕이라는 사실을 몸소 느끼고 싶어 한다.

4. 고객의 역할

1) 생산성의 원천

고객의 역할은 고객 스스로가 상품 서비스 품질에 참여활동을 함으로써 상품의 생산 역량을 키워주는 인적 자원으로 흔히 '부분 근로자'라고도 한다. 예를 들어 사우스웨스트 항공사(Southwest Airline)는 승객들에게 직접 짐을 운반하게 하고 지정한 좌석제도가 없기 때문에 고객이 직접 자리를 찾아야 한다. 어쩌면 고객에게 대단히 무성의해 보이는 서비스 상품 판매과정일 수 있으나 승무원의 수를 줄여 여행운임을 보다 저렴하게 해서 항공 서비스를 제공함으로써 전체적인 생산성 향상에 큰 도움이 된다.

하지만 서비스 전달과정에 대한 고객의 직접적인 참여가 생산성에 항상 긍정적인 영향을 미치는 것은 아니다. 고객은 불확실성의 근원이기 때문에 서비스 전달과정은 가능한 고객으로부터 독립해야만 생산성의 향상을 가져올 수 있다는 주장도 있다. 즉 서비스 기업은 고객이 서비스에 참여하고자 하는 시간을 알 수 없고 그들의 태도를 통제하기가 어렵기 때문에 고객과 서비스 시스템과의 직접적인 접촉이 적으면 적을수록 서비스 시스템이 가장 잘 운영될 것이라는 것이다.

2) 품질 · 가치 · 만족에 기여하는 공헌자

고객이 서비스 제공 시 할 수 있는 또 하나의 역할은 제공받은 서비스의 품질이나 자신이 느낄 만족에 공헌하는 것이다. 즉 고객을 생산 시스템 내로 끌어들임으로써 서비스 기업을 더 잘 이해하게 하고 그들이 원하는 만족을 얻게 한다. 이것은 고객들의 역할이 단지 가치를 소비하는 것이 아니라 가치를 창조하는 것임을 고객들에게 이해시키고자 하는 것이다. 그러면 고객은 서비스과정에 참여하는 것이 내재적으로 매력적이라는 것을 느끼게 되고, 이러한 과정을 통해 만족하게 된다.

더불어 이렇게 되면 만약 서비스과정에서 뭔가 잘못되더라도 고객 자신이 참여한 과정이기 때문에 문제의 일정부분을 자신의 탓으로 돌리는 등 발생할 수 있는 불만을 감소시킬 수도 있다. 어떤 고객은 서비스 전달과정에 참여하는 것을 즐긴다. 할인되기 때문에 스스로 서비스 전달시기를 정확히 알 수 있어 셀프서비스(self-service)를 원하기도 한다.

3) 경쟁자

고객들은 부분적이거나 전체적인 서비스를 담당하므로 잠재적으로 서비스 기업의 경쟁자가 될 수 있다. 만약 셀프 서비스 이용고객이 기업의 부분 직원으로 간주될 수 있다면 그 고객은 어떤 경우에는 부분적으로 서비스를 수행하고 어느 경우에는 전체적으로 서비스를 수행하기 때문에 서비스 제공자가 필요하지 않을 수 있다.

예를 들어 호텔상품을 호텔에 의뢰 및 기획하여 이용하는 대신에 이용고객 자신이나 그룹이 자체적으로 기획할 경우 고객은 호텔의 경쟁자이며, 호텔 이용 시 이용한 부대시설을 자신이 직접 예약하고 계산한다면 호텔 내 부대시설상품을 판매하는 곳의 경쟁대상이 되는 것이다. 이처럼 고객 자신은 서비스에 대한 경쟁자로서 해당 서비스를 부분적이나 전체적으로 생산해 낼 수 있다. 결국 고객은 서비스 생산의 원천으로서의 역할을 할 수 있는 동시에, 더 나은 서비스의 질과 가치를 얻기 위해 기여할 수도 있고 기업의 경쟁자로서 업무를 수행할 수도 있다.

5. 고객의 가치

서비스를 생산하고 판매하는 기업의 수익창출에 성공하기 위해서는 단순히 자사의 상품을 필요로 하는 이용고객을 대상으로 판매·제공하는 형태는 안

된다. 서비스 기업이 성공하기 위해서는 시장에서 경쟁사와의 경쟁에서 이기는 것도 필요하지만, 고객의 시대적 트렌드에 따르는 것이 중요하다. 하지만 단순히 시대적 트렌드에 핵심역량을 반영하여 경쟁력 있는 상품을 만들었어도 고객이 자신의 가치를 높여주는 상품이 아니라고 외면한다면 기업은 실패한다. 그러므로 서비스 기업은 고객의 트렌드·핵심역량·경쟁력 등과 같은 것보다 앞서야 하는 고객가치를 중요시여기고, 고객가치시대에 대응하는 서비스 기업으로 현명하게 변신해야 할 것이다.

고객의 가치를 수치적으로 정확하게 나타낼 수는 없다. 그렇다면 고객의 가치는 얼마로 추정할 수 있을까? 고객의 가치를 수치로 추정하기 위하여 다음과 같은 예를 들어 살펴볼 수 있다. 최근 국내 외식시장은 사회 전반의 구조변화를 비롯한 외식소비행동과 관련된 여러 가지 제반 환경변화로 인하여 비교적 짧은 시간동안에 산업의 한 분야로 괄목할 만한 성장과 발전을 이룩하게 되었다.

평균적으로 직장생활을 하는 대부분의 사람들은 2~3번 정도, 2~3명의 친구들과 외식을 한다. 예를 들어 점심식사 고객으로 번잡한 S호텔 레스토랑에서 몇 명의 고객들이 점심식사 대신 한잔에 10,000원 하는 커피만 주문하였을 경우를 생각해보자. 평상시 객단가 50,000원 이상의 식사를 하는 고객이 많은 바쁜 점심시간에 고객응대 담당자가 퉁명스런 말투로 고객에게 불평을 줄 수 있을 정도로 응대했다고 하자. 바쁜 점심시간에 10,000원 하는 커피를 주문하는 고객들을 달가워하지 않았을 것이다. 때문에 고객응대 담당자는 고객들을 10,000원만의 가치로 생각하여 서비스하였고, 그 결과 1주일에 보통 2~3회를 같이 만나 식사를 하는 고객들은 이 레스토랑을 다시 찾지 않는 결과를 낳는다. 10,000원만의 가치에 불과한 고객들은 서비스의 만족도에 따라 향후 한 달에 무려 600,000원(1인당 식사평균 50,000원×3인×한 달 10회 방문=1,500,000원)이상 고객이 될 수 있다.

한 번의 좋은 서비스는 지속적인 단골고객으로 만들 수 있다. 이러한 사실을 미리 알고 있었다면 서비스 고객응대 담당자의 서비스는 어떠했을까?

물론 이 같은 고객의 가치를 수익적인 환산으로 계산하여 서비스 한다면 그 또한 고객의 개념을 정확히 파악하지 못하는 것이다. 스타틀러 호텔(Statler Hotel)의 창시자인 스타틀러는 "삶은 서비스이다. 그러므로 발전하는 사람이란 모든 사람들에게 좀더 많은 그리고 보다 나은 서비스를 제공해주는 것이다."라고 말하고 있다.

[그림 2-2]에 따르며 고객의 가치를 쉽게 계산해낼 수 있다. 먼저 한 고객이 1회의 접촉을 통해 사용하는 평균금액을 추정한다. 그 다음 그 추정치에 1년 동안 그 고객을 접촉하는 평균빈도를 곱하면 된다.

그림 2-2 고객의 가치

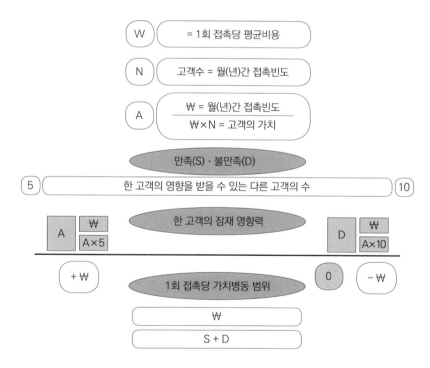

출처: 이준재 · 허윤정(2015), 고객감동 서비스 & 매너연출, 서울: 대왕사

고객응대 인사이트 :
샌스베리가 세 살 어린아이에게 얻은 교훈

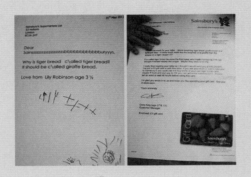

릴리라는 여자아이가 샌스베리에서 파는 호랑이 빵(tiger bread)이 기린처럼 생겼다면 고객지원팀에 편지를 보내자 상품권과 함께 호랑이 빵이라고 이름 붙은 이유에 대한 답신이 도착했다.

릴리의 엄마가 이 서신을 재미있다고 생각해 개인 블로그에 공개하자 기린 빵으로 바꾸는 것이 더 적절하다는 네티즌들의 의견이 생겨났다.

샌스베리는 이후 흔쾌히 기린 빵으로 제품명을 교체하였고, 기린빵은 곧 유명 제품이 되었으며, 샌스베리는 고객의 목소리에 귀기울이는 기업으로 인정받게 되었다.

출처: BBC뉴스(2012.1.31, http://www.bbc.com/news/business-16812545)

Chapter 02

고객응대 담당자의 역할 및 자세

1. 고객응대 담당자의 마음가짐

1) 마음의 중요성

마음은 일반적으로 '정신'이라는 말과 같은 뜻으로 쓰이기는 하지만 엄밀하게 말해 '마음'은 '정신'에 비해 훨씬 개인적이고 주관적인 뜻으로 쓰이는 일이 많고, 그 의미와 내용도 애매하다. 심리학에서 말하는 '의식'의 뜻으로 쓰이는가 하면, 육체나 물질의 상대저긴 말로서 철학 상의 '정신' 또는 '이념'의 뜻으로도 쓰이는 막연한 개념이 되었다.

'모든 예절은 그 마음을 어떻게 갖느냐'에서 출발한다. 그 때문에 마음은 예절의 뿌리이며 시작이라고 할 수 있다. 마음이 어두우면 표정이 흐리고, 심성이 악하면 표정이 표독해진다. 표정은 바로 마음의 거울로서 그 사람됨을 나타내는 전체라고 말할 수 있다. 서비스 프로듀서는 한 사람 한사람이 자기회사의 대표가 되는 것이므로 자주정신을 가져야 한다. 따라서 고객의 마음의 문을 열고 자사의 서비스 상품을 이용하게 하려면 무엇보다도 호감을 줄 수 있는 마음가짐과 서비스를 갖추어야 한다. 마음가짐은 그 자체가 서비스 기업에서 서비스 제공의 첫 출발이자 핵심이라 할 수 있다.

2) 마음가짐

마음가짐은 마음의 자세라고 할 수 있다. 예는 마음의 표현이다. 마음 속에 가지고 있는 바를 겉으로 표현하는 예이다. 그러므로 올바른 마음을 가지고 있으면 예를 바로 지킬 수 있다. 예스러운 마음을 가지면 표정과 말과 행동이 예스러울 것이지만, 마음이 악하고 무례하면 그 말과 행동이 무례해진다.

다음과 같은 마음가짐은 예를 바로 지킬 수 있을 것이다.

첫째, 모든 일에 정성스러운 마음을 가져야 한다. 마음을 정성스럽게 가지면 밖으로 나타나는 모든 것이 정성스러워진다.

둘째, 모든 것을 사랑하는 어진 마음을 갖는다. 미워하고 사악하면 그 표정이 일그러지고 말이 사나워진다.

셋째, 모든 일에 공경하고 너그러움을 앞세운다. 공경하면 아름답고 너그러우면 따르는 이가 많아질 것이다.

넷째, 욕심을 버리고 사양하는 마음을 가져야 한다. 욕심이 없으면 마음이 편하고, 사양하면 남과 나누어 가질 수 있다.

다섯째, 스스로 잘잘못을 가려 부끄러워 할 줄 알아야 한다. 남과 말하기 전에 스스로 규율을 지키는 자율성을 지녀야 한다.

여섯째, 항상 감사하고 넉넉한 마음을 가져야 한다. 감사하면 풍족하고 마음이 넉넉하면 부족할 것이 없다.

일곱째, 믿음을 앞세워 의심을 품지 않는다. 내가 남을 믿으면 남이 나를 의심하지 않는다.

여덟째, 모든 일을 예절에 맞도록 하겠다는 마음을 간직한다. 마음속에 예를 품으면 밖으로 나타나는 모든 일이 예스럽다.

3) 마음가짐의 변화

수년 전만 하여도 서비스는 양을 많이 주고 빨리 제공만 하면 훌륭한 서비스라고 하였다. 그러나 서비스 산업시대에 살고 있는 현대인들은 가처분소득이 상승하고 생활의 여유가 생김에 따라 점차 가격이나 양에 대해서는 신경을 쓰지 않게 되었고, 소위 질(quality)에 대한 욕구가 높아지게 되었다. 여기서 '질'이란 실용적 혹은 양적인 면보다는 심리적인 면에 더욱 강점을 두고 있다. 따라서 앞으로 서비스 업체에서는 상품을 구성하는 데 있어서 심리적 혹은 정서적인 요소(factor)가 연출하게 될 역할을 더욱더 중요한 위치를 차지하게 될 것이다.

유명한 카운슬링 회사인 Motivation Programmer의 사장인 뎀비(E. Demby) 박사는 앞으로 "상품 속에 심리적인 요소를 가미하는 일은 장래에 있어서 생산활동의 중요한 관건이 될 것이다."라고 하고 있다. 심리적 1인 서비스에 가장 중요한 것은 인적인 서비스 요인이다. 따라서 서비스 고객응대 담당자들의 비중은 더욱 가중 될 것이다.

'사람이 다루는 일'에는 고객응대 담당자의 외모가 아름답고 응대기교만 있다고 해서 질 좋은 훌륭한 서비스가 완성되었다고 볼 수 없다. 이것은 숙달된 서비스는 될지언정 훌륭한 서비스(quality service)는 될 수 없기 때문이다.

모든 인간에 있어서 무엇보다 더 중요한 것은 정신 또는 마음이기 때문이다. 정신의 바탕, 즉 환대정신(hospitality spirits)의 바탕이 있고서야 비로서 테크닉이 빛을 발할 수 있는 것이다. 환대정신이란 고객이 만족해하는 모습을 보고 스스로 기뻐하며 만족을 느끼는 정신이다. 고객의 기쁨을 자신의 기쁨이라고 진정으로 생각할 수 있을 때 일하는 보람이 있고, 일이 보람된 삶의 원천이 될 것이다.

우리들의 일은 '고객이 나를 위해서 무엇을 해줄까.'가 아니고 '내가 고객에게 무엇을 할 수 있을까'하는 것에서부터 출발하여야 한다. 이를 위해서 무엇보다 고객의 심리상태 혹은 고객욕구를 파악하는 것인 훌륭한 서비스를 제공하는 기초가 될 것이다.

2. 고객응대 담당자의 기본 가치관

1) 기본정신

고객응대는 판매 서비스인이 고객의 제품구매를 유도하기 위해 고객이 만족할 수 있는 제품의 정보와 지식을 제공하고, 고객과 직접 접촉하여 구매를 도와주는 행위다(박강언, 2010). 즉 고객응대는 재화나 용역의 구매를 유도하기 위해 고객과 직접 접촉하며, 정보를 제공하고 설득하여 수요를 환기시키는 고객응대 담당자의 활동이라고 하였다. 한편, 고객응대는 담당자가 직접 고객과 대면하며 제품을 구매하도록 권유하는 커뮤니케이션 활동으로서 고객과의 관계구축이 강조되는 고객지향적인 마케팅에서도 판매 서비스인이 중요한 역할이다(유필화 외, 2003).

최근 들어 많은 기업은 고객과의 관계형성과 관계유지를 위한 관계 마케팅을 중시하고 있는데, 이를 위해서는 우선 기업의 고객 지향적 사고와 서비스가 필요하다. 특히 판매와 서비스의 접점에서 고객을 직접 상대하는 판매 서비스인들의 역할은 중요하기 때문에 무엇보다도 이들의 고객 지향성이 강조되고 있다(한상인, 2009). 고객 지향성(customer orientation)의 개념은 판매 서비스인이 고객의 욕구를 만족시키려는 의사결정을 함에 있어 고객의 구매행동에 도움이 되도록 조력하는 마케팅개념의 수행정도이고(Saxe & Weitz, 1982), 고객의 욕구를 파악하고 그 욕구를 경쟁자보다 잘 충족시킴으로 경쟁우위를 창출하고자 하는 철학이고 행동이라고 설명했다(Narver & Slater, 1990). Hoffman과 Ingram(1992)은 고객들이 만족한 구매의사결정을 하도록 도움을 주고, 고객의 니즈를 적극적으로 파악하여 고객이 바라는 서비스를 정확하게 제공하며 고객들의 모든 혜택과 편익을 위해 행동하는 것이라고 했다.

따라서 고객응대 담당자들은 자신보다 고객의 니즈와 욕구를 지향하고, 고객에 관한 정보와 지식을 보유하며, 낮은 자세로 강압적으로 판매를 강요하지 않으며, 깨끗하고, 예의바르고, 용모 단정히 하여 고객과 장기적인 관계를 수립하는 임무수행에 차질이 없어야 한다. 고객응대 담당자가 갖추어야 할 요건은 많지만 그 중에서도 특히 자신의 직업관 확립과 올바른 정신자세를 갖도록 하여 고객응대 업무를 성실히 수행하도록 하는데 역점을 두어야 한다.

(1) 봉사성(service)

봉사성은 상대방에게 부담을 주지 말고 진심에서 우러나오는 순수한 봉사정신이어야 한다. 따라서 고객응대 담당자는 어떤 고객에게라도 단순히 형식에 치우친 사무적이고 수동적인 서비스를 해서는 안 되며, 진정한 마음에서 표출되는 최상의 친절로 고객서비스에 임해야 할 것이다.

(2) 청결성(cleanliness)

청결성은 공공위생과 개인위생으로 구분하여 살펴 볼 수 있다. 공공위생의 청결은 고객이 이용하는 공공장소의 청결, 즉 집기·비품 등 고객이 이용하는 모든 시설물의 청결이 철두철미하게 이루어져야 한다. 개인위생이란 자기 자신의 청결을 의미한다. 우선 건강해야 하고, 철저한 위생관념에 입각하여 신체상으로 또는 복장상으로 청결한 상태를 유지한다.

(3) 능률성(efficiency)

가장 효율적인 업무를 수행하기 위해서는 모든 업무를 피동적이 아닌 능동적으로 처리함으로써 매사에 능률을 올려야 한다. 고객에 대한 인사부터 모든 서비스에 이르기까지 모든 업무가 능동적으로 이루어져야 함은 물론, 정확한 업무를 파악하여 매사에 적극적으로 임함으로서 같은 기간 내에 이루어질 수 있는 일의 능률을 향상시켜야 한다.

(4) 경제성(economy)

절약과 검소는 고객응대 담당자의 가장 큰 사명 중에 하나이다. 서비스상품을 이용하는 고객이 기물이나 집기ㆍ비품은 고가의 상품들로 구성되어 있다. 특히나 차별화된 서비스를 제공해야 하는 각종 서비스상품은 고가인 경우가 많기에 절약정신이 필요하다.

(5) 예절성(courtesy)

고객을 응대하는 담당자는 무엇보다도 예절성이 투철해야 한다. 고객이 들어서면 정중히 인사하면서 미소를 잃지 말고, 상품 이용 전, 상품 이용 중, 상품 이용 후까지 정중히 안내를 하면서 제반 서비스를 제공하고, 세련된 감각과 예절을 통해 이용고객이 다시 찾아올 수 있도록 예의 바르게 인사하면서 영접ㆍ환송해야 한다.

(6) 정직성(honesty)

서비스 업무는 그 업무가 인위적으로 서비스를 제공해야 하므로 정직성이 어느 곳 보다도 더 요구된다. 기업과 고객응대 담당자와 고객 간의 서로 믿고 협조하는 원만한 협조체제를 형성하여 상호 신뢰하는 관계로서 업무에 임해야 진정한 서비스가 생산될 수 있으며, 영업신장과 아울러 지속적인 발전이 이루어질 수 있을 것이다.

(7) 환대성(hospitality)

고객응대 담당자가 실수가 있다고 해도 좀 더 친절이 고객을 설득하여 이해를 시켜 고객을 즐겁고 만족하도록 유지하지 않으면 안 된다. 좀더 좋은 인상과 호감을 주어 그 곳을 다시 찾아 올 수 있도록 환대성을 잃어서는 안 된다.

보편적으로 고객응대 담당자의 환대태도에 고객이 느끼는 감정은 아주 민감하고 평가기준 또한 냉정하므로 고객응대 담당자들은 고객이 온화하고 안락한 분위기 속에서 언제나 정성어린 환대를 받고 있다는 느낌과 좋은 인상을 고객이 갖도록 해야 하며, 수준 높은 서비스를 하기 위한 확고한 접객태도를 확립하도록 부단히 노력을 기울여야 한다.

2) 기본전략

고객서비스가 기업성공으로 이루어지기 위해서는 필요한 전략이 무엇인지 알아보자.

(1) 고객과의 관계형성에 최선을 다한다.

고객이 누구인지 그들이 왜 우리 기업을 선택하였는지 생각해보고 고객이 좋아하는 것과 싫어하는 것은 무엇인지 파악하여, 고객과의 관계를 유지하고 더 발전시켜야 한다. 이는 서비스에 만족한 고객은 긍정적 경험을 다른 사람과 나누어 결국 기업에 새로운 고객을 끌어들이기 때문이다.

위 리츠칼튼 호텔의 사례에서도 알 수 있듯이 고객의 사소한 행동까지 관리해 고객의 감동을 자아내는 것은 고객에 대한 세심한 배려에서 기인된다고 할 수 있다. 그러므로 고객과의 관계형성은 매우 중요하다 할 수 있다.

"새로운 고객을 유치하는데 드는 비용은 10불, 그 고객을 잃어버리는 데 걸리는 시간은 10초, 한번 떠난 고객을 되찾는데에는 10년이 걸린다."는 10,10,10 법칙을 잊지 말자.

(2) 고객이 기대하는 바를 찾아낸다.

고객들이 원하는 것 중에 기업과 직원이 미처 알지 못하고 있는 것은 무엇인지 생각해본다. 고객의 니즈(needs)와 원츠(wants)를 명확히 파악하여 하나씩 채워주는 과정은 고객에게 기대가치를 실현시켜줄 수 있다.

예로 고객은 어떤 상품을 구매하기 이전에 그 상품에 대한 '기대'를 갖고 구매한다. 구매 후 자신의 구매전의 '기대치'와 구매후의 '기대치'가 얼마나 차이가 나느냐에 따라 고객 만족도는 달라질 것이다.

따라서 고객이 서비스를 구매한 후 1%의 사소한 기대 불충족은 결국 고객 재구매 혹은 고객 재방문 실패로 귀속된다. 그러므로 고객이 기대한 바는 무엇인지 면밀하게 분석하고 채워줄 수 있도록 한다. 더 나아가 이제는 고객에게 기대가치만을 실현시켜 주는 것이 아니라 미지의 가치까지 고민하고 실현하도록 노력하여야 할 것이다.

(3) 고객의 권리를 명확히 해준다.

고객응대 담당자들이 고객들의 편에서 근무하고 있다는 것을 상기시켜 주는 작업은 매우 중요하다. 호텔에서는 청결, 편안함, 맛, 친절한 서비스를 누릴 수 있는 권리와 병원에서는 안정감, 충분한 설명, 정성어린 의료서비스를 받을 권리를 명확히 해주는 것이 필요하다.

(4) 일관성을 유지한다.

불가능한 일을 고객에게 약속하기보다, 서비스에 대하여서는 늘 일관성을 유지하는 것이 매우 중요하다. 서비스는 진화되어야 하지만, 그 서비스를 행하는 태도는 늘 일관성이 유지가 되어야 기업에 대한 고객의 신뢰는 더욱 깊어질 것이다.

3. 직업관

고객응대 담당자는 타 산업에 종사하는 사람들과는 좀 더 세심하고 세련된 직업관을 가지고 산업에 종사하는 특징을 가지고 있다. 내적으로는 자신의 일을 즐기고 정해진 시간 이외에 잉여시간의 활용도가 높은 직업이며, 외적으로는 작게는 서비스 기업의 대표, 크게는 국가를 대표하는 접객 직업관을 가지고 있는 특수한 직업인이다. 서비스 기업의 특징에 적합한 직업을 가지고 있는 고객응대 담당자는 다음과 같은 직업관을 가져야 할 것이다.

- 고객응대 담당자는 주인의식을 가지고 고객을 접대해야 한다.
- 고객응대 담당자는 서비스요원인 동시에 심리학자이며 외교관이라는 생각을 가지고 고객을 응대해야 한다.

- 고객응대 담당자는 유능한 판매 서비스인(salesman)이다.
- 고객응대 담당자는 고객의 건강유지를 위해 공공의 위생에 철저한 관심을 갖는다.
- 고객응대 담당자는 개인위생에도 철저해야 한다.
- 고객응대 담당자는 고객접대자이기 때문에 그 일과 사람에 대해 흥미를 느껴야 한다.
- 고객응대 담당자는 고객과의 밀접한 관계를 두고 일을 하기에 외모가 단정하고 청결해야 한다.
- 고객응대 담당자는 고객응대 서비스인이므로 상품지식을 풍부하게 알고 있어야 한다.
- 고객응대 담당자는 판매되는 상품뿐만 아니라 생산되어지는 과정이나 원리 등과 같이 제반 모든 사항들을 숙지해야 한다.
- 고객응대 담당자는 고객이 좋아하고 싫어하는 것을 예측할 수 있는 능력이 있어야 한다.

왠지 다른 사람보다도 고객을 더 기분 좋게 하는 사람이 있습니다.
나는 어느 정도인지 한번 체크해 볼까요?
해당되는 란에 체크를 하십시오.

1.	☐ 나는 처음 만난 사람과 대화하는 것을 싫어하지 않는다.
2.	☐ 친구가 고민을 털어 놓을 때 어떻게 하든 해결해주려 노력하는 편이다.
3.	☐ 나는 명절날 시끌벅적한 것이 좋다.
4.	☐ 나를 처음 본 사람들은 나에게 호감 가는 인상이라고 한다.
5.	☐ 친구가 오해를 하고 화를 내어도 일단 참고 보는 성격이다.
6.	☐ 길을 가다 누군가가 길을 물어 보면 자세히 알려주는 편이다.
7.	☐ 나는 친구나 가족을 위해 깜짝 파티를 준비해 본 적이 있다.
8.	☐ 사람들은 나에게 매사에 긍정적이라고 한다.
9.	☐ 나는 어른을 만날 때와 친구를 만날 때의 옷차림을 구분하는 편이다.
10.	☐ 나는 한 가지 일을 짜증내지 않고 꾸준히 하는 편이다.
11.	☐ 나는 상대의 얼굴만 봐도 마음상태를 알 수 있다.
12.	☐ 나는 자원봉사를 하거나 후원금을 내 본적이 있다.
13.	☐ 나는 주위사람들에게 상냥한 편이다.
14.	☐ 약속이 있을 경우 털털한 모습으로 나가기보다는 꾸미고 나가는 편이다.
15.	☐ 지하철이나 버스를 타면 노약자에게 자리양보를 하는 편이다.
16.	☐ 때로는 필요하다면 자존심을 버릴 용기가 있다.
17.	☐ 주위사람들에 대하여 관심이 많은 편이다.
18.	☐ 난 평소에 설득력이 강한 편이다.
19.	☐ 나는 사진을 찍을 때 활짝 웃는 것이 편하다.
20.	☐ 나는 문제해결시 감정보다는 이성을 앞세운다.

점수	서비스 성향
1~5	당신은 서비스업에 종사한다면 본인 스스로 좀 부담스러워 할 것입니다. 오히려 업무를 기획하거나 지원하는 쪽이 더 어울리겠네요. 또한 본인이 서비스성향이 약하기 때문에 다른 사람의 서비스를 정확하게 평가할 수 있는 장점이 있습니다.
6~10	당신은 잠재적으로 서비스성향이 어느 정도는 있습니다. 그러나 충분한 동기부여가 안되면 서비스능력이 안나오죠. 그래서 호텔, 오락, 레저산업 계통의 서비스 보다는 증권이나 은행처럼 차분하고 정확성을 요구하는 서비스가 더 잘어울릴 수 있습니다. 만약 서비스업에 관심이 없다면 교육·훈련에 참가하거나 자기개발을 통하여 자신의 능력을 보여 줄 수 있습니다.
11~15	당신은 비교적 높은 서비스성향을 가지고 있고 인간관계가 원만한 사람입니다. 서비스업을 택해도 무난하게 어울릴 것 같습니다. 가능성은 있지만 주위 환경이 안 좋으면 서비스에 지장이 생길 수 있습니다. 충분한 자기개발과 회사의 배려만 있다면 만사형통입니다.
16~20	당신은 타고난 서비스 프로듀서입니다. 당신이 서비스업을 택하면 훌륭하게 고객 만족을 실천할 수 있습니다. 지속적으로 단골고객을 만들수도 있습니다. 또한 문제발생시 문제 해결력도 뛰어납니다. 사람을 직접 상대하는 직업이 가장 잘 어울립니다.

4. 고객응대 담당자의 서비스 인식

환한 미소를 지으며 인사하는 것이 서비스의 전부는 아니다. 대부분의 사람들은 개인적으로 다양한 경험에 근거하여 서비스에 대해서 잘 안다. 우리는 일상생활 속에서 매일 서비스를 제공받고 있다.

서비스를 제공하는 주체인 서비스 기업은 1차적인 서비스 상품을 제공하여 고객이 이용하는 것 이외에도 서비스 기업 전체가 고객을 즐겁고 새롭게 만드는 것이 필요하다. 특히 비교적 장기적으로나 고정적으로 이용하는 고객들에게는 고객 주변 사람들을 생각하는 가족단위나 장기이용의 지루함을 없애주는 이벤트, 레크리에이션, 건강 체험 프로그램 등을 정기적으로 개최하여 고객들을 만족시켜야 한다. 서비스 기업의 서비스를 제공하는 주체와 중심은 바로 서비스 담당자, 즉 고객응대 담당자들이다.

고객응대 담당자들이 잊지 말아야 할 것은 싫건 좋건 자신이 근무하고 있는 동안은 '기업이 제공하는 가치를 고객에게 전달하는 메신저'이자 '기업의 목표를 실행하는 실행주체자'라고 인식하는 것이다. 고객응대 담당자들의 응대태도 하나로 '어느 기업은 서비스가 형편없다.' '시설은 어느 정도 괜찮지만 서비스는 별로다.'라고 악평과 불평을 조성하게 된다.

따라서 서비스 업무의 어려움에 대한 지각과 자각이 고객응대 담당자 본인 입장에서 반드시 전제되어야 한다. 사람 대 사람의 관계는 어려울 때도 있지만, 상대방에게 감사하다는 인사를 받는 경우 기쁨은 한층 크다. 서비스 산업 종사자는 즐거움과 편리함을 추구하는 사람을 만나는 직업이므로 희로애락의 관점에서 바라보면 직업소외가 일어나기 어렵다. 법적으로 싸우는 사람들을 만나는 직업, 환한 모습보다 아픔을 지닌 힘든 사람들을 만나는 직업, 넓은 장소에서 몇 명이 하루 종일 계기판만을 바라보는 직업, 기계의 속도에 맞추어 육체를 혹사시키며 생리적인 욕구도 시간에 구속받는 타 직장과 비교해보면 생각의 기준을 어디에 설정하느냐에 따라 행복과 현실의 차이를 느낄 수 있을 것이다. 삶의 보람이라는 인간다운 욕구를 충족시켜 나가는 것이 서비스업이라고 하는 자각을 지니는 것이 중요하다.

5. 고객응대 기업이 요구하는 요건

서비스 기업이 요구하는 3가지 기본적인 요건은 다음과 같다.

첫째, 고객을 응대하는 서비스는 환대(hospitality) 산업이기 때문에 고객 접점에서 서비스 프로듀서의 건강은 첫 번째 조건이 될 수 있다. 기업에 입사하기 위해서 서류심사나 필기시험에 응시 후 최종확정을 위한 여러 가지 조건들이 있지만, 그 중 첫 번째가 신체 건강하고 정신이 건강한 인재를 선호한다는 것이다.

둘째, 고객을 응대하는 서비스 기업의 조직의 특성상 종사자의 협조성과 순응성을 중요시 한다. 서비스 기업은 하나의 거대한 조직이므로 종사자의 반사회적·반조직적이면 서비스를 행하는 데 어려움이 많다. 서비스 기업에서는 창조적인 인재도 필요하지만, 서비스 기업의 특성상 창조성 보다는 협조성을 우선시하고 조직에 순응할 수 있는 인재를 더욱 선호한다. 아울러 서비스 기업들은 사회의 다양성·진보성·경쟁격화 등의 영향을 입어 협조성이나 순응성만을 강조해서는 안 된다는 것을 인식하고 있다. 그러므로 조직과 융화할 수 있는 창조적인 인재를 확보하려 노력하고 있다.

셋째, 모든 조직에서와 마찬가지로 서비스 조직에서는 고객응대 담당자의 인내 및 지속성을 중요시한다. 참을성은 어디에서나 필요 불가결한 요소이다. 흔히 서비스 기업에 취업해서 '업무가 너무 단순하다.', '힘들다.'고 말하는 신입 고객응대 담당자들이 있다. 이러한 경우는 인식의 부족에서 온다고 할 수 있다. 모든 산업에서 특수한 일을 제외하고는 신입직원에게는 대부분의 일이 단순하고, 어렵고, 힘들지 않은 일은 없을 것이다. 이 직업이라서 그렇다는 인식은 버려야 한다. 단순 업무를 능률적이고 효율적으로 처리함으로써 그 다음 다소 변화 있는 일을 맡게 되는 것이 서비스업무의 전반적인 흐름이다. 중요한 것은 인식문제를 변화의 지속으로 이어질 수 있도록 인내하고 지속할 수 있는 자신을 개발한다는 마음가짐이다. 이러한 마음가짐에서 미래지향적인 직업인으로 거듭날 수 있을 것이다.

　마지막으로 고객을 접객하는 서비스 기업에 종사하는 사람들은 사람을 좋아해야 한다. 사람을 만나는 것을 두려워하지 말고, 만남을 통한 또 다른 사람에 대한 즐거움과 그 사람의 중요성을 느껴야 한다. 원만한 인간관계를 중요시하는 서비스 기업에서는 인간관계의 중요성을 교육과 훈련을 통해서 가능하다고 판단하고 있지만, 교육과 훈련보다 더 효과적인 방법은 보다 많은 사람들과 접하고, 정보를 습득할 수 있는 언론·방송매체를 활용하며, 개인과 지역 나아가 국가적인 차원에서 여러 가지 사회활동을 하는 것이 더 효율적이라고 판단한다. 이러한 방법들 이외에도 혼자서나 단체로 할 수 있는 여행이나 여러 가지 취미활동을 통한 자기 자신 발견 또한 효과적일 수 있다. 대인관계를 위한 자기훈련 뿐만 아니라 우수한 서비스 고객응대 담당자가 되기 위한 건강관리, 지속적인 자기계발 또한 매우 중요하며 게을리 하지 말아야 한다.

제3부

고객 내적 요인

한 가지 형태의 투입은 외부환경으로부터의 물리적 자극이고 다른 형태의 투입은 이전 경험에 근거한 기대, 동기 및 학습 등과 같은 성향들로 소비자 자신에 의해 제공된다. 이런 두 가지 다른 투입의 결합이 개별 소비자로 하여금 소비환경에 관한 매우 개인적인 이미지를 산출하도록 작용한다. 개별 소비자는 독특한 경험, 욕구, 소망 및 기대 등을 가지고 있기 때문에 개별 소비자의 지각 또한 독특하다.

Chapter 01 지각과 주의

1. 지각

고객이 어떻게 제품이나 서비스를 선택하는지를 알기 위해서는 고객의 내적 요인을 먼저 파악하는 것이 중요하다. 먼저 지각은 선택적으로 감각기관에 수용된 정보를 체제화하고 해석하는 과정으로 정의되며, 선별, 체제화, 해석 등이 지각에 근거가 되는 기본과정이다. 인간은 항상 수많은 자극에 쌓여 생활하지만, 모든 자극을 다 처리할 수는 없다. 인간은 감각기관에 들어오는 많은 자극을 선택적으로 받아들임으로써 혼돈과 왜곡으로부터 스스로를 방어할 수 있다. 이런 의미에서 지각은 단순히 감각투입만의 함수가 아니라, 오히려 개개인의 경험하는 개인적 이미지-지각-을 형성하기 위해 상호작용하는 두 가지 다른 투입의 결과라고 볼 수 있다.

한 가지 형태의 투입은 외부환경으로부터의 물리적 자극이고 다른 형태의 투입은 이전 경험에 근거한 기대, 동기 및 학습 등과 같은 성향들로 소비자 자신에 의해 제공된다. 이런 두 가지 다른 투입의 결합이 개별 소비자로 하여금 소비환경에 관한 매우 개인적인 이미지를 산출하도록 작용한다. 개별 소비자는 독특한 경험, 욕구, 소망 및 기대 등을 가지고 있기 때문에 개별 소비자의 지각 또한 독특하다. 이는 모든 사람이 완벽하게 동일한 방식으로 세계를 보지 않는 이유를 설명해 준다. 소비자는 소비환경 내의 자극을 선별적으로 받아들이고, 이런 자극을 체제화하며 그들의 욕구, 기대, 및 경험에 근거해 주관적으로 이런 자극에 의미를 부여하여 해석한다.

먼저 지각과정에 관해 살펴보기 전에 인간의 감각에 관한 기본적인 내용을 살펴볼 필요가 있다.

1) 감각

감각은 자극에 대한 감각기관의 즉각적이고 직접적이 반응이다. 자극이란 감각기관에 들어오는 정보를 의미한다. 감각수용기는 감각정보를 받아들이는 인체기관(눈, 코, 귀, 입, 피부)이다. 그 기관의 기능은 보고, 듣고, 냄새 맡고, 맛보고, 느끼는 것이다. 이러한 기능은 대부분의 소비재를 사용하는 데 있어서 단독으로 또는 결합하여 작용한다.

감각은 에너지 변화에 의존한다. 다시 말해 투입에서의 차이를 변별하는 것에 의존한다. 감각투입의 강도에 관계없이, 완벽하게 자극이 없거나 변하지 않는 환경에서는 감각기능이 발휘되지 못한다. 그러나 감각투입이 감소할 때 투입 또는 강도에서의 변화를 탐지하는 인간의 능력은 최소한의 자극조건에서 최대한의 민감성을 확보하는 순간까지 증가한다.

(1) 절대역

자극이 존재한다는 것을 아는데 필요한 자극의 최소 강도인 절대역은 개인이 감각을 경험할 수 있는 가장 낮은 수준이다. 절대역에서 자극에 대한 반응은 100%가 아니라 50%를 유지한다. 즉 어떤 경우에는 반응이 일어나고 어떤 경우에는 반응이 안 일어나는데, 그 수준이 바로 50%이다.

사람이 '뭔가 있다'와 '없다' 간의 차이를 탐지할 수 있는 수준이 바로 그 자극에 대한 그 사람의 절대역이다. 감각체계는 자극 에너지가 절대역에 도달하지 못하면 반응하지 않는다.

한편 변화가 없는 일정한 자극조건에서 절대역은 증가한다(즉 감각이 점점 둔해진다). 처음에 인상적이었던 광고도 자주 보다 보면 눈에 들어오지 않는다. 즉 자극(예, 광고)이 변화 없이 일정하다면, 사람들은 그 자극에 대해 둔감해진다. 이는 지각에서의 순응과 관련이 있다. 순응이란 어떤 감각에 익숙해지는 것을 말한다. 즉 자극의 어떤 수준에 적응하는 것이다.

(2) 차이역

차이역이란 두 자극 간의 변화나 차이를 탐지하는 감각체계의 능력을 말하며, 두 자극 간에 탐지 될 수 있는 최소한의 차이가 최소가지차이(JND: Just Noticeable Difference)[1]이다. 차이역에서도 차이에 대한 탐지반응은 100%가 아니라 50%를 유지한다. 즉 어떤 경우에는 차이가 탐지되고 어떤 경우에는 탐지가 되지 않는데, 그 순이 바로 50%이다.

1834년에 독일의 생리학자인 베버(E. H Weber)는 두 자극 사이의 JND가 절대적 양이 아니라 첫 번째 자극의 강도와 관련한 양이라는 것을 발견하였다. 모든 감각과 거의 모든 강도에 적용되는 베버의 법칙은 다음과 같은 공식으로 기술된다.

$$K = \frac{\triangle I}{I}$$

여기서,
K= 상수(감각에 따라서 변함)
$\triangle I$= JND를 산출하기 위해 요구되는 자극강도에서의 최소한의 변화량
I= 변화가 일어나는 최초 자극 강도

---

1) 두 개의 자극을 구별하는데 필요한 최소한의 차이강도

베버의 법칙에 의하면, 최초 자극이 강할수록 두 번째 자극과의 차이를 탐지하는데 필요한 부수적인 강도는 더 커지거나 더 작아져야 한다. 베버의 법칙은 마케팅에 매우 유용하게 적용된다. 예를 들어 매장에서 판매되는 가격의 인상폭이 JND 미만에 있다면 소비자는 가격인상에 대해 신경을 쓰지 않을 것이지만 JND 이상의 가격인상은 소비자에게 반감을 불러일으키게 된다. 다른 한편으로 매장 고객응대 담당자의 복장에 대해서 소비자의 식상함을 막기 위해 JND 수준에서 변화를 줌으로써 디자인의 급격한 변화와 소비자의 식상함을 동시에 막고 소비자의 호의적인 태도를 유지할 수 있게 만들 수도 있다.

베버의 법칙은 마케팅에 매우 유용하게 적용된다. 예를 들어 비누회사에서 100g 비누 1개당 천 원의 가격으로 판매하다 시장 환경의 변화로 인해 가격을 인상할 수 밖에 없다고 하자. 이때 가격인상폭이 JND 미만에 있다면 소비자는 가격인상에 대해 신경을 쓰지 않을 것이다. 그러나 JND 이상의 가격인상은 소비자에게 탐지되고 이것이 소비자에게 반감을 불러일으키게 된다면, 비누의 무게를 JND 이하에서 줄임으로써 가격인상의 대체효과를 얻을 수 있을 것이다.

제조회사와 마케터는 두 가지 이유 때문에 자사제품과 관련되는 JND를 결정하려고 한다. 첫째, 제품크기 또는 품질에서의 감소 또는 가격에서의 증가 등과 같은 부정적인 변화가 소비자에게 즉각적으로 탐지되지 않게 하기 위해서, 둘째, 제품개선이 지나치게 낭비적이라는 인식 없이 소비자에게 분명히 알려주기 위해서 등이다. 마케터는 오랫동안 누적된 광고의 영향력에 노출된 소비자의 호의적인 인식을 유지한 채 기존의 포장디자인을 개선하길 원한다. 이러한 경우에, JND 수준에서의 작은 변화를 통해 소비자가 최소한의 차이를 느끼게 한다.

(3) 식역하 지각

절대역과 밀접히 관련되는 것이 식역하 지각(subliminal perception)이다.

식역하란 용어는 '절대역 아래'를 의미한다. 자극의 강도가 절대역 아래에 있기에 자극은 탐지 될 수 없는 것이다. 그러나 식역하 지각은 의식적인 인식수준 아래에서 제시된 자극임에도 불구하고 사람의 행동과 감정에 영향을 줄 수 있다는 생각을 반영한다.

1957년 미국 뉴저지의 한 영화극장에서 관람객은 "Drink Coca-Cola"와 "Eat Popcorn"이라는 메시지에 노출되었다. 이 메시지는 영화에 삽입되어 관람객이 의식적으로 탐지할 수 없을 정도로 빨리 제시되었다. 이러한 절차를 수행하였던 마케팅 회사는 극장에서 코카콜라의 판매가 17% 그리고 팝콘의 판매가 58% 증가했다고 주장하였다(Brean, 1958).

이 사건으로 인해 심리학자들은 1950년 후반부터 1960대 초반까지 본격적으로 식역하 지각을 연구하였다. 식역하 지각에 관한 연구들은 상반된 결과를 보였다. 몇몇 연구는 식역하 자극이 효과가 있음을 보고하였지만, 대부분의 연구는 효과가 없다고 보고하였다. 그 결과 많은 심리학자들은 식역하 지각의 효과를 의문시하였다. 또한 식역하 자극의 효과여부를 떠나서 심각한 윤리문제를 일으킬 수 있음을 유념해야 한다.

(4) 소비자 순응

절대역과 차이역의 개념과 밀접히 관련되는 개념이 순응이다. 누구든지 자극에 대한 순응과정을 경험한다. 순응은 소비자가 어느 일정 기간 동안 제공된 어떤 모양, 스타일 또는 메시지를 신선하게 유지하기 위해서는 마케터가 이러한 것들을 주기적으로 변화시켜야만 한다. 다시 말해 소비자가 제품, 디자인 또는 광고 등에 순응을 하게 되면, 소비자는 이러한 자극에 대해 둔감해질 뿐만 아니라 싫증을 일으키게 된다.

(5) 감각유형

외부 환경에서의 자극들은 인간의 다섯 가지 감각기관을 통해 들어온다. 이러한 감각투입 자극은 지각과정을 유도하는 원자료(처리되지 않은 상태의 자료)이다. 예를 들어 외부 환경으로부터의 어떤 감각자극(예, 라디오에서 나는 소리)은 젊은이로 하여금 첫사랑에 대한 추억을 불러일으키고 첫사랑 여인의 향수 향기 또는 여러 느낌을 떠올리게 하는 내적 감각경험을 생성할 수 있다. 이러한 반응은 소비자와 제품 간의 상호작용에 근거한 쾌락소비, 즉 감정차원에 대한 중요한 요소로 이어질 수 있다.

① **시각**

제품의 색채, 크기, 스타일 등의 시각적 채널을 통하여 제품관련 의미가 전달된다. 색채에 대한 어떤 반응은 학습된 연합으로부터 나타난다. 예를 들어 서양 국가들과 우리나라에서는 검은색 그리고 일본에서는 흰색이 조문의 색으로서 상징성을 갖고 있다.

색채는 포장 디자인에서 주요한 요소이다. 이는 색채가 포장 안에 무엇이 들어 있는가를 상상하는 소비자에게 상당한 영향을 줄 수 있기 때문이다.

② **청각**

청각적 요소를 활용하여 소비자의 행동에 영향을 주려고 한다. 광고의 CM song(Commercial Song)은 상표를 인식시키고, 배경음악은 소비자에게서 바람직한 기분을 만들어낸다. 소리는 소비자의 감정과 행동에 영향을 미친다.

③ **후각**

향기는 감정을 자극하거나 차분한 느낌을 불러일으킬 수 있다. 이는 향기가 인간 뇌의 가장 기본적인 부분이며 즉각적인 감정을 다루는 부위인 변연계에서 처리되기 때문이다. 또한 기억을 촉진시키거나 긴장을 완화시킬 수 있다.

④ **촉각**

일반적인 관찰에 의하면 촉각은 소비자 행동에서 중요하다. 예를 들어 소비자는 섬유소재의 촉감과 제품품질을 연합시킨다. 의복, 침구류 또는 방석/소파의 천 소재는 부드러운지, 거친지, 유연한지, 딱딱한지 등의 느낌과 연결된다. 마찬가지로 보다 부드러우면서 섬세하게 처리된 직조는 여성스러운 것으로, 거친 직조는 남성용인 것으로 보인다.

⑤ **미각**

식품회사들은 자사 제품이 음식 맛을 제대로 내는지를 확인하기 위해 철저한 공정을 거친다. 나비스코(Nabisco)가 자사의 과자품질을 평가하기 위해 사용하는 절차를 살펴보면 소비자는 실질적인 맛에 의해서가 아니라 소비자의 기억 속에 있는 특정 상표 또는 습관과 관련한 심리적인 맛에 의해 이루어지는 경향이 강하다.

2. 주의

실제로 사람들은 그들을 둘러싸고 있는 수많은 자극 중 단지 극소수만을 받아들인다. 선별과정에서 살펴봐야 할 한 가지 중요한 개념이 주의이다. 주의는 특정대상에 대한 정보처리 용량의 배분으로 정의되는데, 이는 정보가 의식적으로 처리되도록 인지적 용량을 특정한 대상이나 과제에 할당하는 것을 말한다.

주의는 크게 두 가지 특성을 갖는다. 한 가지는 선택이고 다른 하나는 집중이다. 주의의 선택적 특성은 정보가 과부하 되지 않도록 해 준다. 매장에서 소비자는 자신을 둘러싸고 있는 모든 정보를 처리할 수가 없다. 소비자는 정보의 과부하를 막기 위해 주의의 선택적 특성을 활용하여 필요한 정보를 우선적으로 처리한다. 정보 과부하를 방지하려는 반응에는 각각의 정보에 대해 시간을 적게 투자하는 것, 하위순의 정보를 무시하는 것 또는 어떤 감각적 투입을 완전히 차단해버리는 것 등이 포함된다.

소비자의 주의는 자발적으로 또는 비자발적으로 활성화 될 수 있다. 소비자가 개인적으로 관련되는 정보를 능동적으로 탐색할 때, 이들의 주의는 자발적이다. 자발적 주의는 선택적 특성을 지닌다. 소비자가 특정제품에 관련될수록 그들의 주의는 선택적이 되어 자신과 관련되는 정보에 초점을 맞춘다.

소비자는 비자발적으로도 주의할 수 있다. 비자발적 주의는 소비자가 놀랍거나, 신기하거나, 위협적이거나, 기대치 않았던 무언가에 노출될 때 일어난다. 이럴 경우에 소비자는 자동적으로 자극에 눈을 맞춤으로써 주의한다. 현저한 자극은 비자발적 주의를 유도한다. 현저한 자극을 무시하기란 쉽지 않다. 어떤 제품, 포장, 광고 등은 그것들을 차별적이고 흥미롭기 때문에 시선을 끈다.

그러나 현저성은 맥락 의존적 특성을 지닌다. 다시 말해 한 맥락이나 상황에서 현저한 자극은 다른 맥락이나 상황에서는 현저하지 않을 수 있다. 독특하거나 차별적인 자극은 전경으로 분명하게 보이고 나머지 다른 것들은 배경으로 뚜렷하게 보이지 않는다. 이것이 지각의 전경-배경 원리이다.

(1) 자극특성

① 신기성

기대하지 않았던 방식으로 또는 장소에 나타나는 자극은 소비자의 주의를 끄는 경향이 있다. 주의를 끌기에는 덜 적합한 의외에 장소에 놓인 광고도 소비자의 주의를 끄는 경향이 있다. 이러한 장소로는 쇼핑용 손수레의 뒤쪽 받침대, 터널의 벽, 실내 운동장의 마루 등을 들 수 있다. 광고가 보이기에는 더 의외에 장소로 공중화장실, 가로수, 지하철 계단 등을 들 수 있다.

아울러 신기한 제품도 주의를 끌 수 있다. 신기한 제품은 초기에는 높은 판매율을 보이는 경향이 있다. 그러나 신기성은 시간과 더불어 점점 사라지기에 기업은 신제품을 계속해서 개발해야만 한다.

② 생생함

주변자극에 의해 영향을 받는, 즉 맥락 의존적인 현저한 자극과 달리 주변자극과 별개인 생생한 자극은 맥락에 관계없이 주의를 끈다. 생생한 자극은 정서적으로 흥미롭고 구체적이며, 감각적·시간적·공간적으로 근접해있다.

③ 대비

대비는 가장 많이 주의를 끄는 자극 속성들 중 한 요인이다. 사람들은 그들의 배경과 대비가 되는 자극에 주의를 하는 경향이 있다. 서로 대비가 되거나 불일치하는 자극을 제시하는 것이 주의를 증가시키는 지각적 갈등을 일으킨다.

④ 색채

주의를 끌며 자극을 유지할 힘은 색의 사용에 의해 명백히 증가할 수 있다. 흑백광고보다 컬러광고가 소비자의 주의를 더 끌 수 있을 것이다.

⑤ 크기

일반적으로 자극이 클수록 더 주의를 요한다. 크기에서의 증가가 소비자로 하여금 주의할 기회를 높일 것이다. 매장에서 소비자가 제품을 주목할 가능성은 제품이 놓일 진열대 공간의 크기에 달려있다. 충동구매 품목의 경우 이것은 특히 중요하다.

⑥ **강도**

자극 강도가 크면 클수록 더 주의를 끈다. 예를 들면 더 큰소리와 밝은
컬러는 주의력을 높일 수 있다.

⑦ **위치**

자극은 단순히 위치적 속성 때문에 주목될 수도 있다. 예를 들어 식료
잡화점에서 충동구매 품목들은 소비자의 눈에 잘 띄는 계산대 옆에 전
략적으로 놓여 있다.

위치 인쇄매체에서도 또한 중요하다. 잡지에서는 후반부 보다 전반부
에 위치한 광고, 왼쪽 페이지 보다 오른쪽 페이지에 위치한 광고에 더
큰 주의를 받는다.

⑧ **운동**

움직이는 자극은 정지된 자극보다 더 큰 주의를 받는다. 소비자의 주의
를 끌도록 가현운동(apparent movement)[2]을 일으키는 매장 디자인도
이에 속한다.

(2) 소비자 요인

① **기대**

사람들은 보통 그들이 보려고 기대하는 것을 보며, 그들이 보려고 기대
하는 것은 보통 친숙성이나 사전경험에 의해 영향을 받는다. 여기서 기
대란 특정한 방식으로 반응하려는 준비성으로 정의된다.

---

2) 실제로는 운동이 없지만, 운동이 일어나는 것처럼 지각하는 현상

② 동기

사람들은 그들이 원하는 것을 지각하는 경향이 있다. 사람들의 욕구가 강할수록 환경에서 무관한 자극을 무시하려는 경향은 커진다. 건강에 관심이 많은 소비자는 그런 관심이 없는 소비자보다 건강에 관한 광고에 더 주의를 기울일 것이다. 또한 개인의 지각과정은 단순히 그 개인에게 중요한 환경요소에 더 밀접히 맞춰진다.

③ 관여

관여는 특정한 상황에서 자극에 의해 유발되는 지각된 개인적 중요성 또는 흥미의 수준을 의미한다. 소비자의 관여가 높아질수록 소비자는 구매와 관련된 정보에 주의를 기울이고, 정보를 이해하고 정교화 하는 데 훨씬 더 동기화된다.

소비자의 관여의 유형은 두 가지로 나뉘는데 상황관여는 짧은 기간 동안 나타나는 것으로 고장 난 제품을 교체하는 것처럼 특정한 상황과 관련된다. 반대로 지속관여는 소비자가 제품에 변함없이 높은 수준의 관심을 보이고 그것에 대해 생각하는 데 시간을 자주 투자할 때 나타난다. 예를 들어 새로운 자동차를 구매한 소비자는 지속적으로 제품에 관심을 보인다.

3. 지각 체제화

사람들은 환경으로부터 자신이 선택한 자극을 분리된 부분으로 지각하지 않는다. 오히려 사람들은 자극을 집단으로 체제화하고 통합된 전체로 지각하는 경향이 있다.

(1) 전경-배경

사람들은 그들의 지각을 전경과 배경이라는 두 가지 패턴으로 체제화 하는 경향이 있다. 전경은 더 확고하고 더 잘 규정되어 있으며 배경의 전면에 나타나 보이는 반면에 배경은 보통 불분명하고 흐릿하며 연속적으로 나타나 보인다. 다시 말해 전경은 우세한 것으로 나타나기 때문에 분명히 지각이 되지만 배경은 예속적인 것으로 나타나 덜 중요한 것으로 지각된다.

(2) 집단화

자극을 집단화하는데 활용될 수 있는 원리는 여러 가지가 있다. 여기서는 소비자 행동에 적절히 적용될 수 있는 두 가지 원리를 살펴볼 것이다. 먼저 유사성 원리는 사람들이 유사한 외양을 공유하는 대상을 함께 묶어서 지각하려는 경향성이다. 예를 들어 마트의 라면 진열대에서 보면 매운맛의 라면들의 포장은 모두 붉은색을 많이 띈다. 이는 붉은색이 매운 맛을 표현해주기 때문이기도 하지만 무엇보다도 이 품목의 선두상표와 유사하게 보이려는 전략이다.

자극의 집단화에 관한 중요한 두 번째 원리가 완결성이다. 사람들은 불완전한 자극 패턴을 완성해서 지각하는 강력한 경향성을 지니고 있다. 다시 말해 사람들은 생략된 부분을 의식적으로 완성시키려고 한다. 사람들은 불완전한 자극을 보면 긴장을 일으키고 긴장을 감소시키기 위해 불완전한 자극을 완전하게 만들려고 동기화된다.

4. 해석

해석은 감각자극에다 의미를 부여하는 것이다. 이러한 해석과정을 통해 사람들은 자극이 무엇인지를 이해한다. 해석단계에서 사람들은 자극이 무엇일 것이라는 기대감 뿐만 아니라 자극과 관련된 정보를 장기기억에서 인출한다.

감각자극에 부여되는 의미에는 두 가지 유형이 있다. 하나는 사전적 의미로 이는 사전에 나오는 단어에 부여된 전통적인 의미다. 다른 하나는 심리적 의미로, 이는 개인의 경험 그리고 자극이 나타난 맥락 등에 근거하여 개인이 자극에 부여하는 특정한 의미이다. 예를 들어 자동차 세일에 대한 의미론적 의미는 '정상가로부터의 가격인하'이다. 그러나 이에 대해 소비자가 부여할 수 있는 심리적 의미는 '조만간 생산이 중단 되겠구나', '새로운 모델이 곧 시판 되겠구나' 또는 '회사가 무척 힘든 모양이지' 등 일 것이다.

해석은 인지적 또는 사실적 해석 그리고 감정적 해석의 두 가지 유형이다. 인지적 해석은 자극이 기존의 의미범위에 놓이는 과정이다. 예를 들어 스마트폰이 시장에 처음 나왔을 때 소비자는 이 제품을 평가하기 위해 스마트폰을 기존의 휴대폰 범주에 포함시켰을 수도 있다. 차후에 이 제품과 관련된 정보 또는 경험이 증가함에 따라 많은 소비자가 이 제품에 대해 충분히 알게 되고 다양한 상표와 기종을 분류하기 위해 휴대폰 범주 내의 하의범주 또는 기존의 휴대폰과는 별도의 새로운 범주를 형성했을 것이다.

감정적 해석은 광고와 같은 자극에 의해 유발되는 감정반응이다. 예를 들어 소비자가 '어머니가 아기를 사랑스러운 눈길로 바라보며 돌보는 광고'를 보았을 때 이들이 따뜻한 정을 느끼는 것은 자연스럽고 정상적인 반응이기에 이 광고에 대한 해석은 다분히 감정적일 것이다.

다른 한편으로 소비자는 소비자환경에서 받은 정보를 해석하는 과정에서 정보의 의미를 해독할 것이다. 이런 정보해독과 관련하여 기호학(semiotics)은 사람들이 기호로부터 어떻게 의미를 획득하는지를 분석하기 위해 개발되었다. 여기서 기호란 서로에게 정보를 전달하기 위해 사용된 단어, 제스처, 그림, 제품 및 로고 등을 말한다. 소비자가 환경에서 상징에 감정적으로 어떻게 반응하는지를 이해하기 위해서는 다양한 기호의 공유된 의미를 이해해야 한다.

(1) 기호학

소비자는 소비환경에서 받은 정보를 해석하는 과정에서 정보의 의미를 해독할 것이다. 이런 정보해독과 관련하여, 기호학(semiotics)은 사람들이 기호로부터 어떻게 의미를 획득하는지를 분석하기 위해 개발되었다. 여기서 기호란 서로에게 정보를 전달하기 위해 사용된 단어(상표 포함), 제스처, 그림, 제품 및 로고 등을 말한다. 기호학 분야는 마케팅의 판매촉진 전략과 매우 깊은 관련이 있다. 즉 다양한 상징 또는 기호를 통해 제품이나 서비스에 관한 정보가 소비자에게 전달된다.

기호학 영역은 마케팅 의사전달에 특히 중요하다. 마케터와 광고인은 상징의 사용과 그들의 표적시장 내의 소비자가 상징을 어떻게 해석하는가에 주의를 기울여야 한다. 예를 들어 하나의 기호로 작용하는 상표명에 대한 소비의 해석이 중요하다. 미국 GM 자동차 '시보레 노바'를 남미에 출시했지만 대실패였다. 주로 스페인어를 쓰는 남미에서 '노바(no va)'가 '가지 않는다'는 뜻이기 때문이었다. 포드도 남미에 '피에라'를 출시했다가 '추한 노파'를 누가 타겠느냐는 빈정거림만 받았다.

학습과 기억

1. 학습

학습은 '환경사건과의 경험으로부터 생기는 행동에서의 비교적 영속적인 변화'로 정의된다. 이 정의에 의하면 학습은 개인이 환경조건의 변화에 대한 반응으로 목표지향적 행동을 변경시키는 적응과정으로 보인다. 마케팅 측면에서 볼 때, 학습은 소비자가 새로운 정보를 이해하기 위해 그들의 신념을 변경시킬 때 일어난다고 볼 수 있다. 학습은 외현적인 행동반응 뿐만 아니라 태도와 여러 인지요소의 학습을 포함한다.

1) 고전적 조건형성

고전적 조건형성은 원래 중립적인 조건자극(CS: conditioned stimulus)과 반응을 유발하는 무조건 자극(UCS: unconditioned stimulus)과의 반복적인 짝짓기, 즉 연합에 의해 일어난다. 러시아 생리학자인 이반 파블로브(Ivan Pavlov)의 실험에 의하면 조건자극(예, 종소리)이 무조건자극(예, 음식)보다 시간상 약간 먼저 제시되는데 여기서 무조건자극은 자동적으로 무조건반응(예, 타액분비)을 일으킨다. 이 실험에서 조건자극과 무조건자극 간의 반복적 연합의 결과로 조건자극만 가지고도 무조건반응(UCR: unconditioned response)과 같거나 유사한 반응(파블로프 실험에선 동일한 반응)을 일으키게 되며, 이 반응을 조건반응(CR: conditioned response)이라 부른다([그림 3-1] 참조).

그림 3-1 고전적 조건형성

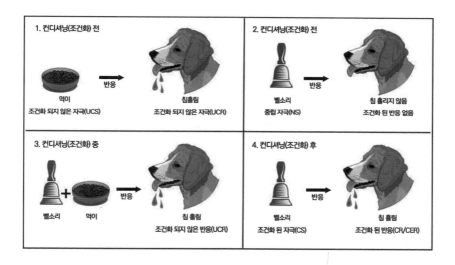

광고측면에서 볼 때 조건자극으로는 상표, 제품, 기타 소비품 등을 들 수 있고, 무조건자극에는 인기 있는 유명인, 음악, 그림 등이 포함된다. 만약 조건자극(예, 상표)이 무조건자극(예, 유명인 또는 음악)에 의해 일어나는 무조건반응(예, 좋아한다는 감정)과 동일하거나 유사한 조건반응(예, 좋아한다거나 멋있다는 감정)을 일으킬 수 있다. 다시 말해 특색 있는 음악(무조건자극)이 정서적으로 시청자를 흥분(무조건반응)시킨다면 그 음악과 짝지어진 상표(조건자극)가 유사하게 소비자를 흥분(조건반응)시키게 된다는 것이다.

고전적 조건형성이 소비자행동을 변경시킬 수 있다는 실험실 연구가 있다. 한 연구자는 학생들에게 그들이 좋아하는 음악 또는 싫어하는 음악(무조건자극) 중 하나를 들려주는 동안 베이지 또는 파란색 볼펜(조건자극) 하나를 슬라이드로 보여줌으로써 고전적 조건형성 상황을 설정하였다. 학생들에게 베이지 또는 파란색 볼펜 중 하나를 선택하도록 했을 때, 대부분의 학생들은 그들이 좋아하는 음악과 연합된 볼펜을 더 선호(조건반응)하였다.

(1) 고전적 조건형성의 중요 특성과 적용

① 반복

반복은 조건자극과 무조건 자극 간의 연합강도를 증가시키며 망각을 늦춘다. 그러나 연구들은 기억파지를 도울 반복의 양에는 제한이 있다고 제안한다. 과학습(학습에 필요한 양을 넘어서는 반복)이 기억파지를 도울지라도, 어느 순간부터 사람은 반복노출에 포만감을 가지며 결국 파지는 쇠퇴한다.

비록 반복 원리가 잘 인식되었더라도 반복횟수에 관해서는 모든 사람이 동의하고 있지는 않다. 어떤 학자들은 광고에 대해 3회 반복이면 충분하다고 주장한다(Krugman, 1972). 다른 학자들은 3회 반복의 효과가 나타나기 위해서는 11회에서 12회의 반복이 필요할 것이라고 생각한다.

반복의 효과성은 경쟁광고의 양에 따라 달라진다. 경쟁광고의 횟수가 많을수록, 간섭이 일어날 가능성은 더욱 커지고, 결국 소비자는 반복으로 인해 나타나는 이전 학습을 망각할 수 있다. 현실에 광고혼잡도(advertising cluster)를 고려한다면 3회 반복보다는 더 많은 반복이 필요할 수 있을 것이다.

② 자극일반화

자극일반화란 본래의 조건자극과 유사한 다른 조건자극에 의해서도 조건반응이 일어나는 것을 말한다. 앞의 파블로프 실험에서 조건자극

(예, 종소리)과 무조건자극(예, 음식) 간의 연합에 의해 종소리만으로
도 조건반응(예, 타액분비)이 일어난 후, 종소리와 유사한 다른 조건자
극(예, 방울소리)을 제시하여도 조건반응이 일어나는데 이를 자극일반
화라고 부른다. 자극일반화는 시장에서 모방제품이 성공하는 이유를
설명한다. 이는 소비자가 자신이 광고에서 본 진품과 모방제품을 혼동
하기 때문이다.

자극의 일반화에는 제품계열, 제품형태, 제품범주의 확장에 까지 적용
한다. 제품계열 확장에서 마케터는 관련 제품에 기존의 잘 알려진 상표
명을 붙이는데, 이는 신제품이 기존의 잘 알려지고 믿음이 가는 상표명
과 연합될 때 더 잘 수용되기 때문이다. 또한 제품형태의 확장은 제품
의 크기, 색체, 향을 포함하는데, 예를 들어 블루베리 고체비누에서 블
루베리 액체비누, 블루베리 샤워 젤 까지의 확장을 들 수 있다. 제품범
주의 확장의 예는 일회용 빅(BIC) 볼펜에서 일회용 빅 면도기로의 확장
을 들 수 있다.

또한 한 계열의 모든 제품에다 동일한 상표명을 붙이는 것을 '통일상표
화(family branding)'라고 하는데, 이는 한 제품에서 다른 제품으로 기
존의 호의적인 상표이미지를 일반화하는 소비자의 경향을 이용한 또
다른 전략이다. 인가(licensing)는 잘 알려진 상표명을 다른 제소사의
제품에다 사용할 수 있게 허락하는 것이다. 그러나 이러한 인가전략은
모조품이라는 부작용을 일으킬 수 있다.

③ **자극변별**

자극변별은 자극일반화와 반대되는 과정으로 유사한 조건자극들 간에
차이를 식별하여 특정한 조건자극에만 반응하는 것을 말한다. 유사한
자극을 변별할 수 있는 소비자의 능력은 소비자 마음에 상표에 대한 독
특한 이미지를 심어 주려는 위치화(positioning)전략의 근거가 된다.

- 제품 위치화

제품이나 서비스가 소비자 마음에서 차지하는 이미지 또는 위치는 제품이나 서비스의 성공에 매우 중요하다. 마케터가 자사제품이 소비자의 특정한 욕구를 만족시킬 것임을 독특한 방식으로 강조하는 강력한 커뮤니케이션 프로그램을 소비자에게 집중시킬 때, 마케터는 소비자가 제품선반에서 자사제품과 경쟁제품을 변별해주기를 원한다. 소비자가 그들의 지각을 일반화하여 선두제품의 특정한 특성을 자사제품에도 귀속시키기를 원하는 모방회사와는 달리, 시장에서의 선두주자는 소비자가 유사한 자극들을 변별해주기를 원한다. 효과적인 위치화와 자극변별로부터 나타나는 호의적인 태도는 미래의 구매행동에 영향을 줄 만큼 충분히 오랫동안 유지된다(Grossman & Till, 1998).

- 제품 차별화

대부분의 제품차별화 전략은 소비자에게 관련 있고, 의미가 있으며, 가치 있는 속성에 근거하여 소비자가 자사제품·상표와 경쟁제품·상표를 구분하도록 수립한다. 그러나 많은 마케터는 제품이나 상표에 내포된 편익과 실질적으로 무관할 수 있는 속성에 근거하여 자사제품이나 상표를 성공적으로 차별화하기도 한다(Carpenter, Glazer, & Nakamoto, 1994).

④ 이차 조건형성

파블로브의 실험에서 종소리(CS)에 노출된 후에 음식(UCS)이 뒤따르던 개의 예를 회상해보자. 여기서 종소리는 조건반응(CR)을 유발한다. 일단 조건 형성되면 종소리는 무조건자극의 힘을 획득한다. 이제 만일 개가 또 다른 조건자극인 불빛(CS_2)에 노출된 후에 종소리(음식이 아니라)가 뒤따르는 상황에 놓이게 되면, 불빛 자체도 비록 먹이와 짝지어진 적은 한 번도 없지만 결국 조건반응을 유발한다(물론 종소리가 음식과 다시 짝지어지는 시행도 있어야만 한다. 그렇지 않다면 종소리와 음식 사이에 원래 조건형성되었던 관계가 소거되고 만다). 무조건자극을 예측하는 종소리와 짝지어진 후에 불빛이 조건반응을 일으키는 능력을 이차 조건형성(second-order conditioning)이라고 부른다.

광고에서 무조건자극으로 활용되는 유명배우, 탤런트, 운동선수 등은 원래 의미가 중립적인 조건자극이다. 이들은 특정한 영화나 드라마 또는 운동경기(무조건자극)로 인해 의미를 부여받는다. 즉 이들과 특정한 영화, 드라마, 운동경기와의 연합이 이들에게 영화, 드라마, 운동경기에서의 의미를 부여한다. 다시 말해 소비자가 이들로부터 받는 의미는 이들이 원래 갖고 있던 것이 아니라 영화, 드라마 운동경기에서 전이된 것이다. 따라서 광고에서는 이차 조건형성에 근거하여 조건자극이었던 모델을 무조건자극처럼 활용하는 것이다.

마케터는 특히 유명인의 이미지가 영원하지 않음에 주의해야 한다. 이들은 자신에게 주어지는 역할에 의해 언제든지 이미지를 변화시킬 수 있다. 이는 광고에서 고전적 조건형성에 나타나는 조건자극(예, 상표)과 조건반응(예, 기분 좋음) 간의 관계가 깨질 수 있음을 의미한다. 따라서 제품이나 상표에서 장기적으로 확고한 의미를 부여하고 싶은 경우에는 무조건자극으로 활용되는 광고모델 선정에 상당한 주의를 기울여야 한다.

2) 조작적 조건형성

스키너(skinner)에 따르면 대부분의 개인학습은 개인이 적절한 행동을 선택하기 위해 보상되는 통제된 환경에서 일어난다. 소비자 행동 측면에서 보면, 조작적 조건형성은 어떤 구매행동보다 더 호의적인 성과(예, 보상)를 가져올 시행착오과정을 통해 소비자가 학습한다는 것을 제안한다. 즉 호의적인 경험이 소비자로 하여금 특정한 소비행동을 반복하도록 학습시키는 도구로 작용한다.

스키너는 동물을 상대로 연구하여 자신의 학습모형을 발전시켰다. '스키너 상자'에다 쥐를 넣어두고 만일 쥐가 적절한 행동(예, 지렛대 누르기)을 한다면, 음식(긍정적 강화물)을 받도록 하였다. 마케팅 맥락에서 자신의 몸에 잘 맞는 청바지 스타일(긍정적 강화물)을 발견하기 전에 청바지의 여러 상표와 스타일을 시험해 보는 소비자는 조작적 조건형성을 하고 있다고 볼 수 있다.

(1) 강화

① 긍정적 강화와 부정적 강화

스키너의 반응이 반복될 기회에 영향을 주는 강화를 두 가지 형태로 구분하였다. 첫 번째 긍정적 강화는 특정한 반응에 따라서 '제시'할 때 그 반응의 가능성을 증가시키는 것으로 돈이나 칭찬과 같은 자극이 긍정적 강화물로 작용된다.

두 번째 형태인 부정적 강화는 특정한 반응에 뒤따라서 '제거'할 때 그 반응을 증가시키는 것으로 불안, 고통, 통증처럼 불쾌하거나 부정적인 자극이 부정적 강화물로 작용된다. 예를 들어 소매치기가 여행자의 지갑을 훔치는 장면을 보여주는 광고는 소비자로 하여금 여행자 수표나 신용카드를 사용하도록 고무시킬 것이다. 그런데 부정적 강화물은 처벌과 혼동되어서는 안된다. 처벌은 행동이 일어나지 않게 한다. 예를 들어 주차위반 티켓은 부정적 강화물이 아니라 처벌로서 운전자로 하여금 불법주차를 못하게 한다. 광고 메시지에서의 공포소구는 부정적 강화물의 예시로 갑작스러운 죽음으로 자신의 가족을 불쌍히 남겨 둘 남편에게 경고하는 생명보험 광고는 생명보험 가입을 고무시키는 부정적 강화물이다. 또한 두통약을 판매하려는 마케터는 가라앉지 않는 두통의 고통스러운 증상을 보여 주는 부정적 강화물을 사용한다.

② 전체강화와 부분강화

소비자 학습에 영향을 주는 또 다른 중요요인이 강화의 시기이다. 강화 일정이 시간의 일부분에 걸쳐 분산적으로 수행되어야 하는가? 아니면 강화 일정이 전체 모든 시간에 걸쳐 집중적으로 수행되어야 하는가? 즉 전자의 부분강화와 후자의 전체강화 중 어느 것을 택해야 하는지는 문제가 아닐 수 없다. 따라서 두 강화일정을 결합하여 활용하는 방안을 강구해야 한다.

③ 강화일정

변동간격 일정에서는 강화가 특정한 시간간격이 경화하는 것에 의존하지만 그 간격이 예측할 수 없게 변한다. 이 일정에서 유기체는 하나의 보상도 놓치는 일 없이 너무 느리지 않도록 조심하면서 착실한 반응을 보인다. 예를 들면 백화점에서 비정기 바겐세일이 이에 해당된다.

고정비율 일정은 일정하게 고정된 수의 반응이 일어나야만 강화물이 주어지는 것이다. 이 일정에서 유기체는 많은 보상을 얻기 위해 짧은 시간에 많은 반응을 보이는 경향이 있다. 예를 들어 피자쿠폰 10장을 모으면 1판이 무료인 경우나, 비행기 마일리지 등이 대표적이다. 고정비율 일정에 근거한 마케팅 전략이 빈도 마케팅이다. 이 전략은 구매한 양에 따라 증가하는 가치를 지닌 보상을 소비자에게 제공함으로써 소비자의 구매행동을 강화한다.

(2) 행동조성

행동조성은 실험자가 원하는 방향으로 변형된 반응만을 강화하는 것이다. 다시 말해 바람직한 반응에 성공적으로 접근하는 행동만을 선별적으로 강화함으로써 새로운 조작적 행동을 만들어 내는 것이 행동조성이다. 이러한 행동조성은 바람직한 구매행동이 일어날 가능성을 증가시킨다.

예를 들어 소매점은 소비자가 자신의 매장에서 물건을 구매할 것이라고 기대하기 전에 자신의 매장이 소비자에게 우선 매력적으로 보여야 함을 인식한다. 많은 소매점은 소비자가 매장에 들르도록 하기 위해 예비 강화물을 제공한다. 어떤 소매점은 손실제품(loss leasers)을 소비자에게 제공하는데, 이는 이렇게 함으로써 소비자가 해당 매장에서 상당한 구매를 할 가능성이 높아질 수 있기 때문이다. 또한 미국의 자동차 딜러들은 신형 자동차를 팔기 위해 우선 소비자가 대리점에 방문하여 자동차를 시범 운전하도록 유도하고 있다. 이들은 대리점 방문을 유도하기 위해 소비자에게 작은 선물(예, 열쇠고리 또는 복권)을 제공하기도 하며, 시범운전을 하는 대가로 10달러 정도의 돈을 주기도 하고, 구매결정 직전에는 리베이트[3] 수표를 제시하기도 한다. 이들은 바람직한 소비자 반응을 이끌어 내기 위해 다단계 행동조성 기법을 사용한다.

(3) 행동수정

조작적 조건형성에 근거해 사람의 행동을 변화시킬 수 있는 효과적인 기법이 있는데, 이것이 행동수정이다. 행동수정은 행동을 변화시키기 위해 환경변수들을 조작하는 과정을 말한다(Gaidis & Cross, 1987). 소비자의 행동을 수정할 수 있는 방식으로 강화, 변별자극, 처벌자 등을 구성함으로써 소비자 환경의 연계성을 변화시키기 위해 이 기법을 사용할 수 있다. 또한 소비자는 자신의 행동을 수정하기 위해서도 이 기법을 사용할 수 있다.

예를 들어 백화점에 있는 50명의 소비자 중에서 단지 한 명만이 매장에 들어온다고 하자. 그 다음에 판매 서비스인은 소비자로 하여금 자신의 매장에 대해 매력을 느끼게 만드는 강화물이 무엇인지를 고려한다. 한 가지 가능한 강화물은 매장에 들어오는 소비자 중 일부에게 작은 선물을 주는 것이다. 이러한 유형의 부분 강화 일정의 학습효과는 서서히 일어나지만, 일정이 장기간에 걸쳐 진행되면 효과적이다.

---

3) 가격할인과 관련된 기법으로 제품구매 후 사전에 정해진 금액을 돌려받는 것

(4) 조작적 조건형성의 문제점

조작적 조건형성을 소비자 행동에 적용시킬 때, 강화물에 지나칠 정도로 의존한다면 문제가 발생할 수 있다. 만일 제품이나 서비스에 대한 구매행위가 외부 강화물(예, 다양한 촉진전략으로 무료샘플, 할인쿠폰 등)에 의해 지나치게 영향을 받는다면 그리고 제품이 내적인 강화속성을 갖지 못한다면 강화물이 제공되지 않을 때 구매행위는 반복해서 일어나지 않을 것이다. 마케터가 소비자로 하여금 그들의 상표를 구매하도록 강화하기 위해 가격할인 전략을 빈번히 사용한다면, 구매행동은 그 상표의 긍정적인 특성에 의해서라기보다는 가격할인에 의해 통제될 수 있다. 따라서 가격할인이 중단된다면, 소비자는 다른 상표로 구매전환을 일으킬 수 있다(Scott, 1976).

3) 사회학습 이론

인간의 지식은 스스로 행동하거나 반응함으로써만 얻어지는 것은 아니다. 인간은 시행착오에 의지할 필요도 없다. 인간은 타인을 관찰함으로써 학습할 수 있으며 이것은 사회학습이라고 알려져 있다. 사회학습에서 인간은 타인의 행동을 관찰하고 나서 그들의 행동을 모방한다. 타인은 학습자의 모델이 되며, 학습자는 조금씩 각 단계를 힘들게 습득하는 대신에 전체의 행동 패턴을 학습할 수 있다. 많은 사람은 부모, 교사나 친구를 모방하며, 어떤 사람은 전혀 만나지도 않았던 배우, 소설의 주인공 또는 운동선수를 모방한다.

인지학습의 한 유형인 사회학습은 조작적 조건형성의 학습이론과 인지과정을 통합한 학습이론이다. 이 이론의 창시자인 반듀라(Bandura,1977, 1986)는 세 가지 중요한 제안을 한다.

첫째, 인간은 자신의 행동의 가능한 결과를 예측하고 이에 따라 자신의 행동을 변화시키는 상징적 존대이다. 이와 관련하여 인간은 어떤 반응에 뒤따르는 결과의 규칙성을 추론하기에, 어떤 상황에서 특정한 반응이 특정한 결과를 초래할 것이라는 기대를 형성한다.

둘째, 인간은 타인의 행동을 관찰함으로써 그리고 이러한 행동의 결과를 주목함으로써 학습한다. 이것을 대리학습이라고 한다. 이때 정보를 전달하기 위해서는 모델의 역할이 중요하다. 모델은 타인이 관찰하려 하고 모방하려는 행동을 수행하는 누군가이다. 대리학습은 모델의 행동결과가 매우 분명하고 관찰자에게 현저한 것일 때 즉각적으로 일어난다. 게다가 관찰자가 이러한 결과를 긍정적으로 평가할수록 모델의 행동을 모방하려는 경향은 더욱 증가한다.

셋째, 인간은 자신의 행동을 조절할 능력을 갖고 있다. 이러한 자기조절 과정을 통해 인간은 자기만족과 자기비판 같은 내적인 보상(긍정/부정)을 스스로에게 제공한다.

이러한 한 제안들로부터 사회학습 이론이 왜 조작적 조건형성과 인지 이론을 통합한 것인지를 알 수 있다. 인간이 결과를 예측할 수 있는 상징적 존재라는 생각은 인지 이론과 일치한다. 보상이라는 강화물이 행동을 통제한다는 생각은 조작적 조건형성에서 나온 것이다. 이때 조작적 조건형성에서의 강화는 외부환경으로부터 생기지만, 사회학습 이론에서는 외부로부터의 강화뿐만 아니라 내적강화 역시 중요한 역할을 한다. 사회학습 이론은 이러한 생각에다 사람은 타인의 행동이 어떻게 강화되고 처벌되는지를 관찰함으로써 배울 수 있다는 생각을 더한 것이다.

2. 기억

기억은 과거의 사건 또는 생각에 관한 정보를 파지하는 과정을 말하며, 기억과정은 정보의 부호화, 저장 및 인출 등을 포함한다. 부호화란 정보가 기억에 저장되는 형태(즉 부호)로의 변환을 지칭한다. 저장은 부호화된 정보가 신경계에 어떤 기록(즉 기억흔적)으로 남겨져 나중에 사용하기 위한 형태로 보관되는 것이다. 인출은 저장된 모든 기억흔적 중에서 특정한 것을 선택하여 회상하려는 시도이다.

1) 작업기억

다중저장모델에 따르면, 정보는 감각등록기에 처음으로 등록되고 여기서 자극은 부수적인 처리용량이 할당되어야 하는지를 결정하기 위해 무의식적 방식으로 간략히 분석된다.

일단 자극이 감각등록기를 통화하면, 그 자극은 작업기억으로 들어간다. 작업기간은 매우 짧은 기간(18초~30초) 동안만 정보를 파지한다. 예를 들어 한 소비자가 친구로부터 '프리자리오'란 상표를 들은 직후에 "듣긴 들었는데, 그 상표명이 무엇이었는지 잘 모르겠어"라고 말하는 경우가 작업기억에 해당한다. 비록 작업기업은 극히 짧은 기간이지만, 사실상 이 과정에서 범주화와 해석이 가능하도록 감각투입과 장기기억의 내용이 결합된다. 이러한 결합과정으로 인해 과거에는 단기기억으로 불렀지만, 현재에는 작업기억 또는 활동기억으로 부른다.

(1) 부호화

작업기억에서 정보는 주로 청각적으로 부호화된다. 청각부호화 이외에 시각부호화 또는 의미부호화도 가능하지만 청각부호화가 매우 우세하다. 한 연구(Baddeley, 1966a, b)에서 연구자는 실험참가자에게 5개의 단어목록 또는 10개의 단어목록 중 하나를 기억하게 하였다. 5개의 단어목록은 작업기억의 범위에 있지만, 10개의 단어목록은 그 범위를 초과한다. 두 목록에서 모든 단어들은 청각적으로 관련되거나(예, bat, hat, cat), 의미적으로 관련되거나(예, tiny, small, little), 또는 무관하다(예, batm tiny, desk). 실험결과는 기억수행이 청각적으로 관련된 5개의 단어목록 조건과 의미적으로 관련된 10개의 단어목록 조건에서 가장 저조하였다. 5개의 단어목록에서의 청각적 혼동은 작업기억에서는 청각부호화가, 10개의 단어목록에서의 의미적 혼동은 장기기억에서는 의미부호화가 우세함을 보여준다. 따라서 정보가 작업 기억에 저장되느냐 아니면 장기기억에 저장되느냐에 다라 정보는 다르게 부호화된다.

작업기억에서 청각부호화의 우세는 마케터에게 중요한 시사점을 제공한다. 모든 정보는 작업기억을 거쳐 장기기억으로 넘어간다. 즉 정보가 작업 기억에서 부호화되지 않는다면, 이 정보는 장기기억으로 넘어갈 수 없다. 이 점은 바로 제품정보들 중에서 가장 영향력이 큰 상표명의 중요성과 직결되는 것이다. 정보가 소리의 형태로 부호화되어 기억된다는 것은 상표명의 선정에 중요한 의미를 갖는다. 기업에서 좀 특이한 상표를 선택하려다 보니 외래어를 쓰기도 하고 특이한 발음의 상표명을 쓰기도 한다. 그러나 어떤 상표 명의 발음이 생소하거나 어려워서 청각적으로 부호화되기가 어렵다면, 이 상표명은 작업기억에 저장되지 못할 것이고 장기기억으로 옮겨가지도 못할 것이다. 비록 특이한 발음일수록 일단 저장만 된다면 그 기억은 오래가겠지만, 이는 소비자와 기업 모두가 상당한 노력을 기울여야 가능하다.

(2) 저장

① 용량 및 편화

작업기억은 제한된 용량을 가지고 있다. 심리학자 밀러(Miller, 1956)는 마법의 수 7을 제안하였는데, 이는 작업기억의 용량이 7±2라는 것이다. 그러나 투입된 정보를 친숙하고 유의미한 단위로 묶는 편화(chunking)에 의해 용량을 확장시킬 수 있다. 예를 들어 FBICA-RC_IAIB-M과 같은 12개의 철자를 생각해보자. 보통은 제시된 순서대로 이 철자들을 외우려고 할 것이다. 철자가 12개여서 한꺼번에 외우기는 어렵다. 그러나 이 철자를 FBI-CAR-CIA-IBM과 같이 재배열하면 쉽게 기억할 수 있을 것이다. 이처럼 친숙한 4개의 편으로 묶으면 기억하기가 아주 쉬워지면서, 12개의 철자가 4개의 편으로 줄어들어 작업기억의 용량을 늘릴 수 있다.

이러한 편화는 놀랄 만큼 기억력을 증가시킨다. 물론 편화는 장기기억에 도움을 받아야 한다. 즉 장기기억에 저장되어 있는 친숙한 정보가 작업기억으로 전이되어야 한다. 일상적으로 사람들은 장기기억에 이미 저장되어 있는 정보를 끄집어내어서 작업기억의 정보를 평가하고 이해하는 데 사용한다.

광고에서 이 편화기법은 매우 중요하다. 제한된 시간과 공간에 많은 제품정보를 제시할 수도 없거니와 소비자가 많은 정보를 받아들이지도 못하기 때문에 이 편화를 최대한 활용하는 것이 좋다. 편화가 광고효과를 증가시킴에 있어서 특히 시각적인 전략과 결합될 때, 가장 중요한 전략이 될 수 있다. 상표명, 슬로건, 로고 등 모두가 많은 양의 정보를 전달하기 위한 영향력 있는 편으로 사용될 수 있다.

② **정보과부하**

작업기억의 제한된 용량으로 인해 소비자에게 생길 수 있는 문제는 정보과부하이다. 정보과부하는 작업기억에서 처리될 수 있는 양보다 더 많은 양의 정보가 들어오는 것을 말한다. 소비자가 모든 정보를 다 처리할 수 없기에 소비자는 각성수준을 높임으로써 또는 투입정보의 단지 일부분에만 초점을 맞춤으로써 정보과부하에 반응할 수도 있다 (Kahneman, 1973). 소비자가 정보과부하 상태에서 구매결정을 내려야 할 때, 소비자는 단순하게 임의선택을 하거나, 아무것도 구매를 하지 않거나, 또는 잘못된 구매를 할 수 있다.

③ **시연**

작업기억의 경우, 정보의 저장기간이 매우 짧아 특별한 노력은 기울이지 않으면 작업기억의 정보는 곧 사라진다. 작업기억에서의 이러한 망각은 크게 두 가지에 의해 일어난다. 첫째는 소멸로 시간의 경과에 따라 자연스럽게 정보가 사라지는 것이고, 둘째는 대체로 작업기억의 제한된 용량으로 인해 새로운 정보가 들어오면 옛날 정보가 밀려서 사라지는 것이다.

따라서 망각을 막기 위해서는 시연(rehearsal) 또는 암송을 해야 한다. 시연은 정보에 대한 언어적 반복을 말하며, 정보를 작업기억에 유지시킬 뿐만 아니라 장기기억으로 전이하도록 만든다.

(3) 인출

작업기억에서 정보를 인출하는 방식으로 두 가지를 생각해볼 수 있다. 하나는 병렬탐색(parallel search)이고, 다른 하나는 순차탐색(serial search)이다. 병렬탐색은 작업기억의 모든 정보를 동시에 탐사하여 관련정보를 인출하는 방식이고, 순차탐색은 정보를 순차적으로 하나씩 탐사하여 관련 정보를 인출하는 방식이다.

2) 장기기억

정보를 몇 분 정도의 짧은 기간이나 평생에 이르기까지 파지해야 할 때 장기기억이 관여한다. 장기기억의 두드러진 특징은 그 양상이 매우 다양하다는 데 있다. 저장되어 있는 정보의 내용뿐만 아니라 기억에 사용되는 부호, 정보가 재부호화 또는 추상화 되는 방법, 기억의 구성과 재구성, 기억의 지속성 등의 측면에서 장기기억은 다양하고 광범위한 양상을 보인다.

(1) 부호화

장기기억의 부호화는 의미부호화에 크게 의존한다. 의미부호화란 단어, 사건, 대상, 상징 등에 언어적 의미를 부여하는 것을 말한다. 문장을 듣고 몇 분이 지난 후에 회상할 수 있는 것은 대부분 문장의 의미이다. 예를 들어 소비자가 어떤 자동차에 대해 "37,850,000원, 3000cc, 6기통, 최고속도 300km,

천연가죽시트, 네비게이터와 DVD장착"이라는 정보를 들은 후 얼마 지나서 누군가에게 이 자동차에 대해 얘기할 때 "비싸고 힘이 좋으며 고급스러운 자동차"라고 일반적으로 말한다. 이는 소비자가 제품정보를 의미로 부호화하였기 때문이다.

장기기억에서 의미부호만이 사용되는 것이 아니다. 의미부호 이외에도 청각 및 시각부호는 물론 미각, 후각, 촉각도 역시 장기기억으로 사용될 수 있다.

(2) 저장 및 인출(retrieval)

장기기억 우리의 모든 지식을 담고 있는 무제한의 영원한 저장고로 볼 수 있다. 장기기억에서의 저장은 뇌손상과 같은 특수한 경우가 아니라면 특별한 문제를 일으키지 않는 것으로 보인다.

① 회상과 재인

장기기억에서 인출은 회상(recall)과 재인(recognition)에 의해 살펴볼 수 있다. 회상은 최소한의 인출단서를 사용하여 기억하고 있는 항목들을 끄집어내는 것이다(예, "어제 저녁 TV ○○드라마가 시작하기 전에 본 광고들을 얘기해보십시오"). 회상에는 자유회상과 보조회상이 대표적으로 다루어진다. 자유회상에는 기억된 항목을 특정한 단서 없이 그저 생각나는 대로 말하게 하는 것이다(예, "어제 본 광고들을 얘기하십시오"). 보조회상은 어떤 단서를 제공하고 항목을 끄집어내게 하는 것이다. 바로 위에서 언급한 것이 보조회상의 예이다.

재인은 특정한 항목을 전에 본 적이 있는지를 묻는 것이다(예, "어제 저녁 TV ○○드라마가 시작하기 전에 AA광고를 봤습니까?). 재인에서의 인출단서가 회상에서의 인출단서보다 더 구체적이고 유용하기에 일반적으로 회상보다 재인에서 성과가 우수하다(Tulving, 1974).

장기기억에서 정보를 끄집어내기 위해서는 인출단서의 역할이 매우 중요하다. 식료품점에서의 쇼핑은 보통 재인과 관련된다. 만일 소비자가 찾으려는 제품이 라면처럼 저관여 특성을 지녔다면, 소비자는 자신이 구매할 제품을 위해 제품선반을 단순히 훑어보면 된다. 즉 위에서 설명한 재인과정처럼 제품선반에서 자신이 원하는 제품이 있는지를 확인하면 되는 것이다. 그런데 종종 소비자가 매장에서 자신이 원하는 상표나 제품을 인출하지 못하는 경우가 있다. 이러한 경우 만일 매장에 적절한 인출단서가 있다면, 소비자의 인출은 용이해질 것이다.

소비자의 회상 또는 재인을 돕는 인출단서는 광고에서 나타난 언어적 또는 시각적 정보를 제품용기(또는 제품자체)에 제시함으로써 만들어질 수 있다(Keller, 1987). 매장에서 이루어지는 광고인 구매시점(POP: point of purchase) 광고 역시 소비자에게 적절한 인출단서를 제공하려는 것이다. 또 다른 인출단서로는 광고에서 사용되는 음악을 들 수 있다. 소비자가 말로 전달된 메시지보다 노래로 전달된 메시지를 더 잘 회상한다는 증거가 있다(Wallace, 1994).

② **인출실패와 간섭**

장기기억에서 정보의 인출실패는 두 종류의 간섭(역행간섭과 순행간섭)에 의해 일어난다. 역행간섭은 새로운 정보가 옛날 정보의 인출을 방해하는 것이고, 순행간섭은 옛날 정보가 새로운 정보의 인출을 방해하는 것을 말한다. 예를 들어 최신 스마트폰 구매 후 전화번호를 바꾼 경우 새로운 전화번호를 회상하려고 할 때 옛날 전화번호가 회상되는 경우가 순행간섭의 예이고, 어느 정도 시간이 흐른 후 새로운 번호는 잘 회상되지만 옛날 전화번호의 회상이 어려운 경우가 있는데 이것이 역행간섭의 예이다.

③ 폰 레스톨프 효과

간섭연구에서 또 다른 재미있는 발견이 폰 레스톨프 효과(the von Restorff effect)이다. 이 효과는 정보 현저성 또는 기억에서 자극 활성화 수준의 중요성을 예증한다. 일반적으로 자극이 현저할수록, 그 자극은 기억에 더 잘 부호화될 것이고 나중에 더 잘 회상될 것이다. 마케터는 제품을 독특하게 만듦으로써, 제품을 계속해서 광고함으로써 또는 구매시점 광고와 같은 인출단서를 사용함으로써 제품의 현저성을 증가시킬 수 있다. 광고의 주요목표 중 하나가 신기성, 대조, 색채, 놀라움, 운동, 크기 등과 같은 자극특성을 사용하여 광고가 소비자에게 매우 현저하게 인식되도록 하는 것이다.

만일 소비자가 한 상표를 매우 현저하게 인식한다면, 경쟁상표의 회상은 일반적으로 낮아진다. 따라서 상표관리자가 자사의 상표를 소비자가 현저하게 인식하게 할 수 있다면, 경쟁상표의 회상은 간섭으로 인해 억제될 수 있다. 기억에서 현저한 상표가 경쟁상표의 회상을 억제할 때, 억제된 상표들은 소비자의 상표고려군에서 제외될 수 있다.

④ 자이가닉 효과

인출실패에 영향을 줄 수 있는 또 다른 요인이 자이가닉 효과(the Zeigarnik effect)로 이 효과는 사람이 방해받거나 미완성인 과제를 수행할 때 발생한다. 미완성 과제로부터 정보회상과 완정과제로부터의 정보회상을 비교한 결과, 미완성 과제의 정보가 더 잘 회상됨을 보여주었다.

이 효과는 드라마 광고의 효과성을 설명한다. 드라마 광고는 드라마처럼 주제를 가지고 연속되는 광고를 말한다. 드라마와 같은 주제가 소비자의 관심을 유도하여 1회 광고를 시청한 후, 소비자는 그 주제가 끝날 때까지 다음번 광고를 기대하게 된다.

동기와 감정

1. 동기

소비자의 욕구나 동기를 이해하는 것은 소비자를 연구하는데 필수적이다. 다시 말해 소비자의 욕구나 동기를 이해하면 차후에 그러한 욕구나 동기에 의해 유발되는 행동을 예측할 수 있고 이를 통해 소비자를 바람직한 방향으로 유도할 수 있다.

1) 욕구와 동기

① 욕구

심리학에서 인간의 동기와 관련하여 이론이나 실증적 연구에서 가장 포괄적으로 주목을 받은 것이 동기의 개인적 특성인 욕구(needs)이다. 욕구는 내부균형을 재획득하기 위한 노력으로 개인으로 하여금 일정한 행동과정을 추구하도록 하는 내적 불균형 상태라고 정의할 수 있다.

② 동기

심리학자들은 행동이 나타난 이유를 설명하기 위해 동기란 개념을 고안하였다. 그런데 외부로 표출된 특정한 행동의 원인을 모두 동기라고 부르지 않는다. 동기는 다음과 같은 세 가지 특성을 갖는데 첫째, 행동을 유발시키는 개인 내부의 힘을 의미하는 활성화 둘째, 노력의 투입을 선택적으로 특정한 방향으로 지향하게 만드는 방향성 셋째, 일정한 강도와 방향을 지닌 행동을 계속해서 유지시키게 하는 지속성 등이다. 이러한 특성에 근거해 보면, 동기는 어떤 목표를 향하여 행동을 활성화시키고, 방향을 설정해 주며, 유지시키는 개인내부의 힘으로 정의할 수 있다.

③ 동기과정

동기과정은 욕구를 인식하게 하는 자극이 나타나는 순간에 작동한다. 이러한 자극은 개인 내부에서 개인내부에서 나타날 수 있다. 개인의 내부자극의 예로는 배고픔, 갈증, 무언가 변화를 향한 갈망으로 들 수 있으며, 개인은 이러한 자극에 의해 식사, 물마시기, 여행 등의 욕구를 인식할 수 있다. 또한 이러한 자극은 개인 외부에서도 나타날 수 있다. 또한 욕구를 표현욕구와 효용욕구로 구분한다. 표현욕구는 사회적 또는 심미적 요구를 달성하려는 욕구이다. 이 욕구는 개인의 자기개념 유지와 관련이 있다. 효용욕구는 생필품을 구매하거나 프린트 토너를 바꾸는 것과 같이 기본적인 문제를 해결하려는 욕구이다.

활성화된 욕구는 추동상태를 만들어 낸다. 추동(drive)이란 충족되지 않은 욕구의 결과로 생기는 긴장에 의해 나타나는 힘을 말한다. 이러한 추동은 정서 또는 생리적 각성으로 나타난다. 사람들은 추동상태를 경험할 때 그들은 목표 지향적 행동을 일으킨다. 목표 지향적 행동은 개인의 욕구상태를 해결하기 위해 취해진 행위이다.

목표는 유인대상으로 소비자가 자신의 욕구를 충족시킬 것이라고 지각하는 제품, 서비스, 정보 등을 의미한다. 소비자는 이 유인을 통해 자신의 욕구를 충족시키며 동시에 자신의 현실상태와 이상상태간의 차이를 좁힌다.

2) 전반적인 욕구이론

① 매슬로우의 욕구위계

심리학자인 매슬로우는 동기에 관한 한 가지 영향력 있는 접근을 제안하였다. 매슬로의 욕구위계는 인간욕구의 7가지 기본수준을 제시하는데, 이 수준은 낮은 수준의 욕구로부터 높은 수준의 욕구로 순서가 정렬되어 있다. 7가지 욕구를 낮은 수준부터 정렬시키면, 생리적 욕구, 안전욕구, 소속/애정 욕구, 자존심 욕구, 지적욕구, 심미적 욕구, 자기실현욕구로 구분된다([그림 3-2] 참조).

`그림3-2` **매슬로우 욕구위계**

욕구위계에서 보면, 한 욕구가 나타나기 위해서는 바로 이전의 욕구가 어느 정도 충족되어야 한다. 예를 들어 안전욕구가 나타나기 위해서는 생리적 욕구가 어느정도 충족돼야 한다. 따라서 한 욕구가 충족될 때 바로 상위의 욕구가 나타난다. 만일 낮은 수준의 욕구가 충족되지 않으면, 그 욕구가 일시적으로 다시 우세해질 수 있다. 또한 욕구위계에 따르면, 각각의 욕구는 상호 독립적이고, 각각의 욕구 간에는 중복이 있으며, 어떤 욕구도 완벽하게 충족되지 않는다. 이러한 이유 때문에, 비록 우세한 욕구는 아래에 있는 다른 모든 욕구가 어느 정도까지 행동을 동기화시킬 수 있다고 하더라도, 주요 동기원은 상당히 충족되지 않은 채 남아 있는 가장 낮은 수준의 욕구이다.

각각의 욕구를 살펴보면, 생리적 욕구는 인간의 생명을 단기적 차원에서 유지하기 위해 요구되는 것으로 음식, 물, 공기 등에 대한 욕구이다. 안전의 욕구는 장기적인 차원에서 인간의 생명을 유지하기 위해 요구되는 것으로 삶의 안정성, 주거, 보호, 건강 등에 대한 욕구이다. 애정 및 소속의 욕구는 인간은 타인들과 온정적이고 만족스러운 인간관계를 형성·유지하고 싶어 한다. 자존의 욕구는 타인들로부터 인정받고 싶어 하고, 자신이 중요한 인물이라고 느끼고 싶어 하는 욕구로 권위, 지위, 자존심 등과 관련된다. 인지적 욕구는 지식탐구와 관련된 욕구이며, 심미적 욕구는 심미안 또는 아름다움에 대한 욕구이다. 자아실현의 욕구는 자신의 잠재력을 달성하려는 개인의 욕망을 말한다. 즉 자신이 성취할 수 있는 모든 것을 성취하려는 욕구이다.

욕구위계의 주요 문제점은 이 이론을 실증적으로 검증할 수 없다는 것이다. 상위의 욕구가 나타나기 전에 바로 이전의 욕구가 얼마나 충족되어야 하는지를 정확하게 측정할 방법이 없다. 이러한 비평에도 불구하고, 욕구위계는 인간의 일반적인 동기로서 널리 수용되고 있다.

② 맥클리랜드의 학습된 욕구

맥클리랜드는 기본적으로 학습된 세 가지 욕구가 사람들을 동기화시킨다는 생각에 근거하여 그의 이론을 발전시켰는데, 세 가지 욕구란 성취욕구, 친교욕구, 권력욕구를 말한다.

성취욕구가 높은 사람을 성공을 위해 노력하고 문제해결에 책임을 지려는 경향이 강하다. 또한 친교욕구는 매슬로우의 욕구위계에서의 애정/소속 욕구와 유사한 것으로 보았으며, 이 욕구는 사람들로 하여금 친구를 사귀고 집단의 구성원이 되며 타인과 관계를 갖도록 동기화시킨다. 권력욕구는 타인에 대한 통제력을 획득하고 발휘하려는 욕구를 나타내며 이 욕구는 타인에게 영향을 주고, 지시하며, 지배하려는 경향성을 보인다.

3) 제한된 범위의 동기이론

① 반대과정이론

반대과정이론(opponent-process theory)에 따르면, 긍정적이거나 부정적인 즉각적 감정반응을 일으키는 자극을 사람이 받았을 때, 두 가지 반응이 발생한다. 하나는 개인이 즉각적인 긍정적 또는 부정적 감정반응을 경험하는 것이고, 다른 하나는 최초에 경험했던 감정과는 반대되는 감정을 갖는 반응을 그 다음에 경험한다는 것이다. 경험한 전반적인 감정은 이런 두 가지 감정반응의 결합이다. 두 번째 감정반응이 지연되기 때문에, 개인은 처음에 긍정적 또는 부정적 감정을 강하게 경험한다. 그러나 시간이 어느 정도 경과한 후, 처음에 경험한 감정은 그 강도가 약해지고 대신에 반대 감정이 강하게 나타난다.

다시 말해, 서로 반대되는 두 개의 감정이 동시에 발생하지만, 처음에는 한 감정의 강도가 강해 반대되는 감정을 느끼지 못하다가 시간이 경과함에 따라 처음 감정의 강도는 약해지고 반대 감정의 강도는 강해짐으로써 반대 감정을 경험하는 것이다. 이에 관한 예로 신용카드의 반복되는 과도한 사용으로 인해 재정적 문제를 갖는 소비자의 행동을 설명할 수 있다. 신용카드로 물건을 구매할 때 긍정적 감정과 부정적 감정이 동시에 발생하지만, 긍정적 감정의 강도가 강해 부정적 감정은 영향을 주지 못한다. 그러나 시간이 흘러 카드대금 결제일이 다가오면 긍정적 감정의 강도는 약해지고, 부정적 감정의 강도가 강해지면서 소비자는 불편해지기 시작한다. 소비자는 이러한 불편함을 해결하기 위해 긍정적 감정을 유발하는 또 다른 구매를 하며, 이러한 악순환이 결국 소비자의 재정을 어렵게 만든다.

② 최적자극수준유지 동기

동기관련 연구들은 사람들이 자극의 최적수준을 유지하려는 강력한 동기를 가지고 있다고 한다. 최적자극수준은 생리적 활성화나 각성에 대한 개인의 선호하는 양으로 매우 낮은 수준에서부터 매우 높은 수준으로까지 변할 수 있다. 사람들은 자극에 대한 자신의 최적수준을 유지하려고 동기부여 되는데 투입되는 자극수준이 너무 높거나 너무 낮을 때마다 그 수준을 수정하기 위한 행위를 할 것이다.

어느 시점에서의 개인의 자극에 대한 수준은 내적 및 외적요인에 의해 영향을 받는다. 내적 요인은 연령과 성격특성을 포함한다. 예를 들어 자극의 더 높은 수준을 열망하는 사람은 감각추구를 측정하는 척도에서 높은 점수를 얻는다(Zuckerman, 1979). 그들이 원하는 자극의 높은 수준을 유지하기 위해, 감각추구자는 번지점프 또는 암벽등반과 같은 위험스러운 활동을 기꺼이 하려는 경향이 있다.

요약하면 사람은 자신의 최적자극수준을 유지하기 위해 그들의 행위와 환경을 조절하려고 한다. 각성수준이 너무 높을 때 사람을 낮추려고 하고, 너무 낮을 때 자신의 행동을 변경함으로써 자극수준을 높이려고 한다.

③ 다양성추구 동기

다양성 추구란 자극에 대한 내적욕구에서 발생하는 것으로서 사람은 환경이 제공하는 자극수준이 이상적 수준이하(최적수준 이하)로 떨어지게 되면 싫증을 느끼게 되어 탐험행동 및 진기함 추구와 같은 더 큰 자극적 투입을 필요로 하게 되고, 반대로 환경이 너무 높은 자극수준(최적수준 이상)을 제공하게 되면 사람은 다양성회피와 같은 수단을 통해 투입을 감소하거나 단순화시킨 적절한 상황을 추구한다는 것이다.

소비자 동기로서의 다양성추구는 상당히 연구할만한 가치가 있는 주제로 전통적인 정보처리 관점에서 의해 설명되기 어려운 비목적적 행동에 대한 관심을 일부 반영하기 때문이다(van Trijp, Hoyer, & Inman, 1996). 특히 이러한 종류의 행동은 소비의 실용적인 관점보다는 경험적이거나 쾌락적인 동기로 설명되는 것으로 보인다(Holbrook & Hirschman, 1982).

④ 쾌락경험 동기

쾌락경험을 향한 열망은 최적자극수준을 유지하려는 욕구와 밀접히 관련되어 있다. 소비자 연구에서 쾌락소비(hedonic consumption)는 환상을 만들어 내고, 새로운 감각을 느끼며, 감정적 각성을 얻기 위해 제품과 서비스를 사용하려는 소비자의 욕구를 말한다.

쾌락경험 동기에는 감정경험의 열망과 레저활동의 열망이 있다. 감정경험의 열망은 소비자가 제품을 선택할 때 효용동기보다 때때로 감정적 동기가 더 우세할 수 있다는 것이다. 레저활동의 열망은 레저활동은 실질적으로 사적 경험이다. 이는 어떤 사람은 레저로 규정하는 것을 다른 사람은 일로 규정할 수 있기 때문이다. 레저는 다차원적이며, 다양한 욕구를 수반한다.

⑤ 자기조절초점

자기조절초점은 사람들이 기쁨을 추구하고 고통을 회피하려는 동기를 갖고 있다는 일반론에 근거한다. 이는 사람들이 어떠한 목표를 갖고 그 목표를 어떻게 충족시키는지를 설명하는 개념으로 사람들이 원하는 목표를 향상, 성취, 열망 등과 같은 촉진목표와 책임, 의무, 안전 등과 같은 예방목표 두 가지로 구분된다. 촉진 동기는 만족스럽거나 바라던 결과를 얻기 위해 현재의 상황을 향상시키려는 목표를 지닌 상태를 의미하며, 예방 동기는 불만족스럽거나 바라지 않는 결과가 발생하는 것을 막기 위해 현재의 상황을 유지하려는 목표를 지난 상태를 의미한다(Higgins, 1997). 예를 들어 시험을 앞두고 있는 학생에게 있어 촉진 동기는 시험에 합격하려는 목표이며, 예방 동기는 시험에 불합격 하지 않으려는 목표를 의미한다.

어떤 연구자들은 촉진 동기를 지닌 개인은 열망과 성취를 강조하며 긍정적 결과의 유무에 초점을 맞추고, 예방 동기를 지닌 개인은 책임과 안전을 염려하며 부정적 결과의 유무에 초점을 맞춘다고 하였다. 따라서 강한 촉진 동기를 지닌 개인은 성취와 관련된 유인에 더 동기화되고, 예방 동기가 더 강한 개인은 안전과 관련된 유인가에 더 동기화 된다.

⑥ 행동자유에 대한 열망

행동자유에 대한 열망은 외부의 제약 없이 행동을 수행하려는 욕구이다. 소비자가 제품이나 서비스를 선택하려는 자신의 자유가 방해받을 때 소비자는 이러한 위협에 대항하여 반발한다. 이러한 상태를 '심리적 저항'이라고 부른다. 예를 들어, 소비자 맥락에서 하루만 세일하는 경우가 며칠 세일의 경우보다 소비자의 구매 욕구를 훨씬 강하게 자극한다. 또는 판매수량을 제한하는 경우에도 소비자의 구매 욕구를 강하게 자극한다. 이는 세일기간 또는 판매수량의 제약을 가함으로써 소비자의 자유로운 구매행위를 방해했기 때문에 생긴 심리적 저항의 결과이다.

⑦ 소비자 독특성 욕구

소비자의 독특한 구매행동을 설명해 줄 수는 있는 '소비자 독특성 욕구'척도로 국내외에서 개발되었다. 독특성 욕구는 타인과 구별되는 자신만의 독특함이나 고유함을 표현하고자 하는 개인의 욕구로 정의되며 사람들은 이러한 욕구를 외적행동을 통해 드러내려고 한다. 독특성 욕구가 높은 소비자는 의도적으로 시각적으로 또는 기능적으로 독특한 제품을 구매하거나 과시하여 타인과 자신을 차별화하려고 시도한다.

⑧ 귀인동기

일상생활에서 소비자가 어떤 사건에 직면할 때, 소비자는 그 사건에 대한 설명을 찾으려 동기화 된다. 사람이 행동의 원인을 결정하는 과정을 설명하는 것이 귀인이론이다. 귀인이론에 따르면, 사람은 행동의 원인이 행위자의 내적인 것인지 아니면 외적인 것인지에 대해 결정하려 한다. 따라서 광고모델이 제품을 추천할 때, 소비자는 모델이 제품을 추천한 이유가 그 모델이 그 제품을 실제로 좋아해서인지(내부귀인), 혹은 돈을 받았기 때문인지(외부귀인)에 질문할 것이다. 이와 유사하게 독자 여러분에게 왜 특정한 상표를 구매했느냐는 질문이 주어진다면, 여러분은 자신의 행동의 원인이 제품내부에 있는지(예, 제품의 좋은 품질) 아니면 제품외부(예, 서비스 프로듀서의 압력 혹은 일시적 가격할인)를 찾으려 할 것이다.

⑨ 접촉욕구

사람에게는 제품이나 다른 것에 접촉하고자 하는 욕구가 있는데, 이를 연구자들은 '접촉욕구'라고 부른다. 어떤 소비자는 제품을 만져 보지도 않고 구매를 결정하기도 하고, 어떤 소비자는 구매를 결정하고 행동으로 이어지기 전에 더 많은 시간과 노력을 투자해 제품을 만져보고 그것을 직접 경험해 본 뒤에 구매를 결정하기도 한다. 이러한 소비자 개개인의 차이에 근거하여 어떤 소비자는 접촉을 통한 정보를 더 선호한다고 해석할 수 있다.

2. 감정

감정과 동기는 밀접한 관련이 있다. 감정은 동기와 동일한 방식으로 행동을 활성화하고 그 방향을 지시한다. 또한 감정은 동기화된 행동을 동반한다.

감정은 정서, 느낌, 기분, 감성 등으로 혼합되어 자주 사용되는데, 영어에서도 affect, emotion, feeling, mood 등이 잘 구분되지 않고 사용된다. 그러나 affect를 감정으로 감정이 정서, 느낌, 기분을 모두 포함하는 일반적이며 포괄적인 용어라고 보는 것이 타당하다.

정서는 기분에 비해서 지속시간이 짧고, 선행사건이 분명히 지각되며, 대상이 뚜렷하고 독특한 얼굴표정과 강렬한 생물학적 과정을 수반하며, 행동(준비성)에 변화를 가져온다. 반면에 기분은 일시적이지만 정서에 비해 비교적 오랫동안 유지되며, 뚜렷한 선행사건을 지각하지 못하는 경우가 많고 고유한 표현행동이나 생물학적 과정에 변화가 없으며 판단 및 결정과 같은 인지과정에서의 변화를 초래한다.

1) 정서의 구조

감정반응의 두 가지 기본적인 양극 차원에서 유래하는 것을 발견하였다. 첫 번째 차원은 쾌(pleasant)-불쾌(unpleasant)이고, 두 번째 차원은 흥분(aroused)-수동(passive)이다. 2차원에 의해 형성된 4개 사분면에, 기쁨, 분노, 안도(contentment), 슬픔(sadness) 등과 같은 특정한 정서가 놓일 수 있다. 예를 들어 만일 소비자가 매우 유쾌하면서 흥분한다면, 소비자는 기쁨의 정서를 경험한다. 대조적으로 만일 소비자가 매우 불쾌하면서 꽤 수동적이라면, 소비자는 슬픔의 정서를 경험한다.

① 감정과 정보처리

기분이 정보처리를 방해한다고 보는 이론이 있는데, 이는 정교화가능성 모델과 휴리스틱 체계 모델이다. 정교화 가능성 모델(elaboration likelihood model)에서는 메시지가 소비자의 관심에 따라서 중심경로(central route)와 주변경로(peripheral route)라는 두 가지 경로를 통해 처리된다고 가정한다. 중심경로는 소비자의 이성적 사고를 활용한 정보처리 방식이고, 주변경로는 감성적인 느낌을 활용한 정보처리 방식이다. 소비자의 태도는 제공되는 메시지에 대한 관여의 정도가 고관여 주제인지 상대적으로 저관여 주제인지에 따라 다르게 나타난다.

메시지의 관여도는 소비자가 제품에 대하여 제시되는 메시지 처리에 대해 어떠한 태도를 보이는지에 따라 결정된다. 소비자에게 상대적으로 중요하게 인식되는 정보는 관여도가 높다. 일반적으로 경제적 가치가 높은 재화나 서비스를 구매할 때 메시지의 관여도가 높다. 이러한 경우에는 상대적으로 이성적 단서를 활용하여 구매 행동을 위한 메시지를 처리한다. 이때 소비자는 감성적인 부분보다는 현실적이고 사실적인 단서를 통해서 주제를 받아들이는 경향이 있다. 이러한 중심경로에서는 소비자의 인지적 반응(cognitive response)이 기대되는 것이 일반적이다. 소비자는 인지적 정보처리 과정을 거치면서 자신의 신념이나 태도가 변화될 것인지 아닌지를 판단한다. 이러한 신념과 태도의 변화는 소비자의 행동 변화로 나타난다.

반면, 메시지의 관여도가 낮은 경우에는 일반적으로 감성적인 단서를 활용한 정보처리 방식인 주변경로를 활용한다. 이때의 소비자는 정보를 처리할 때 인지적인 반응을 생략하거나 거의 반응하지 않고 바로 태도 변화를 보인다. 저관여 메시지라는 것 자체가 소비자에게 크게 중요하지 않게 작용하기 때문인데, 이때 소비자는 심리적 지름길(mental shortcut) 현상을 겪게 된다. 정교화 가능성 모델은 소비자가 메시지를 처리하는 과정을 보다 세부적으로 나누어 어떠한 환경에서 어떠한 정보 제공 방식을 취해야 하는지에 대한 방법을 제시한 이론이다.

휴리스틱(Heuristic)은 '어림법'이라 부르기도 하는데 다양한 선택과정에서 고려해야 하는 수많은 요인을 동시에 고려하지 않고 경험, 직관 등에 의해 문제를 단순화시켜 해결하는 소비자의 규칙 또는 지침이다. 몇 가지 단순한 규칙 등을 이용하여 의사결정을 내리는데, 많은 양의 정보를 필요로 하지 않기 때문에 특정 상황에의 적응도가 높으며, 사람의 인지용량을 초과하지 않아 정보처리에도 부담이 적다. 휴리스틱은 다양한 형태로 소비자의 선택에 개입한다.

첫째, 대표성 휴리스틱은 하나의 사건이 어떠한 카테고리의 전형적인 특성을 대표하거나 속성 차원에서 유사성이 높으면 그 사건의 발생 확률을 높게 추정하는 소비자 성향이다. 예를 들면, 도박은 10번 해서 8번 진 경우에는 다음번에도 이길 수 있을 거라는 편향(Gambler's Fallacy)이다. 하지만 현실에서 일어날 확률은 이기거나 지거나 50%로 언제나 동일하다.

둘째, 가용성 휴리스틱은 소비자가 머릿속에 떠오르는 객관적인 정보의 내용이 아니라 얼마나 쉽게 떠오르는가를 기준으로 판단하는 성향이다. 객관적 자료보다는 인출의 용이성으로 판단하는 것이다. 예를 들면, 매일 교통사고 뉴스를 접하면서 실제로 사망 원인의 1위를 교통사고로 판단하는 것이다. 하지만 현실에서 가장 큰 사망 원인은 암이다.

셋째, 기준점 효과와 조정 휴리스틱이 있다. 불확실한 사건의 발생확률이나 빈도에 대해 예측할 때 처음에 설정한 기준에 영향을 받아 객관적인 조정을 하지 못하는 의사결정의 편향이다. 구매 의사결정과정이나 협상의 상황에서 광범위하게 발생한다. 예를 들면, 신입사원의 연봉을 책정할 때 미리 기준 금액을 제시하면, 그 금액을 기준으로 위아래로 판단하게 되는 현상이다.

넷째, 보유 효과 휴리스틱은 제품이든 사회적 지위이든 일단 소유하고 나면 그 제품을 가지고 있지 않을 때보다 그 가치를 주관적으로 훨씬 높게 평가하는 성향이다. 예를 들면, 동일한 스마트폰도 자신이 소유한 스마트폰의 가치를 높게 평가하여 중고품을 거래할 경우에 시세보다 높게 책정하는 것이다. 이 두 모델은 메시지 처리능력과 동기가 낮을 경우 메시지 주장의 강도가 태도형성에 미치는 영향이 약화되는데, 이때 기분이 능력과 동기를 결정하는 요인이 된다고 가정한다.

기분이 정보처리에 미치는 영향을 설명하는 또 다른 이론들이 있는데, 이는 쾌락연계성 모델, 기분유지/전환 이론, 그리고 위험판별 이론 등이다. 쾌락연계성 모델은 사람들이 긍정적인 상태를 획득하거나 유지하기 위해 그들의 기분을 관리하여야 한다고 주장한다. 이 이론에 따르면, 메시지는 그 메시지의 처리가 메시지 수용자에게 긍정적이거나 또는 부정적인 결과를 가져올 수 있다는 일종의 신호가 되고, 메시지 처리에 착수하려는 수용자의 동기는 그러한 단서와 그들의 현재 기분상태에 기초하여 결정된다. 즉 긍정적 기분에 있는 사람들은 메시지를 면밀히 검토할 능력은 지니고 있지만, 긍정적 기분상태를 유지하거나 증가시키려는 동기가 작용함에 따라 정보처리가 다르게 된다는 것이다.

기분유지/전환 이론은 긍정적 기분상태의 사람들은 그들의 기분을 유지시키기 위해 긍정적인 정보에 더 주의를 기울이도록 동기화되고, 반면에 부정적 기분상태의 사람들은 그들의 기분을 향상시켜 주는 정보에 주의를 기울임으로써 기분을 전환하도록 동기화된다고 설명한다. 따라서 이 관점은 긍정적 기분이나 부정적 기분에 상관없이 사람들은 항상 긍정적인 정보를 부정적인 정보보다 더 설득적인 것으로 간주한다고 주장한다.

위험판별 이론은 긍정적 기분상태의 사람들이 무조건 부정적 메시지의 처리를 피하기보다는 메시지가 나타내는 손실이 현실적이고 클 때 또는 그것이 메시지 수용자에게 중요한 것일 때, 신중한 위험 관련 결정을 내림으로써 부정적인 정보를 주의 깊게 고려한다고 설명한다. 이 이론에 따르면, 긍정적인 기분상태의 사람들에게서 긍정적인 메시지보다 부정적인 메시지가 더 효과적인데, 이는 긍정적인 상태의 사람들이 그렇지 않은 사람들보다 잃을 것이 더 많으므로 손실에 대해서 더 고려하기 때문이다. 또한 긍정적인 상태의 사람들이 긍정적 감정에 대한 장기간의 통제를 유지하려고 동기화되면, 현재의 긍정적 감정이 손상되는 것을 감수하고 부정적인 정보에 대해 더 수용적이게 된다.

한편 감정에 관한 최근의 연구흐름은 정보처리에서 긍정적 감정과 부정적 감정 간의 차이를 살펴보는 데서 벗어나 긍정적 감정과 부정적 감정의 하위유형들 간의 차이를 밝혀내는 데 관심을 둔다. 다시 말해 긍정적 감정의 하위유형인 기쁨, 행복, 유쾌감 간에 그리고 부정적 감정의 하위유형인 슬픔, 분노, 짜증 간에 소비자의 정보처리에서 어떠한 차이가 있는지를 밝히려고 한다. 일례로 분노한 소비자는 슬픈 소비자보다 광고 메시지의 결론을 추론하는데 시간이 덜 걸렸으며, 광고를 본 후 광고제품에 대해 추론한 양에서도 더 적었다.

결론적으로 감정이 소비자의 정보처리에 명백하게 영향을 준다는 것을 실증적으로 보여 주고 있으며, 이를 통해 소비자 연구에서 감정의 중요성을 부각시키고 있다.

② **정서의 인지적 차원**

감정에 관한 최근의 연구추세는 긍정적 감정과 부정적 감정의 하위유형들의 특징을 밝혀내는 것이다. 이러한 연구추세와 관련하여 연구자들은 정서들의 평가유형을 가장 잘 정의해주는 여섯 가지 인지적 차원을 확인하였는데, 이 차원들은 '확실성', '유쾌함', '주의적 행동', '통제성', '예상노력', '책임성' 등으로 모든 개별정서를 정의해 준다.

확실성은 사람이 그 상황에서 무엇이 일어나고 있는지에 대해 이해하고 확신하는 정도를 말하며, 유쾌함은 사람이 현재 갖고 있는 목표와 관련해서 자극들이 본질적으로 즐거운지 그렇지 않은지를 평가하는 것과 관련이 있다. 주의적 행동은 자극에 대해 집중하는 정도 또는 자극을 무시하거나 피하는 정도와 관련이 있으며, 통제성은 사람이 그 상황을 통제하고 있다고 믿는 정도를 말한다. 예상노력은 사람이 그 상황에서 무엇을 해야만 하며 어느 정도의 노력을 들여야 하는지 예상하는 정도와 관련이 있으며, 마지막으로 책임성은 그 상황에서 일어나고 있는 것에 대해 책임이 있다고 느끼는 정도를 뜻한다.

각각의 정서는 이 여섯 가지 차원들에 의하여 정의되고 핵심의미와 주제가 특징지어진다. 예를 들어 분노는 확실성, 통제성, 책임성 등 세가지 중심차원에 의해서 다른 부정적 정서들과 구별된다. 즉 분노는 부정적 사건에 대해 타인에게 책임이 있으며, 그 통제는 개인차원이라는 평가, 그리고 무엇이 일어나는지에 대해 확신할 수 있다는 평가에 기인한다. 수치심과 죄책감은 높은 자기 책임성과 자기 통제와 연합되어 있다(Smith & Lazarus, 1993). 후회는 자기 자신을 상처 입힌 것에 대한 자기 비난으로 부정적인 유의가(valence)를 가지며 높은 자기 책임성으로 평가되기 때문에 후회와 죄책감 간에는 유의미한 차이가 없다(Passyn & Sujan, 2006). 따라서 사람들의 정서는 그들의 상황에 대한 인지적 평가와 관련된다.

③ 문화에 따른 정서

미국인과 일본인의 정서를 비교한 연구에서 정서의 활성화와 유쾌함 차원 이외에 대인관계에 관여되거나 관여되지 않는 정도를 나타내는 정서차원이 발견되었다. 예를 들어 자부심과 의기양양(elation)은 동일하게 긍정적이며 활성화 수준에서 높지만, 자부심은 의기양양보다 대인관계 관여 정도가 덜한 것으로 나타났다. 정서에 따라 초점을 주는 대상이 다르다는 인식하에, 기타야먀와 마커스(Kitayama & Markus, 1990)는 대인관계 관여 정도가 높은 정서를 타자초점 정서로, 대인관계 관여 정도가 낮은 정서를 자아초점 정서로 칭하였다. 자아초점 정서는 타인을 배제한 개인의 내적 상태나 속성과 연관되며, 개인적 인식, 경험, 표현요구와 일치하려는 경향을 가진다. 자부심, 행복, 좌절 등이 자아초점 정서에 해당되며, 이런 정서들은 사람들이 자신에게 주의초점을 둘 때, 자기표현을 활발히 할 때, 그리고 자기표현과 관련되는 정서-발생 사건을 평가할 때 활발히 발생한다고 한다. 반면, 타자초점 정서는 사회적 상향에서의 타자나 가까운 타인(예, 가족, 친구, 동료, 정치적 · 종교적 집단, 사회계급, 또는 개인의 자기규정에 중요한 이데올로기나 국가적 실체)과 관련되며, 타인과 자신의 행위를 통합, 조화, 연합하고자 할 때 발생한다.

자아초점 정서나 타자초점 정서를 경험하는 것은 인지, 동기, 행동 면에서 다른 결과를 유도한다. 즉 자아초점 정서를 경험하고 표현하는 것은 내적 속성을 더 강조하며, 정서를 공개적으로 드러내고 사적으로 강화하는 시도를 하도록 이끈다. 그러나 타자초점 정서를 경험하는 것은 상호의존과 상호교환을 촉진하며, 더 협력적인 사회적 행위를 하도록 이끈다. 이런 타자초점 정서는 대로는 개인의 내적 속성의 자동적 표현을 방해하며, 상반된 감정으로 이끌 수도 있다.

이러한 초점정서는 문화적 지향에 따라 달리 경험되는 것으로 알려져 있다. 예를 들어 한 연구에서는 15개국의 사람들에게 분노, 슬픔, 공포의 표정을 짓고 있는 사람들의 사진을 보여주고 사진 속의 사람들이 체험하고 있는 정서의 강도를 추정하여 판단하도록 하였다. 그 결과, 개인주의 문화권의 구성원일수록 자아초점 정서의 강도를 더 높게 판단하는 것으로 나타난 반면, 집단주의 문화권의 구성원들은 자아초점 정서의 강렬함을 낮게 판단하는 것으로 나타났다.

또한 초점정서는 문화적 지향뿐만 아니라 자기해석의 조작에 따라서도 접근가능성이 다른 것으로 알려져 있다. 즉 자기 자신에 대해서만 생각하도록 한 사람들은 행복이나 슬픔 같은 자아초점 정서를 더 느끼는 경향이 있는 반면, 가족이나 친구와 함께 있는 자신에 대해 생각하도록 한 사람들은 평화나 선동(agitation) 같은 타자초점 정서를 더 경험하는 경향이 있는 것으로 나타났다.

자아초점 정서는 집단주의 문화에 비해 개인주의 문화에서, 타자초점 정서는 개인주의 문화에 비해 집단주의 문화에서 더 자주 더 강렬하게 체험되고 표현됨을 알 수 있다. 이는 집단주의 사회에서 타인에 대한 배려와 관계의 조화에 도움이 되는 정서가 사회적으로 높은 평가를 받기 때문이며, 반면 개인주의 사회에서는 개인의 자율성과 독특성 추구에 도움이 되는 정서가 사회적으로 높은 평가를 받기 때문으로 볼 수 있다.

Chapter 04 성격

1. 성격구조

성격은 '개인의 환경에 대한 적응을 결정짓는 특징적인 행동패턴과 사고양식'으로 정의하고 있다. 이 정의에서 보면 '행동과 사고'라는 용어가 나오는데 인간의 성격은 우리 눈으로 직접 볼 수 있는 것이 아니라 외부로 드러난 행동과 사고유형을 통해 역으로 우리가 추론하는 것이다.

프로이트의 구조 모델에 따르면, 성격은 행동을 지배한 3가지 시스템인 원초아(id), 자아(ego), 초자아(super-ego)로 구성되어 있으며 이것들은 서로 상호작용한다. 출생과 동시에 나타나는 원초아는 성격의 가장 원초적인 부분으로 자아와 초자아도 여기에서 발달한다. 원초아는 가장 기본적인 생물학적 충동으로 구성되어 있다.

아이가 성장할 때, 자아가 발달하기 시작한다. 아이는 자신의 충동이 언제나 즉각적으로 충족될 수 없다는 것을 알게 된다. 성격의 한 부분인 자아는 어린 아동이 현실의 요구를 고려하는 것을 배우면서 발달한다. 자아는 현실원리에 따르기에 충동의 만족은 그 상황이 적절할 때까지 지연되어야 한다는 것을 아이에게 말해준다. 따라서 자아는 본질적으로 성격의 집행자로 원초아의 요구, 현실 그리고 초자아의 요구 간을 중재한다.

초자아는 행위가 옳고 그른지를 판단한다. 초자아는 사회의 가치와 도덕에 관한 내면화된 표상이다. 초자아는 개인의 양심과 도덕적으로 이상적인 사람에 관한 이미지이다. 프로이트에 의하면, 초자아는 아동 중기 동안 부모가 주는 상과 처벌에 대한 반응 그리고 동일시 과정을 통해 형성된다.

성격의 이러한 세 가지 성분은 종종 갈등을 일으킨다. 자아는 원초아가 원하는 충동의 즉각적 만족을 지연시킨다. 초자아는 원초아와 자아 두 성분 모두와 싸우는데, 이는 원초아와 자아의 행동에 도덕적 요소가 부족하기 때문이다. 매우 잘 통합된 성격의 경우, 자아는 안정적이면서 융통성 있는 통제를 유지하고 현실원리가 지배한다. 프로이트는 원초아의 전부와 자아와 초자아의 대부분이 무의식에 있고, 자아와 초자아의 작은 부분만이 의식적이거나 전의식적이라고 제안하였다.

한편, 인간의 행위에 숨어있는 무의식적 동기를 확인하기 위한 꿈, 환상, 상징 등을 강조하는 정신분석학은 마케팅의 영향을 주었다. 마케터들은 소비자의 무의식 동기에 소구할 수 있는 촉진주제와 용기를 개발하려고 하며, 여전히 소비자의 무의적 구매동기를 자극하는 상징과 환상을 확인하기 위해 정신분석학을 이용하고 있다. 예를 들어 제품의 디자인과 용기 또는 광고 등에서 성적인 에너지인 리비도(libido)를 흥분시키는 여러 상징들을 의도적으로 사용하고 있다.

1) 호나이의 성격 이론

프로이트의 동료들 중 몇몇은 성격이 본능적이고 성적이라는 프로이트의 생각에 동의를 하지 않고, 대신에 사회적 관계가 성격형성과 발달에 기본이라고 믿었다. 이런 신 프로이트 학파의 성격이론들 중에서 소비자 영역에 잘 적용되는 카렌 호나이(Karren Horney)의 이론에 대해 간략히 언급하고자 한다.

호나이는 불안에 흥미를 두었고, 특히 불안한 감정을 극복하려는 개인의 욕망에 관심을 두었다. 이는 순응, 공격, 이탈의 3가지 성격집단으로 분류될 수 있다.

- 순응적(compliant) 성격 : 이에 해당하는 개인은 타인을 향해 움직이는 사람으로, 사랑받고 인정받기를 바라는 경향이 강하다.
- 공격적(aggressive) 성격 : 이에 해당하는 개인은 타인에 대항해 행동하는 사람으로, 남보다 우위에 서려 하고 칭찬을 들으려는 경향이 강하다.
- 이탈적(detached) 성격 : 이에 해당하는 개인은 타인으로부터 멀어지려는 사람으로, 독립적이고 자기충족적이며 자유로워지려는 경향이 강하다.

호나이의 이론에 근거를 둔 성격검사가 한 소비자 연구자에 의해 개발되었는데, 그는 대학생들의 검사점수와 그들의 제품 및 상표 사용패턴 간에 잠정적 관계를 발견하였다. 매우 순응적인 학생들은 유명상표 제품을 선호하였고, 공격적 성격으로 분류된 학생들은 남성적인 면을 강하게 소구하는 제품을 선호하였으며, 매우 이탈적인 학생들은 많은 학생이 선호하는 커피보다는 차를 많이 마시는 것으로 나타났다(Cohen, 1967).

2) 특질론

특질론은 사람들을 그들의 지배적인 특성 또는 특질에 따라 분류하는 것이다. 심리학자에 의하면, 특질(trait)은 '한 개인을 다른 사람과 비교적 영속적이며 일관되게 구분해 주는 어떤 특성'이다. 특질론은 사람들의 성향을 형용사로 기술하며, 사람들의 성격은 형용사로 표현된 특정한 특질들의 결합으로부터 나타난다. 예를 들어 사람은 자신의 성격이 어떠냐는 물음에 '보수적인', '외향적인', '침착한', '사교적인'등의 형용사를 사용하여 답하곤 하는데, 이것이 바로 특질이며, 이러한 특질들의 결합(예, 안정적이고, 외향적이며, 사교적인 등)이 성격으로 나타난다.

〈표 3-1〉은 다양한 평가 도구를 사용해 요인분석한 결과 신뢰성 있게 나타나는 5개의 특질요인(Big-5요인)을 나타낸다. 제시된 형용사 쌍은 각 요인을 잘 나타내는 특질척도의 예들이다(McCrae & Costa, 1987).

표3-1 대표적인 5개 특질요인

특질요인	대표적인 특질척도
개방성	인습적인-창의적인, 무사안일한-대담한, 보수적인-자유로운
성실성	부주의한-조심스러운, 믿을 수 없는-믿을만한, 게으른-성실한
외향성	위축된-사교적인, 조용한-말 많은, 억제된-자발적인
친밀성	성마른-성품이 좋은, 무자비한-마음이 따뜻한, 이기적-이타적
신경증	침착한-걱정 많은, 강인한-상처를 잘 입는, 안정된-불안정한

3) 소비자 성격척도

여러 소비자 연구자는 특정한 구매행동을 직접적으로 측정해줄 수 있는 타당하고 신뢰도 높은 특질척도를 다수 개발하였다.

① 자기감시

자기감시(self-monitoring)는 사람이 사회활동과 대인관계에서 자기표현을 관리할 수 있는 정도를 말한다. 자기감시 정도가 높은 사람의 태도는 자신의 태도가 사회적이나 상황적으로 적합한가에 의해 형성되기 때문에 이러한 사람들은 제품을 사용함으로써 얻을 수 있다고 주장한다. 또한 자기감시가 낮은 사람들은 자신의 가치표출을 중시하는 태도를 갖기 때문에 제품의 품질을 강조하는 광고를 자신들의 내재된 태도나 가치 또는 다른 평가적 기준에 맞추어 해석할 것이라고 가설을 세웠다. 예를 들면 자기감시가 높은 사람은 스포티하게 보이는 자동차 광고, 하얀 치아의 밝은 미소를 강조하는 치약광고 등에 반응할 것이다.

또한 자기감시가 낮은 사람들은 자신들의 가치표출을 중시하는 태도를 갖기 때문에 제품의 품질을 강조하는 광고를 자신들의 내재된 태도나 가치 또는 다른 평가적 기준에 맞추어 해석할 것이라는 가설을 세웠다. 예를 들면 스카치위스키 맛이 좋다고 생각하는 사람들은 스카치위스키를 마시는 그 자체를 즐길 것이며, 이러한 사람들은 특정 스카치가 그 맛에 대한 정보를 제공하는 광고에 주의를 할 것이며 더 반응적일 것이라는 가설을 세웠다. 이들은 세 가지 제품(위스키, 담배, 커피 등)을 대상으로 두 가지의 광고기법을 이용, 즉 다른 것은 다 동일하지만 단지 광고와 관련된 카피가 하나는 제품의 이미지를, 다른 하나는 제품의 품질을 소구하는 기법을 이용하여 광고에 대한 호의도와 제품의 구매의도에 대해 자기감시의 높고 낮음이 차이를 유발할 수 있는가에 대한 연구를 한 결과 유의한 차이가 있음을 밝혀내고, 그들의 가설이 검증되었다고 주장하였다.

② 인지욕구

인지욕구(need for cognition)는 사람이 생각하는 것을 즐기거나 원하는 경향성에 대한 측정을 나타낸다. 인지욕구의 개념은 개인이 노력하여 정보를 처리하는 데서 얻게 되는 내적인 즐거움에 초점을 두고 있다. 인지욕구 척도에서 높은 점수를 받은 사람은 본질적으로 생각하는 것을 즐기며, 반면에 낮은 점수를 받은 사람은 힘든 인지적 활동을 피하는 경향이 있다. 인지욕구가 낮은 사람은 특정한 주장에서 핵심을 구별하지 못하며, 오히려 제공된 주장에 근거하여 자신의 태도를 형성하기 위해 요구되는 인지적 노력을 피하기를 전형적으로 좋아하는 것으로 특징지을 수 있다.

③ 애매함에 대한 관용

애매함에 대한 관용(tolerance for ambiguity)의 개념은 애매하거나 비일관적인 상황에 대해 사람이 어떻게 반응하는지를 다루는 것으로, 애매함에 참을성이 있는 개인은 비일관적인 상황에 긍정적인 방식으로 반응하지만, 애매함에 대해 비관용적인 개인은 비일관적인 상황을 위협적이며 바람직하지 않은 것으로 보는 경향이 있다. 세 가지 다른 형태의 상황이 애매한 것으로 확인되었는데, 첫째, 사람이 정보를 전혀 갖고 있지 못한 완벽하게 새로운 상황은 애매한 것으로 고려되며, 둘째, 사람을 정보로 당황하게 하는 경향이 있는 매우 복잡한 상황은 매우 애매한 상황으로 간주되고, 셋째, 반박적인 정보를 갖고 있는 상황도 애매한 것으로 고려되고 있다. 이러한 상황들은 신기한, 복잡한 그리고 해결할 수 없는 상황으로 특징지을 수 있다.

애매함에 대한 관용의 성격구성이 여러 소비자 과제에서 소비자에게 영향을 줄 수 있다. 예를 들면, 소비자가 애매함에 비관용적인 소비자보다 새로운 것으로 지각된 제품에 더 긍정적으로 반응한다는 것을 발견했다. 즉 새로운 제품을 구매할 때, 소비자는 신기한 상황에 접하게 될 것이고, 애매함에 관용적인 소비자는 이러한 상황에 더 긍정적으로 반응할 것이다.

④ **시각처리 대 언어처리**

소비자를 시각처리자와 언어처리자로 구분할 수 있다. 시각처리자는 시각적 정보와 시각을 강조하는 제품을 선호하며, 반면에 언어처리자는 기술되는 언어적 정보와 언어적 정보로 광고되는 제품을 선호하는 경향이 있다.

⑤ **분리 대 연결**

분리-연결(separateness-connectedness) 특질은 사람들이 자신의 자기개념을 독립성(타인과의 분리) 대 상호의존성(타인과의 연합)으로 지각하는 정도를 측정하는 변수이다. 연결특질이 강한 사람은 중요한 타인을 자신의 일부분으로 또는 자신의 확장으로 간주하지만, 분리특질이 강한 사람은 자신을 타인과 구분하며 '나'와 '남'사이에 명확한 경계를 설정한다.

분리-연결 특질은 인구통계학적 변수들에서 차이가 있음을 보여준다. 예를 들어 여성은 남성보다 그리고 동양문화권의 사람들이 미국, 캐나다, 유럽의 서양 사람들보다 연결 특질의 자기개념을 더 가지고 있다 (Wang & Mowen, 1997).

⑥ **기타 성격척도**

소비자 연구자들은 위에서 언급한 특질척도 이외에도 다른 많은 척도를 개발하였다. '쿠폰경향' 및 '가격인식', '허영심', '거래경향', '인지복잡성', '성별도식이론', '불안', '자기 민족중심주의', '외향성/신경성', '정서욕구', '순종, 공격 및 분리' 척도 등이 소비자행동과 관련이 되는 것으로 평가하였다. 한편 강박소비를 하는 소비자의 경향성을 측정하는 척도도 개발되었다. 이 척도에서 강박소비자를 성공적으로 확인해주는 문항으로는 "나는 구매할 능력이 없는데도 구매한다", "만일 남들이 나의 구매습관을 안다면 소름 끼칠 것이라고 나는 생각한다", "나는 쇼핑을 가지 못하는 날에는 불안하거나 신경질이 난다", "나는 나 자신의 기분을 좋게 하기 위해 무언가를 구매한다" 등이 있다. 이 척도에서 이런 문항들에 "예"라고 응답하는 소비자는 강박소비 성향을 가지고 있을 것이며 전문가의 도움이 필요할 것이다.

4) 자기개념

자기개념(self-concept)은 '자기 자신을 하나의 대상으로 나타내는 개인의 사고와 감정의 총합'으로, 사람들이 자신의 자기개념과 일치되게 행동하려는 욕구가 있기 때문에 자기 자신에 대한 지각이 성격의 기본을 형성한다.

① 자기개념과 상징적 상호작용주의

인간은 자신을 외부로 드러내려는 성향을 지니고 있다. 이때 인간은 환경에서의 무언가를 활용하여 자신을 표현한다. 환경에서의 무언가란 바로 개인을 드러낼 수 있게 하는 하나의 상징물이다. 즉 자신을 표현하기 위해서는 환경에서 개인과 상징 간의 상호작용이 필요한데, 이를 상징적 상호작용주의라고 한다. 상징적 상호주의에 근거하면, 소비자는 상징적 환경에서 생활하며 자신을 둘러싸고 있는 상징들을 빈번히 해석한다.

② 자기 일치성 측정

자기 일치성은 소비자가 자신의 자기개념에 일치하는 제품과 매장을 선택한다는 개념이다. 자기 일치성을 측정하는 방법은 크게 2가지로 나뉜다. 첫째는 전통적인 방법으로 자기 일치성을 구성하고 있는 개념인 상표성격과 자기 이미지를 각각 측정하여 두 개념에서 일치성을 유추하는 방법이다. 둘째는 소비자에게 직접적으로 해당제품이 자신의 자기 이미지와 일치하는가를 묻는 방식이다.

③ 자기개념과 신체이미지

사람의 외모는 자기개념에서 상당한 부분을 차지한다. 신체이미지는 자신의 신체에 관한 개인의 주관적인 평가를 의미한다. 예를 들어 어떤 남성은 자신이 실제보다도 훨씬 더 근육질이라 생각할 수 있고, 또는 어떤 여성은 실제보다도 훨씬 더 비만이라고 느낄 수 있다.

5) 라이프스타일과 사이코그래픽 분석

소비자들 간의 개인차를 확인하는 또 다른 방법은 사이코그래픽 분석에 의해 그들의 생활양식을 알아내는 것이다. 사이코그래픽 분석이란 소비자가 생활하고, 일하며, 즐기는 방식에 의해 소비자를 세분화하려는 소비자 연구의 한 형태이다.

① 소비자 라이프스타일

연구자들은 라이프스타일을 '사람들이 생활하는 양식'으로 단순하게 정의하였다. 그런데 생활양식은 사람들의 집합을 세 가지 다른 수준으로 기술하기 위해서도 사용되었는데, 이는 개인, 상호작용하는 사람들의 소집단 그리고 사람들의 대집단을 말한다.

생활양식에 대한 소비자 개념은 성격에 대한 개념과는 상당히 다르다. 생활양식은 사람들이 어떻게 살아가고, 어떻게 그들의 돈을 소비하며, 그들의 시간을 어떻게 배분하는지 등으로 표현된다. 따라서 생활양식은 소비자의 명백한 행동과 관련되며, 반대로 성격은 보다 내면적인 관점으로부터 소비자를 설명한다. 다시 말해 성격은 소비자가 생각하고, 느끼고, 지각하는 특징적인 패턴을 알 수 있게 한다.

② 사이코그래픽 분석

사이코그래픽스는 소비자의 심리적 구성을 기술하려는 아이디어를 내포하고 있다. 그러나 사실상 이 용어는 소비자의 활동(activity), 관심(interest), 의견(opinion) 등(AIOs)을 분석함으로써 소비자의 생활양식을 평가하기 위해 사용된다. 따라서 사이코그래픽 분석을 AIO분석이라고도 부른다. 사이코그래픽 연구의 목적은 기업이 고객을 더 잘 이해하고 고객에게 더 용이하게 접근하도록 돕기 위해 세분화된 소비자 집단을 묘사하는 데 있다. 사이코그래픽 연구는 보통 표적시장의 생활양식, 성격특성, 인구통계학적 특성 등을 평가하기 위해 고안된 질문을 포함한다.

기업들은 사이코그래픽 분석을 널리 활용되고 있다. 예를 들어, 크라이슬러 자동차 회사의 소비자 연구자들은 '이글비전'이라는 자동차의 표적시장에 대한 인구통계학적 프로필을 찾아냈는데, 이는 젊고, 교육수준이 높으며, 10살 이하의 두 아이를 둔 고소득 맞벌이 부부 등과 같다. 또한 이 부부는 TV시청을 싫어하지만 재즈음악을 즐기며, 일주일에 두 번은 운동을 하고, 미술장식품을 모으며, 일 년에 세 번의 휴가를 가는 것으로 나타났다.

③ 밸스 사이코그래픽 목록

기업에서 인기있는 사이코그래픽 목록은 밸스(VALS: values and lifestyles)이다. 스탠포드 연구기관(SRI: Standford Research Institute)에서 개발된 밸스는 미국기업에서 시장을 세분화하고 광고와 제품전략을 개발하는 데 널리 사용되었다.

VALS1로 불리는 첫 번째 목록은 동기와 발달심리학 이론-특히 매슬로의 욕구위계-에 기초를 두었다. VALS1은 소비자집단을 외부지향형, 내부지향형, 욕구충동형인 세 가지 유형으로 분류한다. 외부지향형은 이미 확립된 기존의 가치관이나 규범에 순응하려는 소비자를 의미하며, 내부지향형은 외부의 규범에 따르는 것 보다 자신의 내적 욕구충족과 자아표현을 위한 노력하는 소비자들이다. 또한 욕구충동형은 가처분소득이 적어서 삶의 기본적 욕구를 충족시키기 위해 노력하는 소비자이다. VALS1은 가치와 라이프스타일 패턴에 따라 9가지 집단으로 분류하고 있다(Evans & Blythe, 1994). 필요추구집단에는 생존자형, 생계유지형이 해당되며, 외부지향집단은 관습, 동조, 전통을 강조하는 소속지향형과 경쟁, 과시, 야망을 강조하는 경쟁지향형과 성공, 성취, 명성을 추구하는 성취지향형으로 분류된다. 그리고 내적지향집단은 충동, 자기세계, 개성이 강조되는 자기중심 형과 직접 경험과 인간중심이 강조되는 경험지향형이 있다. 그리고 사회적 책임감, 간소한 생활, 내적 성장이 강조되는 사회의식형과 외부지향과 내향지향을 결합한 통합형으로 분류할 수 있다(〈표 3-2〉 참조).

하지만 전체 미국의 성인인구의 약 2/3가 두 개의 집단으로 분류되어

표 3-2 라이프스타일 유형과 특징

유형		라이프스타일 특징	구매행동 특징
기본욕구충족형 소비자 (need-drivenconsumer) /생존위주형		사회에의 적응력 낮음 생존을 위해 고군분투함 매사를 욕망의 지배를 받음	가격을 매우 중요시여김, 즉각적 욕구충족을 위해 비계획적 구매를 자주함
생계유지형		안전에 대한 관심이 높고 의존적임, 제반 사회, 경제, 정치제도 등에 비판적임	가격중시 신중한 구매결정
외향적 소비자 (outer-directed consumer)	순응형 (belongers)	사회규범등에 매우 순응적. 관습이나 전통 등을 존중함, 과거에 대한 동경심이 높음	가족중심의 구매 대규모 대중시장 애호
	경쟁형 (emulators)	야망이 큼, 신분 의식, 과시적이고 경쟁심 강함	재력과시를 위한 구매, 모방 좋아하고, 유행추종
	성취형 (achievers)	리더십이 강하고 유물주의적이며, 성취, 성공, 명예에 대한 욕구 강함	성공과시를 위한 구매 고급상품을 취급하는 점포 선호
내향적 소비자 (inner-directed consumer)	개인주의형 (i-am-me)	개인주의 적이고 충동적극적인 것을 좋아함	제품에 대한 호기심 많음 취미과시를 위한 구매
	경험주의 (experiential)	경험중시, 활동적 인화중시	조립품 구매 선호, 점포 직접 방문, 제품 직접 관찰
	사회의식형 (socially conscious)	사회적 책임감 강하고 도량이 좁음, 내적 성장 도모, 비교적 안이한 삶 영위	검소, 절약 환경 관심 놓음
통합형(integrated)		정신적 성숙, 사회 및 환경에의 적응력 높음, 자아실현의 욕구 강함, 국가적, 세계적 시각에 준하여 행동	자아표현을 위한 구매 , 생태학적 영향에의 관심 높음

나머지 일곱개 집단은 기업에서 관심을 갖기에는 너무나 작아서 실제 업무에 활용하기가 어려운 것이 사실이다.

이러한 이유 때문에 SRI는 1989년 VALS2 라는 새로운 시스템을 발표했다. VALS2는 VALS가 행동이나 관심에 중점을 둔 반면에 보다 지속적인 태도나 가치에 관심을 두는 심리적 측면에 중점을 두었다. 즉 자기경향과 개인 각자가 지배적인 자기경향을 추구하는 능력을 나타내는 자원의 두 가지 척도에 의해 조사대상자를 소비자의 자원보유 정도와 세상을 보는 관점이라는 두 차원을 기준으로 소비자를 실현자, 충족자, 신뢰자, 성취자, 노력가, 경험자, 자급자, 분투가 등 8가지 심리적 세분시장으로 분류하고 있다(〈표 3-3〉 참조).

표3-3 VALS2 가치집단 정의

구분	내용
실현자 (actualizers)	소득이 가장 많고 자아 존중성향이 강함. 다양한 분야에 관심, 변화에 능동적. 자신의 삶을 보다 멋있게 하는 제품들을 구매함.
충족자 (fulfilleds)	원칙지향적 소비자집단 중 자원이 많은 소비군. 책임감이 강하며, 교육수준이 높은 전문적종사자. 교육, 여행, 건강을 중요하게 생각함.
신뢰자 (believers)	원칙지향적 소비자집단 중 자원을 적게 소유한 소비자. 전통 지향적(보수적)이며 가족, 교회, 지역사회, 국가에 대한 관심이 높음.
성취자 (achievers)	지위 지향적 소비자 집단중 부유한 소비자. 일을 중요하게 생각하며 자신의 만족을 추구. 자신의 성공과시 위해 제품 구매성향.
노력가 (strivers)	지위 지향적 소비자 집단중 자원을 더 적게 소유한 소비자. 보다 격리된 생활을 영위하기를 원함. 제품구매시 스타일이 중시함.
경험자 (experiencers)	행동지향적 소비자 집단중 부유한 소비자. 많은 에너지를 운동이나 사회활동, 소비, 신제품을 구매하는 성향이 높음. 부와 권력 추구.
자급자 (makers)	행동지향적 소비자 집단중 자원을 적게 가진 소비자. 실용적임. 가족, 일, 여가 선용을 중요하게 생각. 넓은 세계에 관심이 없음.
분투가 (strugglers)	가장 소득이 적으며 나이가 많은 소비자 집단. 세계관을 가질 여유가 없음. 주관심사는 안전하며 상표 애호도가 높음.

원리원칙 지향형 소비자는 세상이 이래야 한다는 자신의 견해에 의해 행동하며 자원의 많고 적음에 따라 성취자와 신뢰자로 분류된다. 여기에서 성취자는 교육수준이 높고 성숙한 전문가들로서 책임의식이 강하다. 새로운 사상이나 사회변화를 받아들이며 건강,가장, 그리고 교육을 중요시하고 여행을 좋아하고 소득수준도 높은 소비자를 뜻하며, 반면에 신뢰자는 성취자보다 보수적이며 소득수준도 낮고 가정, 교회, 지역사회, 국가의 기본규범을 존중하는 소비자를 말한다.

지위지향형 소비자는 타인의 의견에 따라 행동하며 자원의 많고 적음에 따라 성취추구자와 노력가로 분류된다. 성취추구자는 일을 중심으로 생활하고 가정과 직장에서 만족을 추구하며 자기들의 성공을 동료들에게 과시할 수 있는 제품을 구매하고 싶어 한다.반면 노력가는 성취추구자를 모방하려고 노력하나 성취추구자보다 소득이 부족하고 외로운 삶을 이끌어가기도 한다. 그리고 제품을 구매하는데 스타일이 중요하다고 생각하는 소비자를 뜻한다.

행동지향형 소비자는 활동적이며 삶의 다양성 추구를 위해 행동하며 자원의 많고 적음에 따라 경험자와 제작자로 분류된다. 먼저 경험자는 가장 젊은 계층으로서 부와 권력을 얻기 위해 노력을 많이 한다. 혈기 왕성하여 육체적 운동이나 사고활동도 많이 하며 신제품 구매도 많이 하는 편이다. 반면에 제작자는 외부세계에는 별관심이 없고 가정과 직장, 그리고 육체적 여가활동에 관점을 두며, 소득도 제한되어 있으므로 좀 더 실리적인 사고를 하는 소비자를 말한다.

실현자는 8개 집단 중에서 자아 존중의식이 가장 강하고 소득도 가장 많다. 광범위한 분야에 걸쳐 관심이 많고 변화를 항상 수용한다. 세련된 제품이나 서비스를 구매하는 경향이 있다. 분투가는 가장 나이든 계층으로 위의 7개 집단들보다 소득이 매우 낮다.그들의 삶은 안전에 초점이 맞춰져 있으며, 관심 있는 분야가 제한적이고 상표충성도가 강한 편이다.이러한 집단의 분류는 소비자의 기본적 욕구가 충족되어 소비자가 분투가 집단을 벗어나게 되면 가치가 두 가지 방향으로 개발된다. 하나는 다른 사람들의 생각에 주로 관심을 보이는 지위지향형 소비자로서 사회적 가치를 강조하는 것이며, 다른 하나는 행동지향형 또는 원리 지향형 소비자로서 개인적 성취를 강조하는 것이다. 이 계층의 맨 위에는 가장 높은 수준의 자아실현자가 있다.

Chapter 05 설득 커뮤니케이션

1. 설득 커뮤니케이션 모델

커뮤니케이션의 어원은 라틴어의 '나누다'를 의미하는 'communication'에서 출발한다. 커뮤니케이션은 본래 신이 자신의 덕을 인간에게 나누어 준다거나 열이 어떤 물체로부터 전해지는 것과 같이 넓은 의미에서는 분열·전도·전위 등을 뜻하는 말이지만, 근래에는 어떤 사실을 타인에게 전하고 알리는 심리적인 전달의 뜻으로 쓰인다.

커뮤니케이션 과정이란 송신자가 자신이 지니고 있는 감정, 정보, 사상 등을 언어적 표현이나 비언어적 표현을 사용하여 수신자에게 전달하고, 이에 대하여는 수신자는 특정 반응이나 행동을 보여주는 일련의 과정을 말한다.

일반적으로 커뮤니케이션은 크게 송신자와 수신자, 메시지, 피드백의 4가지 요소로 나누어진다.

❶ 송신자

커뮤니케이션은 송신자가 의사소통의 필요성을 느낄 때부터 시작된다. 이때의 필요성은 정보를 전달할 필요성일 수도 있고 상대방으로 하여금 특정 행동을 취할 것을 요구하는 필요성일 수도 있다.

❷ 수신자

메시지가 수신자에게 전해지면 수신자는 메시지를 통해 송신자가 무엇을 표현하려고 했는지 이해할 수 있어야 한다.

❸ 메시지

수신자는 송신자의 마음을 읽을 수가 없기 때문에 송신자의 의도를 수신자가 이해할 수 있는 말을 통해 메시지로 바꾸어야 한다.

❹ 피드백

수신자가 송신자로부터 받은 메시지 내용에 대한 자기 해석을 하여 다시 송신자에게 전달한다.

설득커뮤니케이션 모델은 효율성에 영향을 주는 다양한 요인들 간의 관계를 기존의 모델에서 확장한 것으로 커뮤니케이션의 공식적인 경로와 비공식적인 경로 모두를 포함한다.

그림3-3 설득 커뮤니케이션 모델

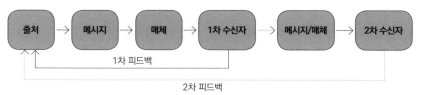

출처: 양윤(2014), 소비자심리학, 학지사

[그림 3-3]에서 보면, 출처가 설득 메시지를 매체를 통해 전달학, 이 메시지를 1차 수신자가 받아들이며, 1차 수신자는 이 메시지에 대한 피드백을 출처에게 제공한다. 출처부터 1차 수신자까지의 흐름을 설득 커뮤니케이션의 공식적인 과정에 해당하며, 이는 기존의 설득 커뮤니케이션 모델에 해당한다.

즉 출처가 설득메시지를 대중매체를 통해 내보내고 소비자가 이 메시지를 수용한 다음, 메시지 처리 결과에 대한 피드백을 출처에게 제공하는 것이다. 이러한 공식적인 과정에서는 출처가 메시지와 매체를 통제할 수 있으며, 이를 통해 수신자에게 영향을 미칠 수 있다.

한편 이 모델에서는 설득 커뮤니케이션의 비공식적인 과정도 포함하고 있다. 출처의 설득 메시지를 수용한 1차 수신자는 대중매체와는 성격이 다른 매체를 통하여 1차 수신자의 주관적 경험과 견해로 각색된 메시지를 2차 수신자에게 전달하며, 2차 수신자는 이 메시지를 수용하고 처리한 결과에 대한 피드백을 출처에게 제공한다. 여기서 1차 수신자가 사용하는 매체에는 구전과 인터넷, 블로그, SNS 후기 등이 포함된다.

설득 커뮤니케이션의 비공식적인 과정에서는 출처가 매체와 메시지를 직접적으로 통제하기가 어렵기 때문에 2차 수신자에게 영향을 미치기 힘들다는 특징이 있다. 비공식 과정의 메시지에는 긍정적인 내용뿐만 아니라 부정적인 내용도 포함되어 있는데, 부정적 메시지가 소비자에게 미치는 영향력은 매우 크다.

일반적으로 소비자는 공식적 과정에서의 메시지를 신뢰하지 않는 경향이 있지만, 구전과 같은 비공식적 과정에서의 메시지를 신뢰하는 경향은 강하다.

2. 출처

출처는 커뮤니케이션 개시자로 메시지를 전달하는 개인 또는 대상이다. 출처에 주요특성들에는 신뢰성, 신체매력, 호감 등이 있다.

1) 출처 신뢰성
출처 신뢰성은 출처가 전문적 지식을 가지고 있으면서 진실하다고 수신자가 지각하는 정도를 의미한다. 출처의 전문성과 진실성이 증가할수록 수신자는 출처가 신뢰롭다고 지각할 가능성이 더 커진다.

(1) 출처 전문성

출처 전문성은 출처가 전달하려는 주제에 관해 갖고 있는 지식의 정도를 말한다. 예를 들어 치약광고에서 치약의 특성을 치과의사가 설명하는 경우와 일반 유명인이 설명하는 경우 소비자는 어떤 모델의 말에 더 신뢰하겠는가?

(2) 출처 진실성

출처 진실성은 출처가 편파적이지 않고 정직하게 정보를 제공한다고 수신자가 지각하는 정도를 의미한다. 연구자들은 전문성과 진실성이 출처효과에 대해 상호 관련되어 있음을 발견하였다. 다시 말해 출처가 전문성이 낮다고 지각되더라도 진실하다고 느껴지면, 그 출처는 수신자에게 영향을 줄 수 있다. 반대로 전문성이 높은 출처라도 진실성이 의심되면 설득효과는 떨어진다.

2) 출처의 신체매력

신체매력의 영향에 관한 연구들은 신체적으로 매력적인 출처가 그렇지 않은 출처보다 신념을 변화시키는 데 일반적으로 더 성공적임으로 보여주었다.

광고모델의 신체매력이 소비자에게 어떻게 영향을 주는 지를 보여주는 많은 연구가 있다. 일반적으로 연구결과들은 매력적인 사람이 평범한 외양의 사람보다 광고제품이나 상표에 더 긍정적이고 호의적으로 반영됨을 보여주었다.

(1) 조화가설

조화가설은 제품의 두드러진 특성이 출처의 두드러진 특성과 일치해야 한다는 것이다. 예를 들어 향수는 이성을 유혹하기 위해 사용되기에 신체적으로 매력적인 모델이 향수에 적합하다. 그러나 커피는 사람들을 각성시키는 데 특성을 가지기에 신체적으로 섹시한 매력적인 모델과는 연합하지 않을 것이다.

3) 출처호감

출처호감은 소비자가 정보출처에 대해 갖는 긍정적이거나 부정적인 감정을 말한다.

출처호감에 영향을 줄 수 있는 요인으로는 첫째, 출처를 관찰하는 청중의 욕구를 출처가 충족시켜준다고 인식되는 정도, 둘째, 출처가 청중을 유쾌하게 만드는 정도, 셋째, 출처가 청중의 신념과 유사한 신념을 가지고 있거나 유사하게 행동하는 정도 등이 있다.

4) 수면자 효과

신뢰성이 높은 출처의 설득효과는 시간이 경과하면서 없어질 수 있다. 비록 신뢰성이 높은 출처가 신뢰성이 낮은 출처보다 초기에는 더 영향력이 있다 하더라도 연구는 출처의 신뢰성의 효과가 대략 3주 후에는 사라지는 경향이 있다고 보고하였다. 다시 말해 신뢰성이 낮은 출처도 높은 출처와 마찬가지로 설득효과를 갖는다. 이러한 현상이 수면자 효과이다. 소비자는 메시지 자체를 잊기보다는 메시지 출처를 더 빨리 잊는다. 그러나 메시지 출처를 다시 부각시키면 이 효과는 나타나지 않는다.

수면자 효과는 메시지 자체의 처리가 중요함을 시사한다. 신뢰성이 높은 출처의 경우, 일시적으로 메시지의 영향력을 높일 수는 있지만 메시지가 처리되지 않으면 신뢰성이 높은 출처의 설득력은 지속되지 못하며, 반면에 메시지가 처리되면 그 설득력은 지속성을 가질 수 있다. 신뢰성이 낮은 출처라서 메시지를 들었을 때 거부하였더라도 메시지가 체계적으로 처리되면 수면자 효과가 나타나는 것이다.

3. 메시지 특성

1) 메시지 내용

(1) 메시지 틀

메시지 틀이란 메시지의 긍정적 또는 부정적 구성형식을 의미하는 것으로 '득' 틀의 메시지는 어떤 대안을 채택할 경우 얻게 되는 편익이나 긍정적인 결과를 강조하고, 반면에 '실' 틀의 메시지는 대안을 채택하지 않을 경우 얻게 되는 부정적인 결과나 놓치는 편익을 강조한다.

동일한 메시지가 득 또는 실 중 어떤 형태로 표현되는가에 따라 소비자의 판단이나 결정이 영향을 받을 수 있다는 점에서 메시지 틀은 설득 커뮤니케이션에서 중요한 요소이다.

(2) 수사학적 표현

수사학적 표현은 운, 결말, 과장, 은유, 풍자, 인상적인 문구 등을 포함한다. 광고에서 자주 사용하는 수사학적 표현들 중에는 역설과 은유가 있다. 역설은 반박적인, 잘못된, 또는 불가능한 것으로 보이지만, 어느면에서는 사실인 진술을 말한다. 은유는 부수적인 의미를 제공하려는 목적을 위해 하나의 대상을 또 다른 것으로 대체한다.

(3) 메시지 복잡성

정보처리 관점에서 보면 메시지가 영향력을 발휘하기 위해서는 수신자가 노출, 주의, 이해단계를 거쳐야만 한다. 소비자의 이해에 강력하게 영향을 미치는 요인이 메시지 복잡성이다. 만일 메시지가 너무 복잡하다면 수신자는 그 메시지를 이해할 수 없을 것이고, 다라서 그 메시지에 의해 설득되지 않을 것이다.

(4) 결론 제시하기

메시지 개발과 관련된 또 다른 문제는 전달자가 청중에게 결론을 제시해주느냐이다. 만일 메시지가 비교적 복잡하거나 청중이 메시지 주제에 관여되지 않는다면, 결론을 제시하는 것이 좋을 것이다. 그러나 청중의 관여가 높고 메시지 내용이 강력하며 메시지가 복잡하지 않다면, 메시지에서 결론을 생략하여 청중이 그 결론을 추론하게 하는 것이 좋을 것이다.

(5) 비교 메시지

비교 메시지는 전달자가 자신의 장단점을 경쟁자의 장단점과 비교하는 메시지이다. 이 접근은 경쟁사 제품에 비해 자사제품의 우월성을 주장하기 위해 하나 이상의 경쟁사를 명백하게 드러내어 비교하려는 광고에서 빈번히 사용된다.

(6) 일방 메시지 대 양방 메시지

비교 메시지와 관련하여 제기되는 한 가지 의문은 메시지가 장단점을 모두 제공해야 하느냐이다. 장점만을 제공하는 메시지를 일방메시지라 하고, 장점과 단점을 모두 제공하는 메시지를 양방 메시지라 한다.

(7) 공포소구

공포소구는 소비자가 특정한 제품을 사용하지 않거나 어떤 행동을 변화시키지 않으면 불행한 상황에 놓일 것임을 지적하는 메시지이다. 공포소구는 사람의 위험지각을 작동시킨다.

공포소구에는 흔히 긍정적 공포와 부정적 공포 그리고 이들 양자의 복합적 소구형태가 사용된다. 긍정적 소구는 권고안을 채택할 경우 얻게 될 물리적, 심리적 혜택이나 긍정적 결과를 강조하는 형식이고, 부정적 소구는 권고안을 채택하지 않을 경우 입게 될 물리적, 심리적 손실 및 부정적 결과를 강조하는 것이다.

(8) 유머소구

유머는 기대와의 불일치 또는 기대로부터의 이탈에 의해 생긴다. 유머소구의 세 가지 장점은 첫째, 유머는 소비자의 기분을 좋게 하여, 설득 메시지에 대한 반박주장을 떠올리지 못하게 할 수 있다. 둘째, 유머는 소비자의 주의를 유도하여 광고에 대한 회상과 이해를 높인다. 셋째, 유머는 소비자의 광고에 대한 호감을 증가시킨다.

그러나 유머는 메시지의 이해도를 낮추고, 메시지에 대한 주의를 분산시키며, 기대치 않았던 소비자의 부정적 반응을 이끌어낼 수 있다.

(9) 생생한 정보 대 추상적 정보

생생하고 구체적인 정보를 갖고 있는 메시지가 추상적인 정보를 갖고 있는 메시지보다 수신자에게 더 큰 영향을 준다. 생생한 메시지는 주의를 끌 뿐만 아니라 유지시켜, 수신자에게 상상하도록 자극한다.

메시지를 생생하게 만드는 요인은 첫째, 개인적 관련성이다. 개인적 관련성을 갖는 메시지는 수신자의 관여수준을 높이며 관여수준이 증가할 때 메시지의 영향력 또한 증가한다. 둘째, 구체성이다. 구체적인 메시지는 상세하고 세부적인 정보를 제공한다. 셋째, 수신자와의 근접성이다. 수신자와 시간적·공간적·감각적으로 가능한 메시지는 생생하다.

(10) 강의 대 드라마

강의는 출처가 정보를 알려주고 설득하려는 시도에서 청중에게 직접말하는 것이다. 드라마 기법은 전혀 다른 기제로 작동한다. 드라마는 둘 이상의 인물이 제품에 관해 서로 이야기를 주고받는 만화 또는 미니 드라마 형태를 가진다.

2) 메시지 구성

(1) 초두효과와 최신효과

초두효과와 최신효과는 메시지의 처음과 마지막에 제시된 정보의 상대적 영향력을 말한다. 초두효과는 메시지에서 처음 제시된 정보의 영향력이 클 때 일어나며, 최신효과는 메시지에서 마지막에 제시된 정보의 영향력이 클 때 일어난다.

시간의 경과에 따라서는 초두효과가 더 효과적이다. 또한 메시지를 정교하게 처리할 때 초두효과가 발생하는 경향이 있고, 초두효과는 언어적 자료에서 더 강하게 나타난다.

(2) 반복효과

반복효과와 관련하여 한 가지 중요한 의문은 정보를 얼마나 반복해야 하느냐이다. 한 연구자는 세 번 노출하면 충분할 것이라고 제안하였다. 또한 메시지 반복의 효과를 설명하기 위해 이요인 이론은 사람들이 반복 메시지를 받을 때 두가지 다른 심리적 과정이 작동한다고 제안한다. 하나는 메시지 반복이 수신자의 불확실성을 감소시키고 메시지에 대한 학습을 증가시켜 긍정적인 반응을 유발한다는 것이다. 그러나 다른 과정에서는 메시지 반복과 더불어 수신자의 지루함은 증가한다. 어느 순간에 지루함이 긍정적 효과를 넘어서서 수신자는 부정적 반응으로 변화된다.

4. 매체

매체는 커뮤니케이션에 있어서 필수적인 요소로 메시지를 전달하려는 도구이다. 매체를 통해 '정밀표적화'라는 매체전략을 사용하고 있는데, 이는 세부적으로 세분화된 표적시장의 욕구와 관심을 충족시켜 줌으로써 시장에서 자신만의 특정한 틈새를 찾으려는 매체전략이다. 직접우송(direct mail) 및 직접마케팅(direct marketing)은 정밀표적화의 좋은 예이다.

5. 수신자

수신자는 자신의 경험과 특성에 근거하여 자신이 수신한 메시지를 해석한다. 사실상 개인의 모든 개별특성은 메시지 해석의 정확성에 영향을 준다. 개인의 인구통계적 특성, 사회문화적 특성, 그리고 라이프스타일 등은 메시지 해석에 주요한 요소들이다.

또한 소비자의 감정은 메시지를 지각하고 회상하며 메시지에 근거해 행동하려는 소비자에게 영향을 준다. 더욱이 소비자는 메시지를 선별적으로 지각한다. 소비자는 자신에게 특별한 흥미 또는 관령성을 주지 못하는 메시지는 무시하는 경향이 있다. 이러한 선별지각은 소비자가 메시지를 해석하는 데 영향을 줌으로써 커뮤니케이션을 방해할 수 있다.

6. 피드백

마케팅 커뮤니케이션은 일반적으로 바람직한 방식으로 행동하도록 표적청중을 설득하기 위해 설계되기 때문에, 설득 커뮤니케이션에 대한 궁극적인 검증은 수용자의 반응에 의해 이루어진다. 이러한 이유로 전달자는 즉각적으로 가능한 한 정확하게 피드백을 획득해야 한다. 피드백을 통해서만이 전달자는 메시지가 얼마나 잘 전달됐는지를 평가할 수 있다.

　대인 간 커뮤니케이션의 중요한 장점은 언어적 단서뿐만 아니라 비언어적 단서를 통해 즉각적인 피드백을 획득할 수 있다는 점이다. 경험이 많은 전달자는 피드백에 상당히 주의를 기울이며 자신이 청중으로부터 보거나 들은 것에 근거해 자신의 메시지를 수정한다. 즉각적인 피드백은 대인판매를 효과적으로 만드는 요인이다. 이는 즉각적인 피드백이 고객응대 담당자로 하여금 각 소비자의 표현된 욕구와 관찰된 반응에 맞추어서 판매방식을 조율할 수 있게 하기 때문이다.

제4부

고객응대기술I

에티켓은 규칙 및 규범 같은 합리적 행동기준에 맞추는 'Form'에 해당하는 것이고, 매너는 그것을 보여주는 하나의 방식인 'Way'에 해당하는 것이다. 이를 테면, 고객들에게 인사하는 것은 에티켓이지만, 인사를 경망하게 하느냐, 공손하게 하느냐는 바로 매너의 문제라는 것이다.

Chapter 01 고객 맞이하기

1. 예절, 에티켓과 매너

1) 예절의 의미와 기능

예절은 근본적으로 인간 상호 간의 분쟁을 해결하기 위한 수단이 되며 예절이 제대로 이루어질 때 비로소 인간다운 생활을 영위할 수 있기 때문이다. 예절(禮節)이란 예의(禮意)와 범절(凡節)이 합쳐진 말로 흔히 줄여서 예의라고 한다.

예의란 남과의 관계에 있어서 지켜야 하는 마음과 몸가짐의 도리로 내적인 규범을 의미하며 이것은 서양의 에티켓의 의미와 유사하다. 범절은 인간관계를 원만하게 하기 위해 만들어낸 모든 일의 순서와 절차, 즉 예의를 외적으로 표현하는 형식, 행동을 뜻하는 것으로 서양의 매너의 개념으로 여겨진다.

유교의 영향을 받은 동양의 예절은 오랜 전통을 갖고 있다. 서양보다 그 시기가 훨씬 앞선 2천 5백년전 공자(孔子)의 '예기(禮記)'에서는 "예가 없다면 개인이나 가정은 물론 국가도 바로 설 수 없다."는 말로, 그리고 맹자(孟子)는 '사양지심예지단야(辭讓之心禮之端也)'라 하여 겸허하게 양보하는 마음이 예의 근본임을 밝히며 예절의 중요성을 강조했다.

예절은 크게 수기(修己)와 치인(治人)의 두 가지 기능으로 나뉜다. 먼저 수기는 자신을 다스리는 수양으로 스스로 사람다워지려는 생각과 자기 스스로를 부단히 관리하는 기능으로 이는 인격적 성장을 이루고 자존감을 향상시켜 자기 성숙을 가져온다. 둘째로 치인이라 함은 타인을 공경하고 존중하는 행위로 원만한 대인관계를 갖게 한다. 이는 공동체 생활에서 상호간의 편의는 물론 합리적인 생활을 영위할 수 있게 되는 것이다.

이러한 수기와 치인의 방법은 유교(儒敎)의 도덕사상에서 기본이 되는 3가지 강령(綱領)과 5가지 인륜(人倫)인 삼강오륜(三綱五倫)이 있다(〈표 4-1〉 참조).

표 4-1 **삼강오륜**

삼강(三綱)	군위신강(君爲臣綱)	임금은 신하의 본보기가 되어야 한다.
	부위자강(父爲子綱)	아버지는 아들의 본보기가 되어야 한다.
	부위부강(夫爲婦綱)	남편은 아내의 본보기가 되어야 한다.
오륜(五倫)	부자유친(父子有親)	아버지와 자식 사이에는 친함이 있어야 한다.
	군신유의(君臣有義)	신하는 임금에 대하여 의로서 충성을 다한다.
	부부유별(夫婦有別)	부부 사이에는 구별이 있어야 한다.
	장유유서(長幼有序)	어른과 아이 사이에는 차례와 질서가 있어야 한다.
	붕우유신(朋友有信)	친구 사이에는 신뢰가 있어야 한다.

또한 유교사상을 바탕으로 한 마음과 몸 수양의 또 다른 예는 학자들의 기초학문서인 율곡(栗谷) 이이(李珥)가 쓴 '격몽요결(擊蒙要訣)'에서 말한 '구용구사(九容九思)'를 제시하였는데, 이는 사람이 제 구실을 하기 위하여 마땅히 지녀야 할 아홉 가지 바른 용모와 아홉 가지 바른 생각을 뜻하는 말이다. 오늘날 재해석을 하면 구용은 몸가짐을 이야기하는 것으로 매너에 해당되고, 구사는 마음가짐을 말하는 것으로 에티켓으로 구분할 수 있겠다.

구용구사를 살펴보면 〈표 4-2〉와 같다.

표 4-2 구용구사

구용(九容)	족용중(足容重)	거동을 가볍게 하지 않는다.
	수용공(手容恭)	손가짐을 공손히 한다.(손을 가지런히 모은다.)
	목용단(目容端)	시선을 바로 한다.(흘려보거나 간사하게 보지 않는다.)
	구용지(口容止)	말하거나 음식을 먹을 때를 제외하고 입은 조용히 한다.
	성용정(聲容靜)	말소리는 항상 나직하고 조용하여 시끄럽거나 수선거리지 않는다.
	두용직(頭容直)	머리는 한쪽으로 기울이거나 돌리지 말고 곧게 가져야 한다.
	기용숙(氣容肅)	숨쉬기를 정숙히 한다.(소리 내서 숨 쉬지 않는다.)
	입용덕(立容德)	서 있을때는 덕이 있어 보이도록 반듯한 자세로 서 있어야 한다.
	색용장(色容莊)	얼굴은 생기있고 씩씩하게 가져야 한다.(태만한 기색이 없어야 한다.)
구사(九思)	시사명(視思明)	항상 사물을 볼 때 바르게 본다.
	청사총(聽思聰)	항상 남의 말과 소리를 똑똑하고 분별있게 들어야 한다.
	색사온(色四溫)	항상 온화하여 얼굴에 성난 빛이 없도록 한다.
	모사공(貌思恭)	항상 외모를 공손하고 단정하게 가지도록 한다.
	언사충(言思忠)	항상 진실하고 믿음이 있는 말만 한다.
	사사경(事思敬)	모든 일에 공경하고 행동을 조심히 삼가야 한다.
	의사문(疑思問)	항상 의심이 있을 때는 반드시 물어 알도록 한다.
	분사난(忿思難)	분한 일이 있을 때에는 이성으로 억제한다.
	견득사의(見得思義)	재물은 의리의 분별을 밝혀 의에 합당한 연후에 취한다.

2) 에티켓과 매너 유래

에티켓(etiquette)의 어원은 프랑스에서 온 것으로 10세기에서 13세기에 '묶다', '붙이다'라는 뜻을 가지고 있는 고대불어 'Estiquier(에스끼에르)'에서 왔다. 이것이 14세기를 넘어가면서 줄로 연결해 박아놓은 말뚝들을 지칭하고 있는 중세불어 'Estiquet(에스티께), Tiquet(티께), Estiquette(에스티껫)'으로 진화되었다.

에티켓에 대한 유래는 몇가지가 있다. 그 중 하나가 루이 14세 시절 베르사유 궁정에 들어가는 사람에게 주어지는 일종의 티켓에 그 기원을 둔 설이 있다. 루이 14세는 베르사이유 궁전에 출입하는 사람들에게 궁에 들어오는 사람은 아무나 들어올 수 없고 궁에 어울릴만한 자격을 갖춘 사람, 규범을 지키는 사람만이 들어올 수 있다는 의미로 궁내에서 지켜야 할 사항이 수록

된 출입증을 줬다는 데서 유래됐다. 또 하나는 정원사가 정원 앞 말뚝에 "정원에 들어가지 마시오."라고 붙여 놓은 푯말에서 유래되었다. 즉 베르사유 궁정을 보호하기 위해 정원의 화원 주변 말뚝을 박아 아무나 들어가지 못하도록 하기 위해 사용된 것이라는 유래설에 기초하고 있다. 오늘날에는 이러한 유래설의 의미가 확대되어, 상대방의 마음의 정원을 해치지 말라는 적극적인 의미로 해석되어지고 있다.

매너(manner)는 라틴어인 'manuarius(마누아리우스)'에서 유래하였다. manus(마누스: 행동, 습관) + arius(아리우스: 방식, 방법)의 합성어로 사람의 행동방식이나 습관이라 할 수 있는데 그것이 현대에 와서는 일상생활 속 사람들과의 만남에서 바르고 기분 좋게 행동하는 방법을 의미한다.

자동차 신호등이 녹색불로 바뀌었지만 미쳐 횡단보도를 건너지 못한 사람을 위해 기다려주는 운전자, 유난히 천천히 식사를 하는 후배를 위해 함께 속도를 맞춰주는 선배, 또는 소개팅 할 대상자를 빛내주기 위해 일부러 덜 꾸미고 나간 주선자, 이들 모두의 행동이 매너라 할 수 있겠다. 한마디로 좋은 매너는 사람을 위하는 마음, 존중과 배려라고도 할 수 있는 것이다.

3) 에티켓과 매너의 이해

흔히 에티켓과 매너는 동일시되거나 그 표현과 의미가 혼용되어 쓰이기도 한다. 그렇다면 그 차이는 무엇일까? 에티켓이 사람과 사람 사이의 서로 지켜야 하는 약속과 같은 것이라면 그 약속을 지키기 위해 하는 행동방식을 매너라고 할 수 있다. 즉 에티켓은 규칙 및 규범 같은 합리적 행동기준에 맞추는 'Form'에 해당하는 것이고, 매너는 그것을 보여주는 하나의 방식인 'Way'에 해당하는 것이다. 이를 테면, 고객들에게 인사하는 것은 에티켓이지만, 인사를 경망하게 하느냐, 공손하게 하느냐는 바로 매너의 문제라는 것이다.

에티켓은 지켜도 되고 지켜지 않아도 되는 차원의 문제가 아닌 기본적으로 지켜야 하는 것이다. 즉 에티켓을 통해 질서 있고 안정된 사회를 유지하려는 필요성에 의해 발달된 예절, 예법, 사회에서 반드시 지켜야 할 불문율인 것이다. 또한 매너는 어떤 일을 할 때 '바람직하고 좀 더 쾌적하고 우아하다'는 감각에서 생겨난 습관이다. 그것은 상대에 대한 마음 씀씀이나 물건 다루는 방법, 사람과 교제하는 방법, 몸짓 등에 관한 것이다. 이러한 매너에는 크게 두 가지 입장차로 바라볼 수 있다.

매너에는 크게 두 가지가 존재한다. 바로 일차적 입장의 매너와 이차적 입장의 매너로 나누어 살펴볼 수 있다. 일차적 입장에서의 매너는 자신의 관점에서 사물과 사람을 바라보는 지극히 개인주의적 입장이라는 것이다. 이러한 입장에서의 매너는 상대를 의식하기보다 자기 자신의 입장에서 모든 것을 생각하고 행동하기 때문에 보는 이로 하여금 자신감 있고 독립적이라는 인상을 줄 수 있다. 그러나 단체에서의 이러한 입장을 고수하는 사람들은 다소 독선적이고, 이기적으로 비춰줄 수 있다. 앞서 설명한 바와 같이, 매너라는 것은 본디 배려가 기본이 되어야 하는 행동양식으로 먼저 상대를 생각하는 마음이 있어야 한다는 것을 알 수 있다. 이차적인 입장은 상대의 관점에서 사물과 사람을 바라보는 입장으로서 일차적 입장과는 다소 차이를 보이고 있다. 이러한 관점을 고수하는 사람은 상대방에게 배려하는 마음이 우선시되어 상대에게 좀더 편안하고 좋은 이미지를 상대방에게 줄 수 있다는 점에서 좋다고 판단될 수 있다. 그러나 이 관점 역시 지나치게 되면, 상대방의 주장과 입장을 항상 먼저 고려하고 배려하게 되어 결국 상대로 하여금 의존적인 사람으로 비춰질 수 있으므로 일차적 입장과 이차적 입장을 고루 취하는 것이 진짜 매너를 잘 활용하는 사람이라 할 수 있다.

에티켓과 매너를 굳이 구분하자면, 에티켓은 사람들 사이의 합리적인 행동기준을 가리킬 때 사용되고, 이러한 에티켓을 바탕으로 행동으로 나타내는 것을 매너라고 할 수 있다.

매너의 표현 바로하기

표현에서도 차이가 있는데 에티켓은 보통 "있다, 없다"로 표현하고 매너는 "좋다, 나쁘다"로 표현되는 경우가 많다. 에티켓은 사람들과의 관계에서의 공동의 약속이라 할 수 있어서 공공의 의미를 많이 내포하고 있지만, 매너는 타인과의 교류 시 불쾌감을 주지 않기 위한 몸짓이나 마음 씀씀이로 어떤 일을 할 때 보다 우아한 감각을 익히기 위해 생겨난 습관으로 개인 또는 개별의 의미를 많이 내포하고 있다.

출처: 서여주(2018), 글로벌 매너, 백산출판사

2. 첫인상의 중요성

고객응대 담당자는 고객이 매장에서 처음으로 만나는 사람으로 고객응대 담당자의 이미지가 곧 매장과 브랜드 이미지와 직결될 수 있다. 고객응대 담당자의 첫인상이 어떤 식으로든 고객에게 인식이 되면 계속 강력한 영향력을 행사하기 때문에 이후의 관계형성 진행에 중요한 열쇠가 되기도 한다.

첫인상이 중요한 이유는 자칫 한번 잘못 비쳐지면 상대방의 기억속에 오랫동안 각인되어 회복이 어려워지기 때문이다. 첫인상은 처음 대면하는 극히 짧은 시간에 그 사람에 대한 평가와 결론을 내리는 것으로, 처음 대하는 사람에 대해 갖는 최초의 이미지이며 동시에 타인에게 자신을 개방하는 최초의 단계이다.

첫인상은 그 사람과의 상호작용이 어떻게 진행될 것인가를 어느 정도 예측해주는 역할을 한다. 두 가지 경우 모두 제한된 정보에 바탕을 둔 판단이나, 이러한 판단은 심리적으로 만족스러울 것이라는 기대를 갖게 된다.

첫인상이 좋아야 한다는 것은 지극히 일반적인 사실이다. 이는 일상생활 속에서 어떤 사람의 모습이나 행동을 짧은 순간만 접촉해도 그 사람에 대해 광범위한 인상을 형성하는 경향이 있음을 시사한다. 첫인상은 사회적 상호 작용의 시작이며, 추후 상호작용의 결정요인이 되므로 타인에 대한 인상 형성 상황에서의 영향요인 및 정보처리방식을 이해하는 것은 매우 중요하다.

세계적인 심리학자 로렌스의 '오리새끼 실험'은 관계를 형성하는 데 있어 첫인상이 얼마나 중요한지를 설명하고 있다. 오리새끼는 부화하는 순간부터 여덟 시간에서 열 두 시간 정도 함께 있어준 사람을 뒤따라 다니더라는 것이다. 처음 본 함께 있어준 사람을 어미 오리로 각인한다는 것이다.

인간 사회뿐만 아니라 모든 동물들도 그 대상과의 신뢰감을 형성하는 시기가 있다는 증거가 된다. 따라서 첫인상을 어떻게 심어놓느냐가 다른 사람들과의 관계를 결정하는 가장 큰 변수가 된다.

첫인상에서 영향을 주는 얼굴은 곧 자신을 표현하는 것이므로 사람을 나타내는 전부가 될 수 있다. 또한 얼굴은 상대방의 영혼까지 볼 수 있는 여러 의미를 담고 있어서 상대의 얼굴에서 나오는 표정이나 인상은 자신에게도 비춰지게 되어 우리에게 아주 위력적인 영향을 준다.

사람의 인상은 경험과 학습을 통해 과거에 지각했던 자극을 상기시키는 형태로 기억되거나, 과거의 지각이 없어도 그 사람에 대해 마음속에 떠오르는 영상상태로 나타나기도 한다. 또한 사람의 진가는 많은 대화를 함으로써 여러 가지 종합하여 판단하고 알아가게 되겠지만 첫인상이 좋아야 첫 만남 이후의 대면에서 호감을 느끼면서 지속적으로 인간관계가 원만하게 진행된다. 반대로 첫인상이 좋지 않으면 무관심하게 되고 자기표현을 할 수 있는 기회를 잃게 되면서 만남은 더 이상 이루어지지 않는다.

1) 첫인상의 결정요소 : 메라비안 효과(Mehrabian Effect)

캘리포니아대학교 로스앤젤레스캠퍼스(UCLA) 심리학과 교수 앨버트 메라비안(Albert Mehrabian)은 인간은 일상적인 의사소통에서 55%의 시각적 정보와 38%의 청각적 언어, 그리고 7%의 언어적 요소로 첫인상을 형성한다고 하였다([그림 4-1] 참조).

시각적 정보는 용모, 복장, 제스처, 자세, 표정처럼 외적으로 보이는 부분을 말하고, 청각적 언어는 목소리의 톤, 음색, 빠르기, 호흡 등의 어조를 말한다. 언어적 요소는 말의 내용이다. 메라비안 효과에 따르면 상대방에 대한 이미지를 결정짓고 호감·비호감을 느끼는 데에 상대가 하는 말의 내용은 7% 밖에 되지 않는다. 반면에 말을 할 때의 모습, 태도, 목소리 등 비언어적인 요소는 무려 93%를 차지한다. 이것은 무슨 말을 하느냐 보다 상대에게 어떤 모습으로 비춰지는지가 더 중요하다는 것을 의미하는 것이다.

그림 4-1 메라비안 차트

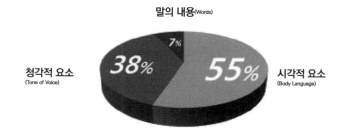

2) 첫인상의 효과

(1) 초두효과(Primary Effect)

초두효과란 처음 제시된 정보가 나중에 제시된 정보보다 훨씬 더 기억에 많은 영향을 주는 현상을 말한다. 만남에서 첫인상이 중요한 것은 먼저 제시된 정보가 나중에 들어온 정보보다 인상형성에 강력한 영향을 미치기 때문이다.

실제로 사회심리학자인 애쉬(Asch)는 초두효과에 대한 실험을 하여 사람들이 첫 인상을 기준으로 일관되게 지각하려는 심리를 증명한 바 있다. 먼저 첫 번째 실험에서는 형용사의 순서가 '똑똑하고 근면하고 충동적이며 비판적이고 고집이세며 질투심이 강함'이었고, 두 번째 비교조건에서는 똑같은 혀용사들을 제시 순서만 바꿔서 '질투심이 강하고, 고집이 세며, 비판적이고, 충동적이고 근면하고 똑똑함'을 보여주었다. 실험결과 피실험자들은 긍정적인 형용사들이 먼저 제시되었을 때 상대방 인물에 대하여 더 호의적인 인상을 느끼는 것으로 나타났다. 애쉬(Asch)는 이렇게 첫인상이 중요하게 여겨지는 원인을 맥락효과로 설명하고 있는데, 처음에 제시된 정보가 하나의 큰 맥락을 형성하고 이 맥락 속에서 우리는 나중에 제시된 정보를 해석하기 때문에 의미의 전환이 나타난다고 한다.

초두효과에 대한 연구의 차이가 있지만 확실한 것은 첫인상을 판단하는 데 10초가 넘지 않는다. 이는 첫인상이 나쁘면 나중에 아무리 잘해도 긍정적인 이미지로 바꾸기가 어렵다는 것을 설명한다. 한번 결정된 인상을 바꾸는 데 일반적으로 40시간이나 걸린다고 한다. 그 만큼 첫인상은 매력을 결정짓는데 매우 중요한 요소이다.

(2) 맥락효과(Context Effect)

맥락효과는 처음 제시된 정보가 나중에 들어온 정보의 처리 지침이 되고 전반적인 맥락을 제공하는 것이다. 예를 들어, 온화한 사람이 머리가 좋으면 지혜로운 사람으로 보이고 이기적인 사람이 머리가 좋으면 교활한 것으로 해석되기도 한다. 이처럼 처음에 인지된 이미지가 이후 형성되는 이미지의 판단 기준이 되고 전반적인 맥락을 제공하여 인상 형성에 영향을 주게 된다.

(3) 부정성효과(Negativity Effect)

부정성효과는 어떤 사람에 대한 첫인상이 매우 좋았는데 그 사람에 대한 나쁜 말을 들으면 그 사람에 대한 긍정적인 인상이 나쁜 인상으로 바뀐다. 반면 어떤 사람에 대한 첫인상이 좋은 사람이 나쁘게 평가되었어도 그 사람에 대한 긍정적인 말의 정보, 예를 들어 '성실하다', '근면하다'는 말을 들었다면 '이기적이다'라는 부정적인 정보를 주어도 그 사람은 나쁜 인상을 바꾸는데 아무런 도움이 되지 않는다.

호감 가는 첫인상은 부정적인 정보를 접하면 쉽게 나쁜 쪽으로 바뀔 수 있다. 그러나 한번 나쁘게 인식된 첫인상은 긍정적 정보가 적용되어도 좋은 쪽으로 바뀌지 않는다. 즉 부정적인 정보는 긍정적인 정보보다 훨씬 더 중요하게 작용되기 마련이다. 이처럼 부정적인 정보가 긍정적인 정보보다 인상 형성에 더 강하게 작용하는 것을 말한다.

(4) 후광효과(Halo Effect)

어떤 대상이나 사람에 대한 일반적인 견해가 그 대상이나 사람의 구체적인 특성을 평가하는데 영향을 미치는 현상이다. 광배효과(光背效果)라고도 하며, 어떤 사람이 갖고 있는 한 가지 장점이나 매력 때문에 다른 특성들도 좋게 평가되는 것이다.

첫 번째 만났을 때 어떤 사람에게 호감이 간다면 그 사람은 매력적이고 지적이고 관대하다는 등의 평가를 받는다. 매력적인 사람이 못생긴 사람에 비해 거의 모든 영역(대인관계, 자신감, 적극성, 지적능력, 성실성)에서 유리한 평가를 받는다.

3. 올바른 인사

우리는 하루에도 몇 번씩 많은 인사를 한다. 인사는 사람 '人(사람 인)'과 '事(일 사)'로 이루어진 단어로, '사람이 마땅히 섬기면서 할 일'을 뜻한다. 이는 사회생활에서 나 자신의 인상을 대표하는 것이자 인간관계에 있어서 가장 기초가 되는 행위이기 때문이다.

이처럼 인사는 예절의 기본이며, 인간관계의 시작과 끝이라고 해도 과언이 아니다. 동서고금을 막론하여 인품을 말할 때에는 예절바른 사람을 제일로 하고 있다. 이렇듯 인사는 인간사회에서 윤리 형성의 기본이며, 직장인에게 있어서는 상사와 동료 그리고 고객과의 관계시작을 알리는 첫 단추인 것이다. 상사에 대하여는 존경심의 표현이며, 동료 간에는 우애의 상징이고 고객에 대하여는 서비스를 바탕으로 한 직업정신의 표현이며 아울러 자신의 인격과 교양을 나타내는 것이라 할 수 있다.

이러한 인사는 친절함을 나타낼 수 있는 가장 기본적인 행위이며, 상대방에 대한 마음가짐의 외적표현으로 상대방에게 마음을 열고 다가가는 적극적인 마음의 표현이라 할 수 있다. 일반적으로 단순한 고갯짓이 아닌, 내가 먼저 상대방을 보면서 상황에 맞는 인사말과 미소를 곁들여 바른 자세로 행할 때 상대로부터 호감과 신뢰를 얻을 수 있을 것이다. 이러한 인사의 종류와 순서 및 기본자세에 대하여 알아보자.

1) 인사하는 자세

인사는 자신을 상대방에게 알리는 첫 번째 단계로 상대방에 대한 호의와 존경심, 친근함을 표현해 주는 마음가짐의 외적 표현양식이다. 적극적인 태도로 정중한 마음 자세를 가지고 상황에 맞는 인사말과 바른 자세로 신뢰감을 전달하고, 상대방의 마음을 열게 한다,

- 표정 : 밝고 부드러운 미소
- 시선 : 인사 전후에는 상대방을 바라본다.
- 고개 : 반듯하게 들고
- 턱 : 턱은 내밀지 말고 자연스럽게 당긴다.
- 어깨 : 힘을 뺀다.

- 무릎, 등, 허리 : 자연스럽고 곧게 편다.
- 입 : 조용히 다문다.
- 손자세 :

  남자 : 차렷 자세로 계란을 쥐듯 손을 가볍게 쥐고 바지 재봉선에 맞춰 내린다.

  여자 : 오른손이 위로 오도록 양손을 모아 가볍게 잡고[4] 오른 손 엄지를 왼손 엄지와 인지 사이에 끼워 아랫배에 가볍게 된다.

- 발자세 : 다리는 가지런히 하고 무릎을 구부리지 않는다. 발뒤꿈치를 붙이고 남자는 시계의 10시 10분 정도가 되게 벌리고, 여자는 11시 5분을 나타낸 정도로 벌린다. 허리에서 머리까지 일직선이 되도록 자세를 취한다.

- 마음 : 존경, 사랑, 감사

2) 인사하는 방법

인사에 대한 근본적인 의미는 첫째로 상대방에 대한 불안감을 없애주는 것이고, 둘째는 상대방에게 대해 호의를 가지고 있다는 것을 보여주는 것이다. 또한 인사는 단순한 고갯짓이 아니라, 상대방을 보았을 때 상황에 맞는 인사말과 스마일을 곁들여 바른 자세로 행해야만 한다.

- 준비단계 : 밝은 표정으로 상대방의 눈을 바라보면 바르게 선다.
- 1단계 : 가슴과 등을 자연스럽게 곧게 펴고 허리부터 숙인다.
- 2단계 : 숙인 상태에서 1초 정도 멈춰서 공손함을 더한다.

---

4) 공수의 기본 동작은 (1) 두 손의 손가락을 가지런히 붙여서 편 다음 앞으로 모아 포갠다. (2) 엄지 손가락은 깍지 끼듯이 교차시켜 포개는데 위의 손 엄지로 아래의 손 엄지를 꼭 감아쥔다. (3) 식지 이하 네 손가락은 가지런히 붙여서 포갠다.(위의 손 네 손가락으로 아래의 손 네 손가락을 지그시 감아쥐어도 좋다.) (4) 평상시: 남자는 왼손이 위이고, 여자는 오른손이 위이다. (5) 흉사시: 남자는 오른손이 위이고, 여자는 왼손이 위이다.

- 3단계 : 상체를 천천히 일으켜 세운다.
- 4단계 : 똑바로 서서 상대의 눈을 보며 미소와 함께 인사말을 전한다.

3) 인사의 종류

(1) 목례

목례(目禮)는 '눈인사'로 순화하여 부르기도 하며, 인사 중 가장 가벼운 인사를 말한다. 목례는 15도 각도를 기본으로 하여 협소한 장소나, 복도, 화장실 등에서 마주치는 사람에게 상체를 굽히지 않고 눈으로 예를 표하며 인사하는 것을 말한다. 이외에 이미 인사를 나눈 사람에게도 적용할 수 있으며, 고객과의 상담시에도 활용할 수 있는 인사법이다.

그림 4-2 목례 예시

출처: 김은정·문시정, 올 댓 매너, 백산출판사, 2017, p.92.

(2) 보통례

일상생활 중 어른이나 상사, 내방객을 맞을 때 하는 인사로 상대를 향하여 허리를 30도 정도 굽혀주는 인사다. 전통 인사법의 평 절에 가까운 인사로 가장 기본이 되는 인사다. 남자는 양손을 바지 재봉 선에 대고 하며 여자

는 공수 자세로 인사한다. 일반적인 인사 이므로 일상생활에서 가장 많이
한다.

그림 4-3 보통례 예시

출처: 김은정 · 문시정, 올 댓 매너, 백산출판사, 2017, p.93.

(3) 정중례

감사나 사죄의 마음을 전하는 경우에 45도 정도 허리를 굽혀서 마음을 전
하는 인사다. 가장 정중한 표현이므로 가벼운 표정이나 입을 벌리고 웃는 행
동은 삼가는 것이 좋다.

그림 4-4 정중례 예시

출처: 김은정 · 문시정, 올 댓 매너, 백산출판사, 2017, p.93.

4) 상황별 인사의 종류

인사는 마음의 문을 여는 열쇠로 상대방을 먼저 보는 사람이 하고, 윗사람이라 할지라도 받은 인사에 대해서는 반드시 답례를 해준다. 단 장소에 따라 상황이 여의치 않은 곳에서는 인사를 하지 않는 것이 예의가 될 수 있다. 인사는 곧 상대방에 대한 배려이고 상대방을 위한 것이기 때문이다.

일상에서 행해지는 인사는 정지된 상태가 아닌 움직이는 상태에서 자연스럽게 이루어져야 한다. 상대방의 동작과 상황에 따라 적합한 인사를 하는 것이 중요하다.

(1) 걸을 때 인사

원거리에 위치할 때에는 가벼운 목례를 한 다음 가급적 가까운 거리에 다가서서 상대방과 눈을 마주치면서 정중하게 인사하는 것이 기본 예의이다.

(2) 계단에서의 인사

계단에서의 인사는 계단을 오르내리면서 상대방과 마주치면 가까운 계단의 위치에 이르렀을 때 인사를 한다. 계단을 올라갈때에는 시선을 위로 하고, 내려갈 때에는 시선을 약간 아래로 향한다. 동료를 만났을 때에는 같은 위치의 계단에서 하며, 연장자를 만났을 때에는 두 계단 정도 아래 위치에서 서로 인사를 나눈다.

(3) 앉은 자세 인사

의자에 앉은 상태에서 인사를 해야 하는 경우에는 상체의 허리를 곧게 펴고, 상대의 눈을 보며 가볍게 목례를 한다.

더불어, 고객응대시 상황에 맞는 적절한 인사말과 인사의 종류를 알아보자.

표 4-3	상황별 인사의 종류와 인사말
맞이인사(보통례)	고객을 맞이할 때 밝고 활기찬 목소리로 "안녕하십니까?, 어서 오십시오."
자리를 권할 때(목례)	"○○○고객님, 이쪽으로 앉으시겠습니까?" "제가 도와드리겠습니다. 잠시만 기다려주시겠습니까."
감사·사과할 때(정중례)	업무처리가 지연되거나 업무착오가 발생했을 때, "죄송합니다." 감사함을 표현할 때, "감사합니다."
배웅인사(보통례)	고객을 배웅할 때, "찾아주셔서 감사합니다, 안녕히 가십시오."

5) 인사를 하면 좋은 점

• 처음 만나는 사람과의 어색함, 불안감, 적대감을 사라지게 한다.

• 상대방에 대해서 호의를 지니고 있음을 보여주는 표현이다.

• 친근감을 표현하는 수단으로 모르는 사람에게 접근하는 좋은 방식이다.

• 인간관계를 좋게 만드는 중요한 행위이다.

6) 잘못된 인사

• 고개만 끄덕이는 인사

• 동작 없이 말로만 하는 인사

• 상대방을 쳐다보지 않고 하는 인사

• 형식적인 인사

• 망설임이 느껴지는 인사

• 계단 위에서 윗사람에게 하는 인사

• 뛰어가면서 하는 인사

• 무표정한 인사

• 인사말이 분명치 않고 어물어물하며 하는 인사

• 아무 말도 하지 않는 인사

• 인사말의 경어를 잘못 사용하는 인사

(1) 주제경어법

동작이나 상태의 주체를 높이는 경어법으로 선어말어미 '-시'로 표현하고 '이/가'대신 '께서'를 사용하거나 존대어를 써서 표현한다. 주체높임법이라고도 하며 직접 높임과 간접 높임이 있다.

> **직접 높임 :** 어머니께서 편찮으시다.
> **간접 높임 :** 어머니께서 밥을 지으신다.

(2) 객체경어법

동작의 대상이 되는 객체를 높이는 경어법이다. 중세 국어 시기에는 객체경어법을 담당하는 문법 형태소가 따로 있었지만 현대 국어에서는 높임의 조사 '-께'와 '드리다', '뵙다' 등의 높임의 동사에 의해 표현된다.

> 주다 → 드리다   데리다 → 모시다   묻다 → 여쭙다

(3) 상대경어법

상대경어법은 대화에 참여하고 있는 대화 상대방인 청자를 높이거나 낮추어 대우하는 경어법이다.

① 상대를 높여 대우하는 경우

> **"말씀하십시오."**

말씀은 상대를 높이는 말과 동시에 자신을 낮추는 말이다.
"제 의견을 말씀드리겠습니다."일 경우 자신을 낮추는 말인 것이다.

② 상대를 낮추어 대우하는 경우

> **"자네가 대신 다녀왔으면 하네."**

1 : 고객님, 신상품이세요→ 신상품입니다
현대백화점, 높임말 바로잡기 캠페인

"고객님, 이번에 나온 신상품이세요.""이 옷 색상이 너무 예쁘시죠?" 소비자가 백화점 매장에서 흔히 들을 수 있는 말이다. 판매사원의 공손한 태도에도 귀에 거슬리는 이유는 무엇일까. 잘못된 존댓말이기 때문이다.

현대백화점은 2월부터 판매사원들이 무의식적으로 남용하는 잘못된 존댓말을 바로잡는 사내 캠페인을 시작했다. '굿바이~ 시옷(ㅅ)'이라고 이름 붙인 이 캠페인은 '사람'이 아닌 '상품'에까지 존칭을 쓰는 잘못된 말투를 바로잡겠다는 취지다.

잘못된 높임말에 피로감을 호소하는 고객 불만이 반복적으로 접수되면서 정지선 회장 등 최고 경영진들까지 문제의 심각성을 지적했다. 정 회장은 최근 임원회의에서 "고객 입장에서 듣기 편한 올바른 경어(敬語)를 사용하라"고 강조했다. 고객은 '과잉 친절'에 불편함을 호소하고, 백화점 입장에서는 서비스의 진정성이 훼손되는 역효과를 유발한다고 판단한 것이다.

현대백화점은 일단 판매사원들이 사내에서 자연스럽게 잘못된 존칭어의 어색함을 깨닫도록 하는 캠페인에 착수했다. 직원식당 메뉴판에 일부러 '오늘 점심은 제육볶음이세요'라고 쓰거나 미팅 시간에 "이번 주가 사은행사 기간이시잖아요"라고 말하는 식이다. 현대백화점은 가이드북 제작 등 다양한 교육·이벤트를 진행하면서 본사 및 일선 지점 고객서비스팀이 정례 회의를 통해 개선 상황을 점검하기로 했다.

현대백화점 관계자는 "고객에 대한 친절을 강조하다 보니 백화점뿐만 아니라 대부분 서비스 업종에서 상품에 대한 잘못된 존대어가 만연하고 있다"며 "올바른 존댓말 사용이 다른 업계에 확산될 수 있도록 지속적인 캠페인을 펼치겠다"고 말했다.

출처: 조선일보, 2012. 02. 15

2 : 인사만 잘해도, 이미지 확 바뀐다.

직장인 A씨는 인사가 성의없고 가벼워 보인다는 동료, 선후배들의 반응에 마음이 편하지 않다.

출퇴근시 직장 동료나 선후배에게 인사도 빠드린 적이 없어 인사성이 밝은 편이라 생각했기 때문이다.

그런데 인사하는 자세에 문제가 있다는 직장 상사의 충고에 자신의 인사하는 방법에 대해 점검한 후 동료들로부터 뭔가 달라졌다며 반듯해 진 것 같다는 반응에 어깨가 으쓱하다.

그렇다면 상대에게 신뢰감을 주고 진중하며 반듯한 이미지를 어필할 수 있는 인사는 어떻게 하는 것일까.

우리 주변에서 흔히 볼 수 있는 인사유형을 살펴 보면 세가지 유형으로 나뉜다.

가장 많은 유형은 의심형으로 인사시 시선을 상대방에 고정해 상대에게 부담을 주는 유형이다. 이런 인사는 인사 시 상대방을 바라보는 시선이 치켜 뜬 모습이 된다. 따라서 인사를 받는 상대방은 불쾌한 인상을 받을 수 있으며, 상호 신뢰감을 형성하거나 호감을 줄 수 없다. 특히 윗사람이라면 노려보는 인상을 줘 큰 오해를 살 수 있다.

다음으로 인사 시 등이 굽어 있는 새우형으로, 머리가 아래로 심하게 처져 있어 건성으로 성의 없이 인사를 한다는 느낌을 줄 수 있을 뿐 아니라 비굴한 느낌마저도 줄 수 있다.

마지막으로 의욕상실형으로 인사 시 팔이 고정되어 있지 않고 흔들리며 처져있어 의욕이 없어 보이게 할 뿐 아니라 귀찮아하는 모습으로 보여 질 수도 있으며, 마지못해 억지로 하고 있다는 인상도 줄 수 있다.

누구나 인사를 한다. 가정, 직장, 각종 모임 등 누군가를 만나거나 헤어질 때 항상 하는 것이 인사다. 인사는 더 이상 새삼스러울 것도 없고, 인사의 중요성을 강조하는 것도 무의미할 정도로 직장인의 기본적인 자질이다.

그런데 허리를 굽혀 에너지를 소비하며 매일, 아니 평생을 해야 하는 인사의 효과는 과연 얼마나 될까. 인간사의 기본인 인사 하나로 이해득실을 논하는 것이 아니라 상대방을 존중하고 공경하는 행동의 가장 대표적인 표현의 형태 중 하나인 인사를 어떻게 하면 인사를 받는 상대방이 마음을 열고 나아가 오해가 생기지 않도록 하느냐는 것이다. 인간관계의 맥을 잇는 가장 중요한 끄나풀인 동시에 매개체인 것이 인사. 즉, 인사 하나만 잘해도 인간관계의 90%는 성공한 셈이 된다.

출처: 경남일보, 2013.06.13

고객응대 대화법

1. 고객응대를 위한 대화법

1) 비언어적 고객응대 대화법

(1) 환경

환경에 관련된 신호나 암시로는 방안의 색상이나 기온 및 가구 정돈을 들수 있다. 즉 환경조성을 위한 벽지색상의 선택과 실내온도나 제반가구 정돈이 간접적으로 비언어적 커뮤니케이션 효과를 결정한다.

(2) 거리

커뮤니케이션 과정에서 송신자와 수신자의 거리에 따라 의미전달의 상대적인 접근도를 판단할 수 있다. 즉, 적극적인 태도로 메시지를 전달할 때에는 신체적으로 가장 접근된 상태에서 이루어진다.

에드워드 홀(Edward T. Hall)은 미국 북동부 연안에서 태어난 사람들을 관찰하고 인터뷰한 결과 거리에 따른 4가지 분류를 이야기하였다(이와모토 시게키, 2016).

① 공적인 거리: 약 3.5미터 이상

"…. 다른 사람과 이 거리 이상으로 멀어지면 위협을 받더라도 민첩하다면 피하든지 방어할 수 있는 거리입니다. 이 거리에서는 상대의 정확한 성질은 알 수 없습니다. 게다가 공적으로 중요한 인물과 거리를 둘 때는 자동적으로 9미터 정도의 간격이 벌어진다고 합니다. 그러고 보면 연예인이나 가수가 무대에 설 때 관객과 이 정도의 거리를 둔다는 사실을 알 수 있습니다. 또 대학에서 교탁과 학생과의 거리도 이 공적인 거리를 바탕으로 한 것이겠죠."

② 사회적 거리: 약 1.2미터 이상, 약 3.5미터 이내

"1.2미터 이상 멀어지면 상대방 얼굴의 세세한 부분까지는 보이지 않습니다. 또 특별한 노력이 없는 한 상대방과 닿지도 않고 그럴 시도조차 하지 않습니다. 상사와의 거리는 사회적 거리 범위 내에서도 먼 단계에 해당합니다. 그렇기에 상사의 책상은 비서나 방문객을 멀리하기에 충분할 만큼 커서 보통 2.4~2.7미터는 됩니다. …. 사회적 거리의 최대치는 사람을 서로 격리하고 차단하는 거리이므로, 이 정도의 거리를 유지한다면 앞에 사람이 있더라도 신경 쓰지 않고 계속해서 일을 할 수 있습니다."

③ 개인적 거리: 45센티미터 이상, 약 1.2미터 이내

"개인적 거리는 진정한 의미에서 신체적 지배력의 한계이기에, 손을 뻗을 수 있을 만큼의 공간을 확보하지 않으면 안정된 생활을 할 수 없다는 사실을 의미하기도 합니다. 상대방이 나의 체온과 냄새를 느낄 수 없고, 나도 느끼지 않아도 되는 거리입니다. …. 이 거리에서는 손과 발로 상대방을 만지거나 잡을 수 있습니다. 부부 사이라면 특별한 애정 표현을 할 때 외에 일상적으로 이 거리 안에 있어도 싫은 느낌을 갖지 않는다는 관찰을 바탕으로 홀은 약 45센티미터까지를 개인적 거리로 잡았습니다. 즉, 가족 간에는 약 45센티미터까지는 접근을 허용할 수 있다는 말입니다."

④ 밀접한 거리: 45센티미터 이하

"밀접한 거리에 침입한다는 것은 상대의 존재감을 확실히 느끼고 냄새, 체온, 숨소리까지 감지할 수 있으니 타인과 밀접하게 관계하고 있다는 명확한 신호라고 Hall은 말합니다. 그래도 15센티미터 이상 떨어져 있다면 머리, 골반, 허벅지까지 쉽게 닿지는 않지만, 손이 상대의 손과 닿든지, 잡을 수도 있습니다. 목소리는 작아지고 때로는 속삭이게 됩니다. 꽤 밀접한 관계의 거리로, 서로 허락하는 관계가 아닌 이상 이 거리 안에 들어가지는 않습니다. …. 15센티미터 이내에 대한 설명을 들으면 …. 홀도 애정, 위로, 보호의 거리라고 말했는데, 그와 동시에 밀접한 거리는 '격투'의 거리이기도 합니다. …. 즉, 상대의 밀접한 거리 내에 들어감으로써 상대를 위협하거나 공격하는 것입니다."

(3) 태도, 자세, 매너

태도는 마음가짐에서 나오는 자세를 말하고, 자세는 마음가짐에서 나오는 몸가짐을 말한다. 매너는 태도와 자세를 모두 갖춘 얼굴 표정과 몸 전체에서 풍기는 개인의 고유한 스타일을 말한다. 두 명의 고객응대 담당자가 서 있다면 고객은 태도와 자세를 모두 갖춘 매너 있는 서비스인에게 다가가서 질문할 것이다.

(4) 체격과 체형

스트레스나 잘못된 습관으로 체격이나 체형이 위축된 현대인들을 많이 볼 수 있다. 걸음걸이에 의욕이 넘치고 시선은 앞을 향하며 활기에 차 있는 사람과 구부정한 걸음걸이로 흐느적대는 사람의 모습을 비교해보라. 우리는 그 모습에서 그가 지금 자신이 없다거나 실망이나 절망에 빠져 있다거나 또는 나와의 관계에서 의욕이 있고 없음을 읽을 수 있다.

(5) 제스처

제스처는 언어의 보조, 보강 수단으로서 눈짓, 손짓, 발짓, 몸짓 등을 의미한다. 똑바로 서서 무표정하게 말하는 사람보다는 풍부한 감성을 제스처에 실어 말하는 사람에게 더 많은 호응을 느낄 수 있다.

(6) 얼굴

얼굴은 그 사람을 대변하는 최고의 비언어적 의사소통 수단이다. 얼굴로 그 사람의 사주관상을 보는 이도 있거니와 일반인들도 상대방의 얼굴을 통해 건강이나 기분상태를 가늠할 수 있다.

사람의 얼굴은 용모, 인상, 표정에 의해 고찰될 수 있다. 물론 용모는 선천적으로 타고난다. 그러나 타고난 용모가 좋지 않다고 비관할 일은 아니다. 용모는 인상이나 표정의 중요성으로 대체되기 때문이다.

(7) 미소

비언어적 커뮤니케이션의 신체언어 중 남에게 가장 큰 호감을 주는 것이 바로 미소이다. 미소는 본인에게는 긍정적인 마음을 고취시켜주며 상대방에게는 만남이 즐거운 것이라는 느낌을 받게 해 준다. 물론 마음속에서 우러나오는 참된 미소가 아닌 억지 미소는 오히려 역효과를 불러일으킬 수 있다.

2) 언어적 고객응대 대화법

(1) 쿠션어

쿠션은 외부충격을 흡수해 부드럽게 해 주는 역할을 한다. 이렇듯 쿠션언어는 대화할 때 상황을 부드럽게 만드는 말랑말랑한 언어이다. 상대방에게 부탁이나 거절을 할 때 내용을 부드럽게 전달 할 수 있도록 목적 앞에 붙이면 좋다.

'괜찮으시다면', '실례지만', '번거로우시겠지만', '죄송하지만', '바쁘시겠지만' 등이 있으며 상대에 대한 세심한 배려와 존중이 느껴지기 때문에 듣는 사람에게 존중받는 느낌을 줄 수 있다.

(2) Yes, But화법

상대의 말이나 의견에 먼저 동의 (Yes) 한 후 (But) 자신의 의견을 전달하는 화법이다.

예를 들면 "네~ 공감이 가는 부분이 있네요. / 네~ 그럴 수 있습니다. / 네~ 그럴 수도 있겠군요."처럼 상대방의 의견에 적절한 동의 및 인정의 표현을 한 후 자신의 의견을 이야기하는 것이다. Yes, But 화법을 사용하면 상대의 의견을 무조건 부정하지 않고 자신의 의견을 부드럽게 전달 할 수 있게 된다.

(3) 신뢰 화법

상대방에게 신뢰감을 줄 수 있는 대화는 말 어미의 선택에 따라 조금씩 달라질 수 있다.

- 다까체와 요조체의 적절한 활용

  다까체는 정중한 느낌을 줄 수 있으나, 반면에 딱딱하고 형식적인 느낌을 줄 수 있다. 요조체는 과다 사용은 고객과의 대화 전체가 유아적인 느낌을 주거나 신뢰감을 떨어뜨릴 수가 있다. 다까체와 요조체의 비율은 신규 고객에게는 7:3의 비율로 사용하는 것이 적절하다.

- 정중한 화법 70% : ~입니다. ~입니까? (다까체)
- 부드러운 화법 30% : ~예요, 죠?(요조체)

(4) 레어드 화법

사람은 명령조의 말을 들으면 반발심이나 거부감이 들기 쉽다. 의뢰나 질문 형식으로 바꿔 말하면 훨씬더 부드러운 커뮤니케이션이 될 수 있다. 명령형을 의뢰형, 질문형으로 바꾸어 표현한다.

- "하세요." → "~좀 해주시겠습니까?", "~좀 부탁해도 될까요?",
- "해주시기 바랍니다." → "해주시면 감사하겠습니다."

(5) '나' 전달화법(I-message 화법)

주어가 일인칭인 '나'로 시작하는 문장으로 말을 할 때 나의 입장에서 나를 주어로 하여 내가 관찰하고, 생각하고, 느끼고, 바라는 바를 표현하여 이야기 하는 화법이다. 상대와 관련되어 있는 문제를 해결하기 위한 대화를 시작해야 할 때 주로 사용되며, 자신이 느끼는 감정과 생각을 직접적으로 솔직하게 표현하여 부드럽게 전달되도록 한다.

이러한 '나' 전달화법의 단계는 행동-영향-감정 또는 영향-행동-감정의 순서로 이루어진다. 마지막에 바람을 말하기도 한다. 이러한 전달화법은 상대에게 방어심리를 감소시키고, 자신을 주어로 해서 진실한 감정을 솔직하게 표현할 수 있는 장점을 가진다.

I-message 화법 = 문제행동 + 행동의 영향 + 느낀 감정

행동 : 문제를 유발하는 행동이 무엇인가?, 상대의 행동을 비난이 섞이지 않는 객관적인 표현으로 설명한다.

영향 : 그 행동이 나에게 어떻게 영향을 끼치고 있는가?

감정 : 나는 그 결과에 대하여 어떤 느낌을 가지고 있는가?, 즉 상대의 행동에 대해 느끼는 감정을 표현한다.

바람 : 즉 상대가 어떻게 해주면 좋겠다는 자신의 바람을 언급한다.

• "너 왜 자꾸 음악을 크게 틀어 놓니"(You message) → "음악소리가 너무 커서(행동) 업무에 집중할 수가 없어(영향) 오늘 마감기한이라 걱정

이 돼(감정) 소리 좀 줄여줬으면 좋겠어(바람)"(I message)

• "예약 시간에 늦으셨잖아요"(You message) → "예약 시간보다 많이 늦어져서(행동) 무슨 일이 생겼는지(영향) 걱정했어요(감정) 다음부터는 늦게 된다면 꼭 연락주세요(바람)"(I message)

(6) 아론슨 화법

미국 심리학자 아론슨(Aronson)의 연구에 의하면, 사람들은 비난을 듣다 나중에 칭찬을 받게 됐을 경우가 계속 칭찬을 들어온 것보다 더 큰 호감을 느낀다고 하였다.

어떤 대화를 나눌 때 부정과 긍정의 내용을 혼합해야 하는 경우 이왕이면 부정적 내용을 먼저 말하고 끝날 때는 긍정적 의미로 마감하라는 것으로 단점이 있는 한편 못지 않은 장점도 존재한다는 사실을 동시에 제시함으로써 저항의 강도를 낮춰가는 것이다.

"효과는 최고인데 가격은 좀 비싸죠." 보다 "가격은 비싸지만 효과는 최고죠." 라고 표현하는 것이 "약점도 있지만 강점도 있다."는 관점 차이를 강조하는 표현이다.

• "가격이 비싼 만큼 품질이 돋보인다.", "가격이 비싼 만큼 서비스가 완벽하다."

(7) 공감

동감(sympathy)과 공감(empathy)의 차이점을 생각해보자. 동감은 '난 당신과 생각이 같다.'라는 의미라면 공감은 '생각이 같지는 않지만 이해할 수는 있다.'라고 볼 수 있지 않겠는가? 고객의 말에 모두 동감할 수 없지만, 공감해줄 수 있어야 할 것이다. 공감은 고객을 이해하는 가장 중요한 요소이다. 공감적 반응의 질을 높이기 위한 방법은 아래와 같다.

- 고객응대 담당자는 고객이 하려는 말이 무엇인지를 생각할 시간을 갖는다.
- 핵심을 정확히 파악하여 구체적이고 짧게, 정확하게 반영하여야 한다.
- 고객의 수준에 맞게 반응을 하여야 하며, 객관성을 유지하여야 한다.

- 아~ , 오~
- 재미있네요~
- 고생하셨네요~
- 아~알 것 같아요~
- 정말 그랬겠네요~
- 얼마나 힘드셨어요~
- 말씀 이해됩니다.
- ~해서 정말 속상하셨겠네요. ~하시겠군요.
- 예 고객님! 중요한 시기에 고장이 나서 많이 불편하셨겠습니다.
- 그랬군요! 급한 일을 제때 처리하지 못해 많이 난처하셨겠군요.

(8) 맞장구

누군가와 말을 할 때는 상대가 나의 말을 잘 듣고 있는지, 아닌지를 항시 확인하게 된다. 상대가 나의 의미를 파악하고 있는지, 혹은 관심 없어 하는지 알아야 다음 말을 진행할 수 있기 때문이다. 의사소통을 원하는 대화에서 사소한 이야기에 대한 기억과 배려는 상대에게 관심이 있음을 직접 보여주는 행동이고, 그런 보여주는 행위가 있어야 상대는 관심을 알아챌 수 있다. 관심은 꼭 기억해서 다음에 이야기해주는 것에만 국한되지 않는다.

이야기를 듣는 동안 바로 전에 했던 말에 맞장구를 치는 것도 해당된다. 상대가 했던 말을 되새기는 효과와 함께 경청하고 있음을 보여주는 것이다.

① 동의의 맞장구
- 맞아요!

- 정말이에요.

- 그렇지요.

- 옳으신 말씀입니다.

② 흥을 돋우는 맞장구

- 그래서요?

- 그리고요?

- 그 다음에는 어떻게 됐어요?

③ 정리하는 맞장구

- 그 말씀은 이러이러한 말씀이군요?

- 그러니까 이러저러하게 된 거군요?

- 이러 저러한 게 요점이시지요?

- 그러저러한 점이 포인트군요?

(9) 복창(반복 확인)

고객에게 좀 더 친절하고 신속, 정확한 업무를 제공함과 동시에 업무의 효율성을 증대시키기 위한 일련의 과정이다.

업무 처리 단계에서 가장 중요한 사항은 고객과의 업무 과정에서 발생할 수 있는 여러 가지 문제 상황을 사전에 방지하고, 부득이하게 발생한 문제에 관해서는 양해를 구함으로써 고객의 만족도를 향상시키기 위함이다.

① 복창 확인 멘트

- 네~ + 용건 내용 + 말씀이십니까?

(호응) (용건)   (청유형)

② 복창 시 주의 사항

 - 고객의 애기를 잘 경청하며 요약, 정리하여 듣는다.
 - 고객과 눈 맞춤을 하면서 친근감 있게 "네~"라고 하며 미소 지으며 답변한다.
 - 자신의 상체를 앞으로 10cm정도 고객 쪽으로 향하게 하면서 확인 멘트를 한다.

(10) 주의해야 할 대화법

① 부정의 말

 "안됩니다.", "안돼요.", "모르겠는데요."

② 핑계의 말

 "그건 제 담당이 아니에요.", "지금 바빠서요."

③ 무례한 말

 "뭐라구요?", "어떻게 오셨어요?", "어쩌라는거죠?"

④ 냉정한 말

 "업무시간 끝났습니다.", "그건 고객님 사정이죠."

⑤ 따지는 말

 "그건 고객님 책임이지요.", "저희 책임이 아닙니다."

⑥ 권위적인 말

 "규정이 그렇게 되어 있습니다."

⑦ 무시하는 말

"그건 아니죠", "고객님이 잘 몰라서 그런 거 같은데요~"

3) 고객과의 대화에서의 장애요인

고객응대 시에 나타날 수 있는 장애요인은 과정과 환경에 따라 다양하다.

(1) 타인에 대한 이해부족

상대방을 충분히 이해하지 못하거나 또는 자기를 중심으로 메시지 내용을 구성할 경우에는 커뮤니케이션의 효과는 제한될 수 있다. 상대방에 대한 좋지 않은 선입관을 갖고 있을 때에는 이해부족 현상이 나타날 가능성이 있고, 특히 자기중심적 해석이나 이해로 내용을 왜곡 또는 변질시키게 된다. 따라서 상대방의 입장에서 메시지를 작성하는 것이 훨씬 효과적이다.

(2) 일방적 커뮤니케이션

발신자가 수신자에게 메시지를 전달하고, 그 결과를 피드백 시키지 못하는 경우를 일방적 커뮤니케이션 이라고 한다. 효과적인 커뮤니케이션은 메시지를 주고 그 결과를 피드백 받는 것을 의미하는데, 발신자의 의사전달에 수신자가 아무런 반응을 보이지 않는 커뮤니케이션의 경우에는 장애가 발생한다. 이런 경우에는 확인과정과 재발신 과정 또는 사전 상황 설명이나 주의를 환기시킨 후 핵심적 내용을 수용할 수 있도록 메시지 내용을 강조하는 것도 좋은 방법이다.

(3) 수신자에 대한 잘못된 가정

송신자가 수신자에 대해 좋지 않은 선입관을 갖고 있다거나 잘못된 가정을 할 경우에는 효과적인 커뮤니케이션을 기대하기 어렵다. 특히 송신자가 수신자의 태도와 감정 및 의지를 잘못 이해하고 상반된 내용을 전달하려고 시도할 때에는 장애가 된다.

(4) 어의상의 해석 차이

언어를 부적절하게 사용함으로써 해석의 오류를 낳고 또 커뮤니케이션을 왜곡시키는 결과를 의미한다. 어의상의 해석 차이는 개인적인 표현방법의 차이와 교육수준의 차이 및 지각과 해석의 차이로 전달한 어의를 상이하게 해석함으로써 발생한다. 따라서 수신자와 일치하거나 수용가능 한 언어나 전문용어를 사용하여 이해를 돕는 것이 바람직하다.

(5) 정보의 왜곡

송신자의 의도된 메시지 내용을 수신자의 의향대로 메시지 내용을 판단하는 경우를 의미한다. 특히 송신자의 메시지를 수신자의 자존심을 세우려고 하거나 또는 상황을 개선하기 위해 수정하는 경우에는 메시지의 내용이 왜곡된다.

(6) 관점과 경험의 차이

송신자와 수신자 간에 발생되는 시각과 경험의 차이로 단어나 내용의 개념이 상이하게 인지되어 장애요인으로 나타나는 경우가 있다.

(7) 감정과 태도

수신자의 감정이 안정되지 못한 상태에서 메시지를 보내게 되면 그 내용이 왜곡될 가능성이 크다. 특히 인간의 감정은 태도를 지배하는 경우가 있어서 감정의 불안정성이나 자극, 흥분된 상태는 커뮤니케이션의 장애요인으로 나타나 사실과 다른 내용으로 수용될 가능성이 있다.

(8) 시간적 압박

수신자가 시간이 충분히 못해 메시지를 받기 꺼려하는 상태나 수신자가 다른 것에 관심을 갖고 있다거나 다른 일에 몰두하고 있을 때 메시지 수신에 갈등이 생긴다. 즉, 수신자가 받고 싶지 않은 송신 내용과 중대한 메시지를 기다리고 있을 때에는 수신자의 업무를 방해하는 결과가 생긴다.

4) 고객 안내 예절

고객을 안내하는 예절에는 어떤 것들이 있는지 구체적으로 알아보자.

첫째, 고객의 바로 앞에 서서 이동하기보다는, 대각선 방향(고객에게는 130도 각도)으로 2~3걸음 앞에서 고객과의 보조를 맞춰가면서 이동한다. 만약 안내가 아닌 수행의 경우에는 상대방 앞이 아닌 뒤에서 이동한다.

둘째, 안내 시 눈, 입, 어때 손을 동시에 사용하여 안내하도록 하며, 손모양은 손 전체를 이용하여 예의를 더한다.

셋째, 손가락은 가지런히 펴고 엄지손가락을 벌리지 않은 상태에서 손바닥을 위로 하여 방향을 안내하도록 한다.

넷째, 오른쪽을 안내할 시 오른손을, 왼쪽을 안내할 시 왼손을 이용하며, 이때 팔의 각도를 달리하여 원근 거리를 나타내며 안내하도록 한다.

주의할 점은 손가락을 이용한다거나 필기도구 등으로 안내할 경우 상대가 불쾌감을 느낄 수 있으므로 주의한다. 또한 손목이 꺾이지 않도록 하며, 가리키는 방향의 시선을 무시한 채 안내하지 않도록 한다.

다섯째, 고객이 길을 물을 때에는 고객 질문에 복창하면서 시선은 3점법을 이용하여 안내한다. 여기서 3점법이란 '상대방의 눈-가리키는 방향-상대방의 눈'을 말한다.

마지막으로 고객의 질문에 복창하면서 안내하도록 한다.

다양한 상황에 대한 안내예절은 다음과 같다.

(1) 방향 안내

- 손바닥을 위로 향하고 손가락을 붙이고 안내를 하며 오른쪽 방향을 가리키는 경우에는 오른손으로, 왼쪽 방향을 가리키는 경우는 왼손을 사용한다.
- 반대편 손의 위치는 아랫배 즈음에 놓는다.
- 위치를 가리키거나 고객의 얘기를 들을 때에는 상체를 살짝 숙인다.
- 가리키는 손은 상체의 높이 범위 내에서 움직인다.

(2) 동행 안내

- 고객의 1 ~ 2보 앞에 서서 안내할 방향 쪽을 따라 안내 한다.
- 고객이 잘 따라 오는지 수시로 확인 하며 안내 한다.

(3) 계단 안내

- 계단을 오르거나 내려가기 전에 고객이 당황하지 않도록 안내 '층'을 미리 안내한다.
- 계단을 오르내릴 때에는 고객이 손잡이를 잡고 걸을 수 있도록 한다.
- 계단을 내려갈 때에는 앞에서, 올라갈 때에는 뒤에서 안내하도록 하되 여성고객이 치마를 입고 있어 불편할 경우에는 앞에서 안내 할 수 있도록 한다.

(4) 엘리베이터 이용 시

- 안내자가 없을 경우에는 탈 때 고객응대 담당자가 먼저 타면서 엘리베이터 앞에서 조작하며, 내릴 때는 고객이 먼저 내릴 수 있도록 한다.
- 안내자가 있을 경우: 탈 때도 내릴 때도 고객이 먼저 내리도록 한다.

(5) 에스컬레이터/회전문 이용 시

- 에스컬레이터 이용 시 올라갈 때는 고객 혹은 여성이 먼저 타도록 안내한다. 내려갈 때는 직원 혹은 아랫사람이 먼저 탄다.

- 회전문 이용 시 고객 혹은 여성이 먼저 이용하도록 배려한다.

(6) 소개매너

스스로 자신을 소개하는 경우에는 인사말과 함께 당당히 자기 이름과 소속을 밝히는 것이 좋은 인상을 준다. 대부분 자신의 이름을 소극적으로 말하는데 상대방이 자신의 이름을 되묻게 해서는 안 된다. 만약 제3자에게 소개를 받은 후 자신을 소개할 때에도 상대방이 정확하게 들을 수 있도록 다시한번 분명한 발음으로 소개해야 한다.

- 고객에게 상사를 먼저 소개한다. : 저희 매장 OOO매니저 입니다.
- 상사에게 다시 고객을 소개한다. : OOO 고객님입니다.
- 고객에게 좌석에 앉을 것을 권유한다.

(7) 악수 매너

좋은 악수는 바람직한 인상을 만든다. 악수는 남성이나 여성 모두에게 허용된 인사로 정착되었다. 많은 사람들은 악수를 통해 상대방에 대한 인상을 느끼게 되고, 본인의 이미지도 다른 사람에게 인식시킬 수 있다. 따라서 좋은 악수는 자신감을 나타내주고 타인에 대한 관심을 표현하는 적절한 수단이 된다.

그림4-5 악수의 순서

악수를 청하는 사람	악수에 응하는 사람
여성	남성
지위가 높은 사람	지위가 낮은 사람
선배	후배
연장자	연소자
기혼자	미혼자
연장자 또는 파티의 호스트인 남성	여성
여성	남성

(8) 명함 교환 매너

명함은 자신의 또 하나의 얼굴이자 첫인상이며 신뢰형성을 통해 관계를 이어주는 끈이다. 또 서비스에 있어서는 고객에게 자신을 알리는 중요한 매너이자 고객 만족에 책임을 지겠다는 무언의 약속이다.

명함은 서열이 낮은 사람이 먼저 건네야 한다. 단, 다른 기업에 방문했다면 지위와 관계없이 방문한 사람이 먼저 건네는 것이 좋다. 명함은 두 손으로 건네며, 한 손으로 건넬 때는 왼손이 오른손을 받치는 자세여야 합니다. 상대방이 명함을 바로 확인할 수 있게 상대 방향으로 돌려서 전달하고, 전달할 때 상대방과 눈을 맞추며 이름과 소속을 말하는 것이 좋다.

명함을 받을 때는 상대방 서열이 낮더라도 일어서서 받는 것이 예의이다. 명함을 동시에 주고받을 때는 오른손으로 주고 왼손으로 받으며, 내 손가락이 상대방 명함의 이름을 가리지 않게 받아야 한다. 명함을 받은 다음에는 명함에 적힌 상대방 이름과 직급을 나지막하게 말해보는 것이 좋다. 받은 명함을 곧바로 명함지갑이나 주머니에 넣지 말고, 자신이 앉은 테이블의 오른쪽 하단에 놓아야 한다.

그렇다면 명함 관리, 어떻게 해야 할까? 상대방에게 받은 명함에는 미팅 내용을 메모해두는 것이 좋다. 예를 들면 미팅 날짜, 미팅 목적, 미팅 내용, 또 얼굴을 기억해야 하는 사람이라면 상대의 인상착의 등을 메모하면 나중에 상기하기 좋다. 또 '리멤버'나 'CamCard' 같은 명함 어플리케이션을 이용하면 좀 더 효과적으로 관리할 수 있다.

그림 4-6 명함 교환 예절

명함을 주는 사람	명함을 받는 사람
• 고객보다 먼저 드린다. 　(고객이 2인 이상인 경우에는 윗사람부터) • 고객이 보기 편한 방향으로 드린다. • 양손으로 명함의 여백을 잡고 소속과 이름을 정확하게 소개한다. • 목례를 하며, 가슴선과 허리선 사이에서 내민다.	• 목례를 하며 양손으로 공손히 받는다. 　(오른손으로 받고 왼손으로 받친다.) • 동시에 주고 받을 때는 오른손으로 드리고 왼손으로 받는다. • 받은 명함은 허리 높이 이상으로 유지하고, 테이블 위에 올려보면서 대화한다. • 혹시 모르는 한자는 "실례지만 어떻게 읽습니까?" 하고 질문하여 바르게 읽도록 한다.

(9) 전화매너

- 전화는 3번 이상 울리기 전에 받으며, 고객에 친근감을 줄 수 있는 인사말과 함께, 자신의 소속 및 이름을 분명히 말해야 한다.
- 답변이나 상담은 명확하고 상세하며 쉽게 설명하고, 반드시 고객이 이해했는지 여부를 확인해야 한다.
- 고객의 문의사항에 대해서는 전화를 처음 받은 직원이 끝까지 안내하며, 다른 직원에게 연결할 경우에는 사전에 고객으로부터 양해를 구하고, 해당업무 담당자의 소속, 성명, 전화번호를 알려드린 후, 연결한다.
- 문의사항 안내가 끝난 후 전화를 끊을 때에는 항상 고객이 전화를 끊은 후 수화기를 내려놓는다.

- 담당자가 부재 시, 고객의 회사명, 성명, 전화번호 등을 메모한 후, 담당자에 전달한다.

(10) e-mail 매너

- 짧은 문장, 논리적 내용, 명확한 표현으로 예의를 지킨다.
- 메일은 최소 하루 2회 이상 체크하여 신속하게 답변한다.
- 내용을 짐작할 수 있는 제목을 달아준다.
- 가급적 첨부파일은 많이 보내지 않는 것이 좋다.
- 받는 사람이 읽기 편하게 짧고 간결하게 작성한다.
- 이모티콘 사용은 자제한다.
- 형식적인 메일, 단체 메일 발송에 신중을 기한다.
- 얼굴이 보이지 않는 수단이므로, 감성적 표현과 문구에 세심한 신경을 쓴다.

> **참고: 서면(우편, 팩스) 매너**
> • 민원서류가 접수될 경우, 담당부서에 전달하여 고객이 원하는 내용을 신속, 공정, 정확하게 처리한다.
> • 회신 처리기한은 48시간 이내 처리를 원칙으로 하되, 부득이한 사정으로 회신 처리 기간이 늦어질 경우에는 그 사유, 처리상황, 처리예정기한을 고객에 알려드린다.

2. 고객성향에 따른 대화법

1) 유형별 고객응대 대화법

(1) 전문가형 고객

인터넷이 발달하면서 고객은 방문 전부터 우리 기업에 대한 많은 정보들을 쉽게 접할 수 있게 되었다. 그로 인해 전문가형 고객은 사전에 정보를 미리 습득하고 난 뒤 방문할 가능성이 높은데, 이런 경우에는 자칫 어설프게 응대했다가 고객에게 기업에 대한 신뢰감만 낮추게 될 가능성이 높다. 자신이 가지고 있는 정보에 대한 확신으로 납득할 만한 사유가 아니면 고집을 꺾지 않으려 하고 좀처럼 설득되지 않으며 권위적인 느낌을 상대에게 주어 상대의 판단에 영향을 미치려고 하기도 한다.

이런 경우에는 신입고객응대 담당자가 나서서 응대하는 것보다 전문적인 지식을 보유한 고객응대 담당자가 처음부터 응대하는 것이 좋으며, 우선 고객의 말을 잘 들으면서 고객이 알고 온 정보가 맞는 정보인지 확인하는 과정으로 대화를 이끌어 나가는 것이 좋다. 맞는 정보일 경우에는 고객에게 동조하면서 부가 설명을 하도록 하며, 만약 고객의 정보가 틀린 내용인 경우에는 바로 틀렸다고 지적하기보다 왜 틀린 정보를 알게 되었는지 확인하며 공감할 수 있는 부연설명을 해나가는 것이 더욱 좋은 방법이다. 대화 중에 반론을 하거나 자존심을 건드리는 행위를 하지 않도록 주의하면서 자신의 전문성을 강조하지 말고 문제해결에 초점을 맞추어 고객의 요구사항을 처리해나가도록 한다.

(2) 우유부단한 고객

즐겁고 협조적인 성격이나 다른 사람이 자신을 위해 의사결정을 내려주기를 기다리는 경향이 있어서 주변만 빙빙 돌며 변죽만 올리며 요점을 딱 부러지게 말하지 않는다. 이러한 유형은 대부분 보상을 얼마나 받아야 할지 또는 요구하는 보상이 기준이상이라는 것을 자신이 잘 알고 있는 경우가 많다.

고객이 결정을 내리지 못하는 갈등요소가 무엇인지를 표면화시키기 위해 시기적절히 질문을 하여 상대가 자신의 생각을 솔직히 드러낼 수 있도록 도와준다.

따라서 피해보상 기준에 근거하여 적정보상 기준과 이점 등을 성실히 설명하여 문제를 해결할 수 있도록 사후조치에 만전을 기하여 신뢰를 느낄 수 있도록 한다.

(3) 빈정거리는 고객

빈정거리거나 비꼬며 말하는 사람이나 무엇이든 반대하는 사람은 아무렇게나 내뱉듯이 말하다가 상대로부터 강한 추궁이나 반박을 당하면 자신이 한 말이 아무 의미 없는 것으로 책임을 회피하곤 한다. 문제 자체에 중점을 두어 이야기하지 않고 특정한 사람이나 문구, 심지어는 대화중에 사용한 단어의 의미를 꼬투리를 잡아 항의하는 등 아주 국소적인 문제에 더욱 집착하여 말한다.

정중함을 잃지 않고 냉정하고 의연하게 대처하는 것이 좋으나 상황에 따라 고객의 행동을 우회하여 지적해 줄 수도 있고 때로는 가벼운 농담의 형식으로 응답하는 노련함이 효과적일 수 있다. 대화의 초점을 주제방향으로 유도하여 해결에 접근할 수 있도록 자존심을 존중해주면서 응대하고 고객의 빈정거림을 적당히 인정하고 요령껏 받아줌으로써 고객의 만족감을 유도하면 타협의 자세를 보이게 된다. 무엇이든 사람의 질문법을 활용하여 고객의 의도를 표면화하는 것이 좋으며 감정조절을 잘하여 고객에게 휘말리지 않도록 주의해야 한다.

(4) 지나치게 호의적인 고객

사교적이며 협조적인 고객이면서 합리적이고 진지한 면이 있다. 그러나 때로는 고객 자신이 하고 싶지 않거나 할 수 없는 일에도 약속을 하여 상대방을 실망시키는 경우도 있다. 모든 사람이 항상 자신을 받아들이고 좋아해주기를 바라는 욕구가 내재되어 있기도 하다.

이야기의 맞장구를 잘 치는 사교적인 고객을 대할 때는 상대의 의도에 말려들 위험이 있으므로 기분에 사로잡히지 않도록 하며 말을 절제하고 고객에게 말할 기회를 많이 주어서 결론을 도출한다.

고객의 진의를 파악할 수 있도록 질문을 활용하고 합의를 지연하고자 하는 고객의 의도를 경계해야 한다. 상담자가 계획한 결론을 고수할 수 있도록 외유내강의 자세를 유지하여 깔끔한 합의를 이끌어낼 수 있어야 한다.

(5) 저돌적인 분위기의 고객

상황을 처리하는 데 단지 자신이 생각한 한 가지 방법밖에 없다고 믿고 남으로부터의 피드백을 받아들이려 하지 않는 고객이 있다. 남에게 마무 질문 공세를 펴면서 분위기를 압도하려 하고 상대방의 이야기를 끊고 마구 자신의 주장을 펴기도 하므로 도발적인 느낌을 갖게 하는 고객이다.

침착성을 유지하고 고객의 친밀감을 이끌어 낼 마음의 준비를 하여 자신감 있는 자세로 고객을 정중히 맞이해야 한다. 고객의 마음을 지배하고 있는 것은 표면화된 호전성과는 달리 극심한 불안감일 수도 있으므로 상담자가 미리 겁을 먹고 위축되지 않도록 한다. 그 사람이 나에게 항의하는 것이 아니고 고객이 회사에게 항의하는 것이므로 일어난 상황을 개인적인 일로 받아들이면 안 되기 때문에 논쟁을 하거나 마주 화를 내는 일이 없도록 하여 상대방이 소진될 때 까지 시간을 두고 기다려야 한다. 조심스럽게 고객의 주의를 끌어 상담자의 영역내의 방향으로 돌리도록 한 뒤에 조용히 사실에 대해 언급한다. 말하고 있는 도중 고객이 방해를 하면 친절히 양보하여 충분히 말할 수 있는 편안한 분위기를 유지해 주면서 고객 스스로가 문제를 해결할 수 있도록 유도한다. 또한 부드러운 분위기를 유지하며 정성스럽게 응대하되 음성에 웃음이 섞이지 않도록 유의한다. 고객이 흥분 상태를 인정하고 직접적으로 진정할 것을 요청하기 보다는 고객 스스로 감정을 조절할 수 있도록 유도하는 우회화법을 활용한다.

(6) 같은 말을 장시간 되풀이하는 고객

상대의 말에 지나치게 동조하지 말고 고객의 항의 내용의 골자를 요약하여 확인한 후 고객의 문제를 충분히 이해하였다는 것을 알리고 문제해결에 관한 확실한 결론을 내어 고객에게 믿음을 주도록 한다. 회피하려는 인상을 주면 부담이 가중될 수 있으므로 가능한 신속한 결단을 피하는 것이 좋다.

(7) 과장하거나 가정하여 말하는 고객

고객의 이야기를 메모하면서 경청하며, 고객의 의도를 잘 파악하여 말로 설득하려 하지 말고 객관적인 자료로써 응대하는 것이 좋다. 정면으로 부정하거나 확인하려 하면 커다란 마찰이 생길 수 있으니 우회화법을 통해 고객으로 하여금 사실을 말하도록 유도하여 고객이 말한 내용을 잘 기록하고 정리하여 변동사항이 발생했을 때 대처하도록 한다.

(8) 불평을 늘어놓는 고객

고객이 불평을 하거나 따지고 들 때는 "제가 뭐 압니까? 법이 그렇고, 위에서 그렇게 하라니 할 수 없죠."하는 식의 무책임한 말을 해서는 안 된다. 또는 "그것은요~", "그건 아니죠"하며 즉각 반론을 폈다가는 악화된 고객의 감정을 더욱 자극할 뿐이다.

그럴 때는 우선 그 이유를 재빨리 감지하여 고객이 오해를 하고 있다면 "선생님의 말씀도 일리는 있습니다만..." 하는 식으로 우선 고객의 입장을 인정해 준 후 차근차근 설명하여 이해를 시켜야 할 것이다. 그러나 고객의 요구가 정당하고 당신에게 잘못이 있었다면 앞 뒤 잴 것 없이 즉각 용서를 빌고 성의를 다하여 줌으로써 더 큰 언쟁으로 발전하는 일이 없도록 주의해야 한다.

(9) 비유를 잘 하는 고객

주의 깊게 경청하며, 논리적 화법으로 설득하영 하며 약점을 잡히면 신뢰감을 잃을 수 있으니 세심히 대처해야 한다. 고객이 이해할 수 있도록 설명하고 해결방법을 제시하도록 한다.

(10) 이치를 따지기 좋아하는 고객

고객에게 맞서서 따지지 말고 우선 고객의 의견을 존중하도록 한다. 상대의 의견에 동조하면서 문제에 대한 해결책을 구체적 사례를 근거로 제시하도록 하며, 꾸준히 설득하여 협조를 얻어내도록 한다.

(11) 성급한 고객

조금만 처리가 늦어도 "빨리! 빨리!"를 외치고 재촉이 심한 고객이다. 자리에 앉아 기다리지 못하고 안절부절 하기도 하고, 심지어 고객응대 담당자에게 "이렇게 하라, 저렇게 하라."고 업무지시까지 하는 고객에게는 말은 시원시원하게, 행동은 빨리빨리 하는 것이 상책이다.

(12) 무리한 요구를 서슴지 않고 하는 고객

원칙에 어긋난 일을 부탁한다거나 터무니없이 물건 값을 깎는 등 도저히 될 수 없는 일임에도 불구하고 고객이 무리한 요구를 하면 그처럼 답답한 일은 없다. 싸움을 걸기 위해 일부러 무리한 요구를 하는 고객도 없지 않겠지만 대부분의 경우, 고객은 자신의 입장만을 생각할 뿐 그 요구가 무리하다는 것을 알지 못한다. 이럴 때는 우선 고객의 입장을 충분히 이해하고 있음을 알려준 후 고객이 무리한 요구임을 납득할 수 있도록 차근차근 설명을 하여야 한다. 답답하고 짜증이 난다고 해서 "모르는 소리하지 마세요.", "아, 이 양반이 이거 처음 보나." 식으로 면박을 주고 무안을 주는 일이 있어서는 결코 안 된다.

(13) 큰소리로 말하는 고객

큰소리로 이야기하면 빨리 해결되겠지라고 생각하는 경향이 강하다. " 저 죄송합니다만, 목소리를 좀 낮추시지요."라고 응대할 수는 없는 문제이다. 우선 나의 목소리를 작게 낮추고 말을 천천히 이어감으로써 상대방으로 하여금 자기의 목소리가 지나치게 크다는 사실을 깨닫게 한다. 그래도 상대방이 계속 언성을 높일 때는 분위기를 바꾸는 것이 필요하다. 장소를 바꾸면 대화가 잠시 중단됨으로써 상대방의 기분을 전환시킬 수 있고 대화가 다시 새롭게 시작됨으로써 목소리를 낮추는 효과를 거둘 수 있다.

(14) 말 많은 고객

그저 참고 듣고 있는 수밖에 방법이 없다. 이런 고객의 말문을 노골적으로 막았다가는 금방 돌아서 버리고 만다. 말 많은 것만큼 기분 변화도 심하기 때문이다.

(15) 쾌활한 고객

이런 유형의 고객에게 너무 정중하게 대할 것만이 아니라 한 걸음 나아가 친숙한 사이로 접근해 봄이 바람직하다. 일을 처리함에 있어서 "예스", "노"를 분명히 하는 것이 좋다. 단, 상대방의 쾌활함에 밀려 예의를 벗어나는 일이 없도록 유의해야 한다.

(16) 말이 없는 고객

속마음을 헤아리기 어려운 고객이다. 조금 불만스러운 것이 있어도 잘 내색을 하지 않는 유형이다. 그러나 말이 없다고 해서 흡족한 것으로 착각해서는 안된다. 이런 고객은 한번 마음에 들면 거래가 오래 계속되나, 반면에 마음이 돌아서면 끝이기 때문이다. 말이 없는 대신 오해도 잘하므로 정중하고 온화하게 대해주고 일을 차근차근 빈틈없이 처리해 주어야 한다.

(17) 깐깐한 고객

별로 말이 많지 않고 예의도 밝아 고객응대 담당자에게 깍듯하게 대해주는 반면, 고객응대 담당자의 잘못은 짚고 넘어가는 유형이다.

정중하고 친절히 응대하되 만약 고객이 잘못 지적할 때는 반론을 펴지 말고 "지적해 주셔서 감사합니다."하고 적극적으로 받아들이는 자세를 취하도록 한다.

(18) 자신감 없는 고객

처음 거래를 시작하러 왔다든가 또는 특별한 서비스에 익숙하지 못해 주눅이 들어 있는 고객이다. 이런 고객에게는 안내단계에서부터 자세하고 친절히 대해주어 자신감을 북돋아 주어야 한다. 이상한 눈초리로 쳐다보거나 또는 착 달라붙어 몸 둘바를 모르게 할 것이 아니라 마음 편하게 응대해 주는 것이 좋다.

(19) 의심이 많은 고객

의심 많은 고객에게는 자신감 있는 태도로 명확하고 간결한 응대를 하여야 한다. 너무 자세한 설명이나 친절도 의심의 대상이 되기 때문에 분명한 증거나 근거를 제시하여 스스로 확신을 갖도록 유도하여야 하며 때로는 책임자로 하여금 응대하도록 하는 것도 좋다.

(20) 어린이 동반 고객

어린이에 대한 관심을 고객 자신에 대한 관심으로 여긴다. 어린아이의 특징을 재빨리 파악하여 적절한 찬사를 보내는 것이 좋다. 울거나 칭얼거린다 하여 윽박지를 것이 아니라 살짝 안아준다거나 다독거려야 하는 재치를 보여야 한다. 어린이가 많이 오는 곳이면 사탕과 껌을 준비할 필요도 있다.

(21) 모르는 것을 물어오는 고객

매장 근로자가 확실히 알지 못하는 것을 고객이 물을 때 어물어물 넘기거나 틀린 대답을 해주었다가는 나중에 큰 고를 다치게 될지 모른다. "그것은 제가 잘 모르고 있습니다. 담당자를 불러 드리겠습니다.", "죄송합니다만 잠시만 기다려 주십시오. 확실히 알아본 후 안내해 드리겠습니다." 하고 친절히 응대하여 확실한 답을 얻을 수 있도록 해야 한다.

(22) 말을 더듬는 고객

고객의 이야기에 보조를 맞춘다. 미리 짐작하여 고객의 말이 끝나기 전에 대답하기 보다 마음 편하게 이야기할 분위기를 조성해 준다. 고객의 요청사항에 대해서는 구체적으로 제시하며 설명하도록 한다.

현대카드 부회장, 감정노동자 적극보호 CS개념 재정의

정태영 현대카드 부회장이 감정노동자 보호를 위해 적극 나서고 있다.

앞서 정 부회장은 지난 2011년부터 SNS를 통해 감정노동자 보호에 대한 목소리를 높여왔으며, 이 같은 상담원 보호에 대한 생각은 곧 바로 회사 정책으로 이어졌다.

우선, 현대카드는 2012년 2월부터 성희롱, 폭언을 일삼는 고객들에 대해서는 상담원이 먼저 전화를 끊을 수 있는 제도를 시행했다. 또한, 동일한 고객으로부터 2차 피해를 당하지 않게끔 '블랙컨슈머 관리 프로세스'도 만들었다.

현대카드가 이런 조치를 취한 가장 큰 이유는 콜센터 상담원들이 언어 폭력에 의해 상처받지 않아야 한다는 판단 때문이다. 정 부회장의 의지도 강했다.

현대카드는 CS에 대한 개념도 재정의했다. 진정한 CS란 고객에 대한 태도가 아닌 솔루션으로, 고객이 처한 문제에 대한 최적의 해결책을 제시해주는 것이 CS의 본질이라 정의를 내렸다

현대카드의 상담원 보호 정책은 서울대 심리학과 곽금주 교수팀을 만나면서 한번 더 보강됐다. 지난 해 8월 상담원들이 사전에 자신을 보호하고 대응할 수 있도록 전문 연구를 맡긴 것이다.

현대카드와 곽금주 교수팀은 불만이 발생한 고객들과의 통화내용을 분석, 불만상담 대응방안과 함께 성희롱, 욕설 외 상담원의 가족이나 교육수준, 직업을 무시하는 인격모독 유형과 신체상해 혹은 직위 해제를 협박하는 위협 유형에 대해서도 단선조치의 확대가 필요함을 발견했다.

이에 현대카드는 비합리적 태도를 보이는 고객에 대한 응대 원칙을 강화한 '엔딩폴리시(Ending Policy)제도를 시행한다.

정 부회장은 이러한 제도가 지속되도록, 상담원 보호원칙을 제정하고 본사에 전담팀을 두어 교육과 모니터링을 이어갈 수 있도록 조치했다.

현대카드는 엔딩폴리시 외에도 감정노동자 보호를 위해 다양한 제도와 프로그램을 마련해 운영 중이다. 상담원이 고객의 폭언과 폭행, 성희롱으로 피해를 입을 시 전문 변호사와 상담할 수 있는 외부전문기관에서 운영하는 제보 채널 '외부제도 핫라인'을 운영 중에 있다.

또한, 회사에서 겪은 각종 업무 고충을 해결할 수 있도록 한 상담/제보 채널 '옴부즈인'를 통해 상담원들의 고충을 들어주고 있다.

상담원들의 심리적 안정과 건강 문제도 신경을 쓰고 있다. 감정노동자들의 고충과 직무 관련 스트레스를 덜어주기 위해 심리상담 전문 프로그램인 '마인드플러스'를 운영 하고 있으며, 업무 중 휴식이 필요할 때면 언제든 수면과 요가 명상을 할 수 있는 직원 쉼터 '냅&릴렉스 존'도 운영 중이다.

콜센터에 도입된 캡슐 호텔도 상담원들의 스트레스를 덜어준다. 업무 상 피로도가 높은 상담원들을 위한 전문 수면시설인 '캡슐 호텔'을 통해 상담원들은 업무 시간에 스트레스와 건강관리가 가능해졌다.

제도 시행 후, 상담원들의 만족도는 컸진 것으로 조사됐다. 현대카드 상담원을 대상으로 설문 결과 53%가 스트레스가 감소했다는 응답을 보였고, 79%가 원활한 상담 운영에 도움이 된다고 응답했다. 무엇보다 상담원들의 업무 안정감이 높아졌고 이는 장기근속으로 이어졌다.

고객응대의 효과성까지 높아졌다. 보호 제도가 활성화되면, 장기간 근무한 고역량 상담원이 늘어났고 이를 통해 상담 품질도 향상돼 고객 만족도가 올라가는 선순환 구조가 형성된 것이다.

실제, 13개월 이상 근무해 상황 대응력이 뛰어난 고역량 상담원 비중은 성희롱, 욕설 고객 단선 조치 직후인 2012년 39%에서 작년 8월 58%로 큰 폭으로 증가했다. 상담원 보호를 위해 시행한 제도가 선량한 고객까지 보호하는 긍정적인 효과를 일궈나가고 있다.

출처 : 브레이크뉴스, 2017. 9. 29.

제5부

고객응대기술Ⅱ

고객과의 적절한 대화를 통해서 고객이 관심 있는 소재를 찾고 고객의 취향과 의도를 파악하기 위해 노력해야 한다. 고객에게 정보를 얻으려면 질문을 많이 해서 상대가 원하는 것을 말하도록 유도해야 하는데, 이때 고객의 방문 목적을 파악하기 위한 질문기법 4가지를 활용하도록 한다.

Chapter 01

고객 니즈 파악하기

1. 필요와 욕구 그리고 구매력

판매사원의 역량 중 가장 중요한 역량은 고객의 필요와 욕구를 정확히 파악하는 것이다. 또한, 고객의 필요와 욕구를 명확히 구분할 수 있어야 한다.

[그림 5-1]에서처럼 '아 배고프다'라는 것은 고객의 기능적 필요에 해당한다. 하지만 필요를 느낀 모든 고객이 동일한 제품을 원하는 것은 아니다. 아빠와 아들 둘이 점심으로 배달음식을 시켜 먹기로 했다고 가정해 보자. 배가 고픈 아들은 머릿속에 '피자를 먹고 싶다.'는 생각을 떠올렸고, 아빠는 '매콤한 짬뽕이 먹고 싶다.'는 생각이 떠오를 수 있다. 아빠와 아들 둘 다 배가 고픈 상태는 같지만 이 둘이 원하는 욕구(wants)는 다른 모습으로 발현될 수 있다. 동일한 기능적 필요 상황에서 고객은 서로 다른 욕구를 가지고 있는 것이다. 개인적인 특징이나 문화적인 특징에 따라 소비자들은 서로 다른 욕구를 발현 시킨다.

그림 5-1 필요와 욕구 그리고 구매력

(1) 필요(Needs)

사람들이 생활을 하면서 필요한 어떤 것이 박탈된 상태를 일컫는다. 인간이 살아가면서 (필요한) 무언가가 부족한 상태로 이 부족함을 채워 줄 무언가가 필요한 상태를 말한다.

소비자들은 모두 자신의 욕구를 정확히 인지하고 있을까? 그렇지 않다. 소비자가 자신이 경험하지 않은 욕구를 스스로 찾아내어 인지하기란 매우 어렵다. 핸드폰을 전화하는 용도로만 사용하던 시절, 스마트폰이라는 기기의 필요를 스스로 인지하고 그 물건을 찾은 사람은 없었다. 매장 내 고객응대 담당자의 첫 번째 파악 요소는 매장에 들어온 고객이 미처 인지하지 못한 니즈를 발굴하고, 그것을 제시해 줌으로써 필요한 어떤 것이 박탈된 상태로 만들어 주는 것이다.

(2) 욕구(Wants)

욕구란 필요를 만족시키기 위해 원하는 특정한 무엇인가를 일컫는 말이다. 배가 고플 때 된장찌개가 먹고 싶다거나, 동영상 플레이가 수월한 스마트폰을 구입하고 싶다거나 하는 상태를 말하는 것이다. 필요는 일반적으로 대다수의 사람들이 비슷한 심리적 박탈감을 지니지만 욕구는 소비자의 문화적 개인적 특성에 따라 서로 다른 것들로 발현된다. 특정 자아의 범위로 그 모습이 좁혀지는 것이다. 이렇듯 구체적인 욕구가 달라지기 때문에 하나의 카테고리에 다양한 제품이 출시되고 판매되고 있는 것이다.

(3) 구매력(Demands)

실제로 어떤 것을 구매하려는 의지가 구체화 되고 그것을 구매 할 수 있는 능력이 뒷받침 된 상태에서 느끼는 제품에 대한 욕구가 바로 구매력이다. 제품을 원하지만 실질적인 구매 의지가 결여된 상태이거나 능력이 부족한 상태라면 구매력이 있는 상태가 아니며 실질적인 판매로 이어지지 않는다. 매장 내 들어온 고객을 파악하여 고객에게 맞춤형 제품을 제안하고 설명해야 하는 이유가 바로 여기에 있다.

결혼은 앞둔 신혼부부가 매장에 들어와 TV를 구경하고 있다고 가정해 보자. 이들은 56인치 대형 TV 앞에서 제품의 해상도와 제품의 질에 대해 감탄을 하고 있었다. 고객응대 담당자는 이들을 보고 신혼부부임을 짐작한 후 TV에 대한 제품 설명을 실시할 때 실제 신혼부부의 집 평수나 원하는 사이즈에 대해 파악하지 않고 제품의 기능적 편익이 많은 제품에 대해 설명을 시작한다면 어떻게 될까? 다양한 기능적 편익에 대한 필요는 올라가고 해당 제품의 욕구는 증가하였으나 현실적인 여건상 구매로 이어질 수 없는 상태에서는 불만만 가중되고 구매로 연결시키기 어렵게 된다. 필요(Needs)와 욕구(Wants)를 구매력(Demands)로 바꾸는 것이 판매사원의 중요한 역할인 것이다.

마케팅을 전문으로 판매를 예측하는 사람들 역시 필요와 욕구가 전체 시장인 것으로 착각하고 판매를 예측함으로써 오류를 범하기도 한다.

2. 매장 방문 목적 분석

매장 방문 목적 분석은 고객이 원하는 상품, 또는 필요로 하는 제품을 한 발 앞서 파악해 제시함으로써 고객에게 높은 만족감을 줄 수 있게 만드는 첫 번째 고객응대기술이다. 고객이 자신이 제품이나 서비스로 인해 얻는 이득과 혜택이 크다는 점을 알게 되면 소유 또는 선택을 결정하고 싶은 욕구가 커지고, 해당매장에 대한 신뢰도와 충성심이 높아지기 때문이다. 서비스를 제공하기 전, 무엇보다 먼저 고객의 방문 목적을 분석하고 파악하는 일이 선행되어야 함을 명심해야 한다.

1) 고객에 대한 정보를 수집할 수 있는 질문과 호응

고객들을 제대로 파악하고 알기 위해서는 라포형성[5] 질문과 적절한 호응이 필요하다. 고객들이 참여를 시작하여 바로 마음을 열 수 있도록 한다면 그에 따른 판매 확률은 현저히 높아진다. 고객의 표정, 눈빛, 몸짓, 자세까지 꼼꼼히 살피며 고객과의 대화 속에서 숨겨진 고객의 필요를 찾기 위해 노력해야 한다. 예를 들면 고객의 직업, 나이, 성별, 생활수준, 기존에 사용한 화장품, 취미, 여가활동 등에서 고객이 필요한 것에 대한 단서를 찾아내어야 한다. 고객의 말을 잘 알아들으며 적절한 질문과 호응을 해주는 것이 고객 필요 충족의 첫 번째 방법이다.

더불어 고객에게 인사말과 함께 관심 있는 질문, 혹은 고객의 사소한 부분을 칭찬하며 고객과의 자연스러운 대화를 통해 고객의 방문 목적을 분석해볼 수 있다. 칭찬의 사전적 의미는 '사람이 다른 사람의 행동이나 특성 또는 이룬 일을 좋거나 훌륭하다고 말하거나 높이 평가하는 것'이다. 사람의 마음을 쉽게 바꾸거나 움직일 수 없을지라도 상대를 지지하고 인정하고 칭찬하는 말을 통해 상대를 변화시키기에 충분할 것이다.

더욱이 고객이 어떤 제품이나 서비스를 결정했을 때에도, 자신의 가치를

---

5) 라포 형성이란 상담이나 교육을 위한 전제로 신뢰와 친근감으로 이루어진 인간관계이다. 상담, 치료, 교육 등은 특성상 상호협조가 중요한데 라포는 이를 충족시켜주는 동인(動因)이 된다. 라포를 형성하기 위해서는 타인의 감정, 사고, 경험을 이해할 수 있는 공감대 형성을 위하여 노력하여야 한다.

더욱 인정받을 수 있다고 믿으면 가격저항이 쉽게 무너질 뿐만 아니라 만족감 또한 높아질 수 있다. 예를 들면 고객이 들어올 때 옷맵시를 살피고 "오늘 날씨와 정말 어울리는 옷이네요." 또는 "고객님께서 항상 웃는 얼굴로 먼저 미소를 보여주셔서 덩달아 기분이 좋아집니다.", "고객님의 안목은 역시 탁월 하십니다."등 마음을 부드럽게 녹이는 소소한 칭찬의 말로 대화를 시작한다면 고객과의 친밀감과 안정감이 동시에 들면서 가격저항 또한 쉽게 무너질 수 있을 것이다. 또한 고객과의 친밀함은 고객으로 하여금 방문 목적을 파악할 수 있게 하는 하나의 방법이 될 것이다.

2) SPIN 질문법

질문의 종류에는 크게 개방형 질문, 선택형 질문, 확인형 질문이 있다. 개방형 질문이란 고객이 자유롭게 의견이나 정보를 말할 수 있도록 묻는 질문으로 확대형 질문이라고도 한다. 선택형 질문이란 고객에게 '네' 또는 '아니오'로 대답하거나 단순한 사실이나 몇 개 중 하나를 선택하게 하는 질문이다. 마지막으로 확인형 질문은 고객의 입을 통해 확인받는 질문이다.

- **개방형 질문(확대형 질문)**
  - 고객이 자유롭게 의견이나 정보를 말할 수 있도록 한다.
  - 고객들의 마음에 여유가 생기도록 한다.
  - 고객이 적극적으로 이야기하게 함으로써, 고객의 니즈를 파악할 수 있다.

- **선택형 질문(단답형 질문)**
  - 단순한 사실, 또는 몇 가지 중 하나를 선택하게 하여 고객의 욕구를 파악할 수 있도록 한다.
  - 고객의 니즈에 초점을 맞출 수 있다.
  - 화제를 정리하고 정돈된 대화를 할 수 있다.

- **확인형 질문**
  - 고객의 답변에 초점을 맞춘다.
  - 고객의 니즈를 정확하게 파악할 수 있다.
  - 처리해야 할 사항을 확인받을 수 있다.

상품제시 단계 전에 고객의 필요가 무엇인지 정확하게 알아내야 한다. 고객과의 적절한 대화를 통해서 고객이 관심 있는 소재를 찾고 고객의 취향과 의도를 파악하기 위해 노력해야 한다. 고객에게 정보를 얻으려면 질문을 많이 해서 상대가 원하는 것을 말하도록 유도해야 하는데, 이때 고객의 방문 목적을 파악하기 위한 질문기법 4가지를 활용하도록 한다.

상황(Situation), 문제(Problem), 시사(Implication), 필요충족(Needs-payoff)의 4가지 항목에 맞는 설득질문으로 고객의 방문 목적 분석을 할 수 있다.

① 상황(Situation)

고객의 현재 상황을 알아내고 그의 관심과 필요를 발굴해 내기 위한 첫 단계의 질문형태이다. 어떤 용무로 방문했는지에 대한 가장 기본적인 질문이다.

> "어떤 거래처와 거래를 하고 계십니까?"
>
> "어떤 것을 왜 사용하고 계십니까?"

② 문제(Problem)

잠재적 필요를 파악하는 질문방법으로 고객이 가지고 있는 어려운 점, 불편한 점 등 고객의 문제에 심각도를 더 높여 중요성을 인식하게 한다.

> "사용하시다 문제는 없으셨나요?"
>
> "불만족 하지는 않으셨나요?"

③ 시사(Implication)

고객의 잠재적 필요를 개발시키고 확실히 인지시키기 위한 방법으로 고객의 불만을 해소하는 실마리를 줄 수 있도록 하는 가장 중요한 질문이다. 고객이 해결책의 효용 가치를 느끼고 고객의 명확한 필요를 언급케 하는 질문이다.

> "소모품을 자주 교체하는 문제 때문에 다른 비용이 추가 발생하지 않았나요?"

④ 필요충족(Needs-payoff)

현재의 필요를 확인하고 심화시켜 대안을 선택 할 수 있도록 행동으로 연결하는 질문이다.

> "고객님, 고객님의 주말 시간을 활용하셔서 꾸준히
> OOO을 해보시면 2,3년 후에는 분명 달라져 있을겁니다."

3) 문 안에 발 들여놓기

두 명의 연구자들(Freedman & Fraser, 1966)이 캘리포니아에 거주하는 가정주부에게 접근하여 안전운전 캠페인에 서명을 요구하고, 접근하 거의 모든 주부에게서 서명을 받았다. 2주 후에 이들 주부를 재방문해 그들의 집정원에 "안전하게 운전합시다"라는 입간판을 세워 줄 것을 요청하였다. 이전에 서명에 참여했던 주부는 참여하지 않았던 주부보다 세 배나 많이 이 요청을 받아들였다. 이러한 결과는 '문 안에 발 들여놓기'기법(The Foot in the door Technique)에 의해 발생한 것이다.

이 기법에 의하면, 처음에 피청구인이 청구인의 작은 요구를 수락하면 피청구인은 그 다음에 청구인의 좀 더 큰 요구를 거부할 수 없게 되고 그 요구를 받아들이다. 이 기법에서 중요한 것으로 첫 번째 요구와 두 번째 요구 사이에 시간간격이 있다는 것이다. 이 기간에 사람들은 자신이 왜 이러한 행동을 했는지에 관해 생각을 한다. 다시 말해 앞의 연구에서, 서명에 참여했던 주부들이 참여하지 않았던 주부들보다 두 번째 요구를 더 많이 수락한 것은 이들의 서명을 하였기에 자신이 안전운전에 그 만큼 관심이 많다는 자기지각이 가능하였기 때문이다. 즉 문 안에 발 들여놓기 기법은 자기지각 기제에 근거해 작동한다.

　판매 서비스인을 통한 판매에서도 이 기법은 매우 효과적으로 사용할 수 있다. 예를 들어 잠재적 고객에게 처음부터 고객이 고민할 만한 금액의 제품을 판매하는 대신에 고객에게 부담이 되지 않는 금액의 제품을 처음 판매했다면, 나중에 처음 판매하고자 했던 제품을 그 고객이 구매할 가능성은 훨씬 높아질 것이다.

4) 좀 전에 미안했어
다음의 대화를 잘 생각해보자.

자녀: 엄마 나 20만원만 줘.
엄마: 얘가! 20만원이 누구 집 애 이름이니? 안돼!
자녀: 하긴 그래. 그럼 엄마 나 5만원만 줘.

독자들은 집에서 이러한 경험을 한 적이 있을 것이다. 이럴 경우 대체로 어머니게서 자녀에게 돈을 주실 것이다. 이는 '좀 전에 미안했어'기법(The Door in the Face Technique)이 작용한 것이다.

　위 예에서 보듯이, 좀 전에 미안했어 기법에서의 최초 요구는 매우 커야 한다. 즉 피청구인이 당연히 요구를 거절할 정도로 커야 한다. 피청구인이 최초 요구를 거절한 후, 청구인은 바로 피청구인에게 두 번째 작은 요구를 한다. 두 번째 요구가 청구인이 실질적으로 원하던 것이며 첫 번째 요구와 비교해볼 때, 분명히 이성적으로 작아 보여야 한다.

5) 10원만이라도

'10원만이라도'기법(The Even a Penny Will Help Technique)은 사람들이 자신을 좋은 사람으로 보이게끔 하려는 보편적인 경향에 근거를 둔다. 이 기법은 돈을 기부하는 자선행사에서 주로 사용된다. 예를 들어 독자 여러분은 크리스마스가 다가올 때 길거리에서 구세군 자선냄비를 보았을 것이다. 구세군이 종을 치면서 불우이웃을 돕자고 말할 때, 간혹 "10원도 괜찮습니다."라는 말을 여러분은 들어본 적이 있을 것이다. 이때 정말로 10원만 내는 사람이 있겠는가? 틀림없이 10원 이상을 낼 것이다. 이는 사람들이 말 그대로 10원만 내는 자신을 참으로 바보스럽다고 생각하기 때문이다. 따라서 사람들은 자선 상황에서 규범적으로 적절한 무엇이든지를 제공하려 한다.

아울러 이 기법은 표현을 달리하여 여러 상황에 적용될 수 있다. 예를 들어 시장조사 설문지를 실시할 때 "한 두 문항에만 응답하셔도 크게 도움이 될 것입니다"라든지 또는 고객과의 전화통화에서 "고객님께서 1분만 시간을 내주시면 저에겐 큰 힘이 될 것입니다"와 같은 표현을 들 수 있다.

3. 고객 필요(Needs) 분석

1) 고객이 구매하고자 하는 상품이 무엇인지 알아차리기

(1) 구매하고자 하는 상품이 제공하는 가치가 무엇인지 파악한다.

가치는 소비자의 필요나 욕구를 충족시키는 것을 말한다. 문학비평용어 사전에 의하면 가치란 인간 행동에 영향을 주는 어떤 바람직한 것, 또는 인간의 지적, 감정적, 의지적인 욕구를 만족시킬 수 있는 대상이나 그 대상의 성질을 의미한다. 가치란 사물이 지니고 있는 쓸모를 말하며, 인간의 욕구나 관심의 대상 또는 목표가 되는 것을 통틀어 일컫는 말이다.

고객이 인지하고 지각하는 가치는 무엇일까? 지각된 가치란 고객이 제공받는 제공물로 부터 얻는 모든 편익과 이를 위해 지불하는 모든 비용의 차이가 지각된 가치가 된다.

지각된 가치(Perceived Value) =

지각된 편익 (Perceived Benefit) − 지각된 비용 (Perceived Cost)

단순히 소비자의 욕구를 채워주는 제공물인 가치가 아니라 마케팅에서는 "지각된"이라는 부분이 중요하다. 대부분의 소비자는 자신만의 지각 지연 (lag) 현상을 가지고 있다. 통화가 잘 안될 때 누구를 탓하는가? 소비자들이 무엇을 어떻게 지각하고 있느냐에 따라 그 행동이 달라지는 것이다. 소비자의 지각. 이 부분을 정확히 알아야 고객에게 제품을 판매 할 수 있다.

(2) 구매하고자 하는 상품이 제공 가능한 편익이 무엇인지 파악한다.

지각된 가치를 구성하는 요소는 제공하는 편익과 지불하는 비용이다. 단순히 제공하는 모든 편익을 말하는 것이 아니라 제공한 편익 중 소비자가 지각하는 편익을 지각된 편익이라고 말한다. 또한 소비자가 지불하는 객관적인 금액으로 환산된 돈이 아니라 그 크기를 소비자가 지각한 비용을 지각된 비용이라고 말한다.

강의를 막 끝내고 너무 지쳐 힘든 상태로 숙소로 들어간 적이 있다. 샤워를 하고 나왔는데 저녁 먹은 것이 체했는지 속이 더부룩하고 계속 답답했다. 탄산음료 하나를 사러 나가려는데 옷도 편한 옷으로 갈아입었고, 화장도 다 지워서 누군가를 만날까하는 걱정을 안고 복도를 나가려는데 교육을 받았던 교육생들의 목소리가 밖에서 들리는 것이다. 아마 여러 명이 밖으로 나가는 길인 것 같았다. 도저히 나갈 수가 없어서 다시 들어와서 앉았는데 나가고 싶은데 못 나가니 속은 더 불편하고 탄산음료는 더 먹고 싶어졌다. 이때 불현듯 생각이 나서 호텔 바 아래 냉장고를 열었더니 반갑게도 탄산음료 한 병이 들어 있는 것이다. 그것도 아주 시원하게. 샤워를 다하고 편안한 옷으로 갈아입고 누구의 눈치도 보지 않고 편하게 탄산음료 한 병을 꺼내서 마셨다. 속이 뻥 뚫리는 것 같았다. 가격표에는 탄산음료 한 병 값이 4000원. 편의점에서 1000원이면 살 수 있는 탄산음료가 무려 4배나 비쌌지만 이 탄산음료가 나에게 주는 지각된 가치는 매우 큰 것이다. 어느 누구의 눈치도 보지 않고, 탄산음료 사러 나가다 불쑥 누군가를 만나서 창피를 당하는 불편함도 없이 답답한 가슴을 뻥 뚫어주는 기능적 편익이 주는 크기가 제품의 원 가격의 4배나 비쌀지라도 너무 큰 가치를 지니고 있는 것이다. 이처럼 지각된 가치는 고객이 실질적으로 지각하는 편익과 지각하는 비용의 차이에서 발생하는 것이다.

① 편익의 종류

소비자들은 제품이 가지고 있는 단순한 속성을 구매하는 것이 아니라 그 제품이 소비자에게 주는 특정 편익을 구매하는 것이다. 편익(benefit)이란 제품 속성과 관련하여 소비자들이 주관적으로 느끼는 욕구이다. 즉, 소비자들이 제품을 사용함으로써 얻으려는 주관적 보상이나 기대인 것이다.

- 기능적 편익(functional benefit)

  기능적 편익은 제품 소비를 통해 제품이 지닌 기능으로 자신의 문제를 해소하고자 하는 욕구와 관련된 것이다. 일반적으로 편익하면 떠오르는 것은 대부분 기능적 편익을 말한다. 하지만 소비자가 제품이 지닌 기능적 편익만을 인지하는가? 그렇지 않다.

- 상징적 편익(symbolic benefit)

  소비자는 감정적 편익을 중요시 여긴다. 상징적 편익(symbolic benefit)은 자아 이미지와 관련된 것으로 제품 사용이 자신이 속한 준거집단 안에서 자신의 위치와 역할을 나타내 줄 것이라 믿는 것이다.

- 경험적 편익(experimental benefit)

  경험적 편익(experimental benefit)은 감각적인 즐거움이나 자극을 제공하는 제품을 원하는 것을 말한다. 잘 된 인테리어의 제품을 보면 그것과 같이 내 집을 꾸미고 싶어 하고, 예쁜 디자인의 제품에 눈이 간다. 이런 경우 지불 의향이 더 높아 지게 되는 것이다.

  이렇게 다양한 편익을 통해 소비자는 가치를 지각하게 되는 것이다. 결국 고객의 가치를 올려 주는 첫 번째 방식은 가격을 낮추어서 지각된 비용을 낮추는 것 보다는 지각된 편익을 올려주어서 가치를 올려주는 방식이다.

(3) 구매하고자 하는 상품과 관련한 비용이 무엇인지 파악한다.

① **지각된 비용이란?**

비용을 낮추는 방법 역시 단순히 가격을 깎아 주는 것이 능사는 아니다. 고객이 지니고 있는 심리적 부담감을 낮추는 것도 한 방법이다. 중고차를 판매하는 업자들이 중고 차를 사면 보증수리를 연장해 준다고 광고를 하고 있는 것 역시 고객이 지니고 있는 심리적 부담감을 낮추어 주는 방법에 해당하는 것이다. 중고차 값을 깎아 주는 것도 방법이지만, AS의 불안감을 낮추어서 심리적 부담감을 줄여 주는 것 역시 지각된 비용을 낮추어 주는 것이다.

가전제품을 판매하는 매장에 가면 아래와 같은 문구를 자주 볼 수 있다.
[에어컨 설치 저희가 무료로 해드립니다.]
[기존 세탁기 저희가 수거해 드립니다.]

이런 멘트가 바로 고객의 지각된 비용을 낮추는 원천이 된다.
이와 같이 비용이란 가격뿐만 아니라 심리적 부담감, 물건을 구매하면서 발생하는 시간 비용 그리고 제품을 사용하면서 느끼는 불편함 등도 모두 포함될 수 있다.
고객이 지각하는 편익과 고객이 지각하고 있는 비용을 파악하여 편익은 키워주고 비용은 감소하게끔 지각시키는 방법이 소비자의 욕구를 끄집어내는 방법이 된다.

4. 고객 니즈 파악 질문 실전

고객이 원하는 것이 정확히 무엇인지 알기 위해 판매사는 여러 가지 적절한 질문이 필요하다. 몇 가지 질문을 통해 매장에 들어온 고객의 필요와 욕구를 파악할 수 있어야 한다. 일반적으로 소비자가 원하는 것을 정확히 알기 위해 사용 가능한 질문을 7가지로 구별한다.

- 고객이 제품을 구입하고자 하는 이유가 무엇인지 파악하여야 한다.
  기존 제품의 교체를 위한 것인지, 신규 구매를 위한 것인지, 선물을 해 주기 위한 것인지 혹은 가족 구성원의 변화에 의한 것인지 등을 파악하여 구입 목적을 명확히 찾아야 한다.

- 주 사용자가 누구인지 파악하여야 한다.

  주로 사용하는 사람의 연령대가 어느 정도 인지에 따라 권해주는 제품이 달라진다. 즉 같은 필요에도 다른 욕구가 발현되기 때문에 주 사용자의 연령대에 따라 구매를 원하는 제품이 달라지기 때문이다.

- 판매하는 물건이 가족과 함께 사용하는 물건인 경우 반드시 가족상황을 파악하여야 한다.

  최근 1인 가족의 증가로 세탁기의 사이즈에도 변화가 생겼다. 이처럼 1인 가족인가 4인 가족인가에 따라 구입하는 제품의 사이즈와 종류 기능에 변화가 필요하다.

- 제품을 구입하는 주요 용도가 무엇인지 파악하여야 한다.

  고객제품 사용 기호 및 목적 그리고 용도를 파악하여 고객이 원하는 것을 권해 주어야 한다. 좋아하는 색상은 따로 있는지, 구입 후 주요 사용 용도가 무엇인지에 따라 권하는 제품이 달라져야 한다.

- 제품을 주로 사용하는 공간이 어디인지 파악하여야 한다.

  노트북을 구매하는 소비자가 있다고 가정 할 경우 주사용 공간이 학교 강의실이나 카페에서 사용할 경우는 가볍고 배터리 용량이 오래 가는 제품을 권하는 것이 필요하다. 하지만 주로 가정집에 고정식으로 두고 사용하는 경우라면 조금 무겁더라도 화면이 크고 저장 공간이 커서 대량의 데이터를 담아 둘 수는 노트북 컴퓨터를 원할 수 있다. 이처럼 주사용 공간이 어디냐는 것이 최종 선택하는 제품의 유형을 구분 짓게 한다.

- 고객의 구입 예상 가능 가격대를 파악하여야 한다.

  필요와 욕구를 충족시킨다고 하여도 제품을 구매할 수 있는 구매력이 있는 상태가 아닌 경우 판매로 이어지지 않는다. 고객이 구입 가능한 가격대를 파악하여 여기에 적합한 제품을 권해야 한다.

– 현재 사용 중인 제품의 상황을 파악하여야 한다.

현재 사용하는 제품의 기능 중 가장 마음에 드는 기능이 무엇인지 파악
한다. 현재 만족한 부분의 기능은 새로운 제품에도 반드시 필요한 기능
이기 때문이다. 또한 현재 사용하는 제품이 개선되기를 희망하는 부분
이나 부족한 부분을 파악한다. 새롭게 구입하는 제품에는 해당 기능이
구현될 수 있는 것을 권해 주어야 한다.

표5-1 고객 니즈 파악 질물 실전

항목	내용	예시
구입목적	제품의 구입 이유를 확인한다.	교체, 구매, 혼수, 이사, 선물 등
사용자	주사용자를 파악한다. 특히 구입자와 사용자가 다른지를 반드시 파악한다	주로 이 제품은 누가 사용하시나요?
가족상황	판매 물건이 가족이 함께 사용하는 물건인 경우 가족상황을 파악한다.	함께 사용하는 가족은 몇 명인가요?
용도	고객 제품 사용 기호 및 목적, 용도를 파악한다.	좋아하는 색상이 따로 있으신가요? 특별히 원하는 기능이 있으신가요?
사용공간	제품을 주로 사용하는 공간이 어디인지 파악한다.	제품을 주로 사용하시는 공간은 어디인가요?
예상가격	고객의 구입 예상 가격을 파악한다.	예상하시는 가격대는 어느 정도 입니까?
현재사용 제품상황	현재사용 중인 제품의 상태 및 문제점이 무엇인지 파악한다.	지금 사용 중인 제품은 어떤 것인지 여쭤 봐도 될까요?

고객의 태도를 바꾸는 설득 기술

(1) 대조의 법칙

차례로 제시된 두 조건의 차이점을 인식하는 방식에 영향을 미치는 원리로, 동일한 자극이라도 그 이전에 제시되었던 자극에 따라 두 조건에 대한 인식이 달라지는 것이다. 정장용 남성 액세서리는 고가의 양복을 구매한 뒤에 구입한 고객이 양복을 사기 전에 구입한 고객들보다 훨씬 비싼 것을 구매한다.

(2) 상호성의 법칙

다른 사람이 베푼 호의는 공짜가 아니라 분명 미래에 갚아야 한다고 생각하는 것이다. 인도의 한 종교단체가 공항에서 바로 입국한 관광객에게 무조건 장미 한 송이를 쥐어 주면서 '아무런 대가가 없고 선물'임을 이야기 한 다음 기부금을 요청한 경우, 기부금의 금액이 크게 증가하였다.

(3) 일관성의 법칙

어떤 결정이나 입장을 취하게 되면 그 결정에 대한 일관성을 유지해야 한다는 심리적 압박이 작용하여 잘못된 결정이라도 끝까지 유지하고 입장을 정당화하는 것이다. 품절로 어린이날 선물을 사지 못해서 다른 선물을 구매했을 경우, 품절된 선물을 다시 판매할 경우 이 선물을 다시 살 수 밖에 없게 된다.

(4) 사회적 증거의 법칙

우리가 유행을 따르고 사회가 요구하는 바람직한 행동이나 트렌드를 별 저항 없이 따르는 것과 같이 다른 사람이 옳다고 생각하는 것을 따르는 것이다. 즉 사람들의 95%는 모방자이며, 오직 5%만이 창조자라는 것을 잊어서는 안 된다. 사람들은 기업의 어떠한 판매 전략보다도 다른 사람들의 행동에 의해서 더 쉽게 설득된다.

(5) 호감의 법칙

무엇이든지 호감을 얻어야 일이 원만하게 이루어진다는 것으로 호감은 신체적 매력, 따뜻함과 유능함이라는 성격, 유사성, 근접성, 친밀성 같은 상황 요인을 통해 커진다. 예를 들어 자동차 영업사원들은 고객이 헌 차를 새 차로 교환하기 위하여 매장에 방문했을 때 그들의 취미나 배경을 알려주는 아주 작은 단서 하나라도 놓치지 말라고 교육받고 있다.

(6) 권위의 법칙

사람들은 합법적인 권위나 권위자들의 명령에 맹종하는 경향이 있고 직함이나 옷차림, 고급자동차에 더 관대하다고 한다.

(7) 희귀성의 법칙

어떤 대상이 점차 희귀해져서 선택의 자유를 침해하면 그 대상을 이전보다 더 강렬하게 갖고 싶어 한다.

출처: 로버트치알디니(2008), 설득의 심리학, 21세기북스

Chapter 02

판매예측과 수요 관리하기

1. 고객의 구매 시기를 파악하라

매장에서 고객의 행동을 분석하고 그 행동을 통해 정보를 얻고 그 정보에 따라 행동하기 위해서는 반복적인 연습이 필요하다. 고객의 구매 시기를 파악하기 위한 방법을 설명하도록 하겠다.

(1) 환기수준을 높여야 한다.

환기(arousal)란, 사람들이 정보를 접하여 주의를 기울이게 되면, 사람들 마음이 새로운 정보를 처리하도록 일깨워지는 상태를 말한다. 결국 주의의 용량은 환기수준에 따라 변화하게 된다. 그래서 매장에 들어온 고객의 주의 강도를 높이기 위해서는 일정 수준까지 환기 할 필요가 있다.

대부분의 경우 어떤 정보를 받으면 자동적으로 주의가 이루어지게 된다. 결국 환기수준이 높아지면 주의 범위가 점점 좁아져서 집중을 하게 되고 환기수준이 낮아지면 주의 범위가 넓어져서 집중이 어려워지는 현상이 나타나는 것이다. 주의와 환기는 정보처리 능력과 밀접한 관계가 있다.

환기수준이 너무 낮으면 주의가 산만하여 쓸데없는 정보에도 신경을 쓰게 된다. 결국 환기수준이 낮은 고객에게 고객응대 담당자가 다가가서 아무리 설명을 해도 정보가 입력되지 않는 것이다. 그러다가 고객의 주의가 정리되고 환기수준이 일정 수준까지 오르게 되면 주의가 적당히 집중되어 중요 정보를 이용하고 싶은 욕구가 생기게 된다. 이때가 바로 고객에게 다가가야 할 타이밍이다. 이 수준을 놓쳐서 환기수준이 너무 올라가면 주의의 범위가 협소해 져서 중요 정보마저 이용하려고 하지 않는다.

(2) 주의가 적당히 집중되면 환기수준이 올라가고 정보를 처리할 수 있다.

야구의 김인식 감독은 훌륭한 명장이라고 한다. 김인식 감독은 연습은 실전같이 실전은 연습같이 즐기라고 한다. 연습은 환기수준을 높이기 위해 실전은 환기수준을 낮추기 위해서 그러한 주문을 요청하는 것이다. 연습이라는 사실만으로 야구선수들은 느슨해지고 주의의 용량이 커지지 않는다. 그런데 연습 분위기를 실전처럼 하게 되면 주의 강도가 높아져서 환기수준이 올라가고 더 잘 집중하게 되는 것이다. 반면에 실전에서는 요구하지 않아도 주의의 강도가 너무 높아져서 적정한 환기수준을 지나쳐 오히려 주의가 분산되어 집중하지 못하는 현상이 나타나는 것이다.

(3) 매장 내에서 활용 가능한 요크스 다드슨 법칙의 활용

요크스 다드슨의 법칙은 쉬운 일 보다는 어려운 일을 처리할 때 적용된다. 늘 습관적으로 구매하는 물건이 아니라 새로운 제품을 구매할 때 적용되는 것이다. 늘 사용하던 샴푸를 구매하기 위해 매장의 원하는 코너에 가서 물건을 가지고 나오는 경우는 이에 해당하지 않는다. 하지만 늘 사용하던 샴푸가 아니라 새롭게 출시된 향기 나는 샴푸가 눈에 들어와서 이 샴푸에 관심을 보이는 고객이 있을 경우, 이 고객은 환기수준의 변화 과정을 그대로 겪는다. 비싼 제품일수록 환기수준의 영향이 커진다. 가전제품 같은 고가 제품을 구매하기 위해 매장에 들어온 고객은 더욱 큰 영향을 받는다. 예를 들어 고객이 대형 TV를 사기 위해 매장에 들어섰다고 가정해 보자. 이 경우 고객은 아직 환기수준이 낮아서 고객응대 담당자가 정보를 마구 쏟아 놓아도 정보처리가 잘 되지 않는 상태이다. 그렇다면 언제 고객에게 다가가면 가장 적합한 시기일까? 매장에 들어온 고객을 못 본 척 방치 한지 1분 20초가 되면 화가 나기 시작한다고 한다. 언제 고객에게 다가가서 무슨 말을 거느냐가 매우 중요한 이유는 고객의 환기수준에 따라 정보처리 능력이 다르기 때문이다.

매장 내 가전제품을 판매하는 우수 판매사원들의 실적 자료를 분석해 보면 신입고객응대 담당자와 우수 사원 간의 매출실적이 3배 이상 차이가 나는 경우가 종종 있다. 같은 매장에 있는 고객응대 담당자들인데 왜 이런 차이가 날까? 이것은 고객의 구매 시기를 정확하게 파악하는 능력의 차이에서 발현된다.

그림 5-2 환기수준과 정보처리능력의 관계(요크스-다드슨의 법칙)

		환기수준	
		낮음	높음
정보처리능력	낮음	**A** • 환기수준이 낮아서 아직 정보처리가 원할하지 않음 • 매장에 처음 들어왔을 때 주로 나타나는 현상임	**D** • 환기수준이 너무 높아져서 정보처리가 어려워진 경우 • 매장에 들어와서 충분히 제품을 탐색 후 무언가 구매의사결정을 하고 싶어지는 단계
	높음	**B** • 환기수준이 낮음에도 불구하고 정보처리 능력이 높은 경우 • 다른 매장을 많이 들렀거나 온라인으로 정보탐색을 충분히 한 경우에 해당됨	**C** • 환기수준이 높아지고 정보처리능력 역시 높아진 경우 • 매장에 들어와서 충분히 제품을 탐색 후 무언가 구매의사결정을 하고 싶어지는 단계

① 매장 내 비숙련 고객응대 담당자의 판매방식

구매결정이 쉬운 제품은 문제가 되지 않으나, 구매결정이 어려운 물건의 경우, 매장 근로자가 매장에 들어왔을 때 바로 설명하면 환기수준이 낮아 정보처리가 어렵다. 그런데, 매장 근로자들은 대부분 고객이 들어오면 신이 나서 달려간다. 그리고는 본인이 얼마나 많은 정보를 알고 있는지를 자랑하듯이 쏟아 놓는다. 하지만 환기수준이 낮아 정보처리 능력이 높지 않은 고객은 결정을 할 수 없다. 고객이 미적거리는 모습을 보고 매장 근로자는 구매의사가 없다 생각하고 고객을 방치해 둔 채 다른 곳으로 자리를 이동하게 된다.

이것저것 물건을 둘러보고 환기수준이 적당히 오른 고객이 두리번거리면서 몇 가지 추가적인 질문을 하고 싶어 고객응대 담당자를 찾지만 신입 고객응대 담당자는 그냥 놀러 온 고객이라고 생각하여 쳐다보지도 않는다. 결국 고객이 적정 환기 수준일 때 정보를 처리할 수 있도록 정보를 제공하는 기회가 넘어가 버린다. 한참 다른 일을 하다가 둘러보니 아직도 매장에 있는 고객을 발견하고 내가 잘못 생각했나하고 달려가서 이것저것 질문하거나 정보를 쏟아 놓으면 적정 수준을 지나 환기수준이 너무 높아진 고객은 정보처리가 어려워져 구매를 못하게 된다.

② 숙련된 고객응대 담당자의 환기수준 활용 전략

숙련된 고객응대 담당자는 고객이 매장에 들어오면 반갑게 큰소리로 인사를 한다. 그리고 고객이 우선 구경하도록 시간을 준다. 그리고 환기수준이 적당해 졌을 때 쯤 고객이 궁금해 하는 몇 가지 질문에 대답을 해주고 고객의 의사결정에 필요한 정보를 한두 가지 추가로 준 후 잠시 자리를 비운다. 그리고 고객이 적절한 환기수준으로 올랐으나 구매결정을 못해 망설이고 있는 마지막 타이밍에 결정적 정보 한두 가지를 준다.

"오늘 본 제품은 행사 마지막 날입니다.", "방금 전에 재고를 확인해 봤는데 인기 상품이라 본 제품은 전 매장에 현재 재고가 이제 두 개 밖에 없습니다.", "5년 10년 쓸 것 아닌데 기왕이면 타임머신 기능이 있는 TV로 구입하시지요."등의 정보를 제공하면 환기수준이 높아진 고객은 마지막 정보를 활용하여 바로 구매 의사결정을 내리게 된다.

주의 및 환기는 소비자가 정보를 습득하는 기초 단계이며, 구매로 이어지는 맨 처음 단계이다. 그냥 열심히 최선을 다해 물건을 파는 영업이 아니라, 소비자를 알고, 이해하고, 그들이 물건을 스스로 선택하게 해야 한다.

2. 고객 구매 여부 예측 분석

1) 고객의 정보처리 능력을 확인하라.

(1) 현실적 상황과 이상적 상황의 차이를 확인해준다.

고객들은 다양한 니즈를 가지고 있다. 이러한 니즈는 크게 두 가지로 나뉜다. 늘리고 싶은 어떤 것과 줄이고 싶은 어떤 것이 바로 그것이다. 고객의 구매 시기를 파악하기 위해서는 앞에서 학습한 고객의 니즈를 발견하기 위한 여러 가지 질문 중에 어떤 것을 증가시키기를 원하고 어떤 것을 감소시키기를 원하는지 파악해야 한다. 이렇게 증가시키고 싶은 것과 줄이고 싶은 것에 대한 것이 명확해지면, 고객 스스로 현실적인 상황과 이상적인 상황의 차이를 명확히 인지하여 합리적인 구매를 할 것으로 기대하지만 그렇지 않다. 대부분 많은 고객들은 현실적인 상황보다는 이상적인 상황에 기대어 구매의사 결정을 못하게 된다. 이때 현실적인 상황과 이상적인 상황의 차이를 고객 스스로 인지하게 하고 그 차이를 줄일 수 있도록 도와주는 것이 영업사원이 해야 할 일인 것이다.

(2) 구매결정을 못하는 주된 원인을 제거해준다.

고객이 구매의사를 확실히 결정하지 못하는 가장 일반적인 요인은 아래와 같다.

- 제품에 대한 정보가 부족한 경우
- 이전 사용 경험이 적을 때
- 신제품인 경우
- 기술적으로 복잡한 제품인 경우

- 고가격인 경우
- 상표를 평가하는 자신감이 부족한 경우
- 구매가 소비자에게 매우 중요한 경우

상기 항목들에 대한 고객의 이해 정도를 확인함으로써 고객응대 담당자는 해당 제품의 판매 가능 여부를 파악할 수 있다.

2) 재고 파악 후 타협안을 제시하라.

(1) 재고 관리 대장 내의 물품을 확인한다.

파악된 고객의 니즈에 부합하는 제품을 찾기 위해 재고 관리 대장 내의 재고량을 파악한다. 일반적으로 매장 내에서 사용 중인 전산 프로그램 혹은 입고증과 출고증 상의 재고량을 파악하여 고객의 니즈에 가장 부합하는 제품을 선별하여 제안한다.

(2) 비교할 수 있는 다른 대안을 보여준다.

재고 관리 대장에서 파악한 제품 중 고객의 니즈에 가장 부합하다고 여겨지는 제품을 제안했음에도 불구하고 고객이 의사결정을 하지 못한다면 다음 두 그룹 중 어디에 해당되는지 파악해야 한다. 첫째, 너무 기능이 떨어지는 제품을 구입하는 것은 아닌지 고민하는 고객과 둘째, 너무 비싼 제품을 구입하는 것은 아닌지 고민하는 고객이다.

스탠포드 대학에서 실시한 실험에서 소비자를 두 그룹으로 나누고 한 그룹은 제품 두 개 중 하나를 선택하게 하고 다른 그룹은 최고급 모델을 포함하여 세 가지 제품 중에 하나를 선택하게 하였다. 첫 번째 그룹에 제시된 두 제품 중 하나는 다양한 기능이 있고 가격이 비싼 제품이고, 두 번째는 조금 더 저렴하지만 기능이 빠진 제품이었다. 해당 제품의 실험에 참여한 사람들이 선택한 비율을 5대 5 동률이었다. 하지만 대안을 세 가지로 제시하고 최고급 대안을 넣은 두 번째 실험에서는 가장 저렴한 제품이 첫 번째 실험보다 덜 팔리고, 최고급 제품의 추가한 가운데 제품의 판매가 늘어났다.

고객이 구매의사결정을 하기 어려워 할 경우 해당 제품 이상의 고가 제품을 비교, 제품으로 보여 줌으로써 본인의 선택이 합리적인 의사결정이 될 수 있음을 인지 시켜주는 방식이다.

저렴한 제품을 구입하려고 하는데 너무 싼 것이 아닌지 고민하는 고객에게는 보다 저렴한 기본형 제품을 타협안으로 제시하여 본인의 선택이 합리적 구매임으로 알려주는 방법이다.

(3) 선택의 폭을 줄여준다.

콜롬비아 대학교에서 선택의 개수에 따른 소비자의 제품 구매를 연구하였다. (Iyengar & Lepper, 2000) 실험실 상황을 만들고 한쪽은 6종류의 잼을 전시하고 다른 한쪽에는 24종류의 잼을 전시하였다. 이렇게 하였더니 6종류의 잼을 전시 한 곳에 구경을 하러 온 소비자 비율은 전체 고객 중 40%였고, 24종류를 전시한 곳에는 무려 60%의 고객이 진열대 앞에서 머물러 구경하는 것이 관측되었다. 그렇다면 다양한 제품을 고객에게 보여주고 설명하는 것이 좋은 방법일까? 위의 연구는 그렇게 말하고 있지 않다. 구경을 한 비율은 24종류를 전시한 곳이 월등히 높았으나 불과 3%만 잼을 구입하였고, 6종류를 전시한 잼을 구경한 소비자는 30%가 잼을 구입하였다. 본 연구의 시사점은 물건을 선택할 때 너무 다양한 종류를 제시하면 뇌가 피로를 느끼게 되어 오히려 선택을 방해한다는 것이다.

고객이 구매를 할 것인지를 예측하기 위해서는 고객이 현재 고민하고 있는 제품의 수 가 몇 가지인지를 파악할 필요가 있다. 고객이 원하는 조건에 대해 몇 가지 질문을 던져서 추천 가능한 제품을 파악한 후 추천함으로써 고객 선택의 폭을 좁혀 주어야 한다. 아울러 재고 관리 대장의 재고 현황을 파악하여 고객에게 마지막 구매를 유도할 수 있는 질문을 해주어야 한다.

자꾸 긴장감 주면 사고 나서 후회…
소비자를 맘 편하게 놔둬라

사람들이 정보를 접하고 주의(attention)를 기울이게 되면 새로운 정보를 처리하도록 일깨워지는데, 이를 환기(arousal)라 한다. 요컨대 마음속에 생기는 긴장감이 곧 환기이며, 결정의 중요성이 높아질수록 긴장감의 수준도 높아진다.

주의와 긴장감은 업무수행 능력(performance)과 밀접한 관계가 있다. 긴장감의 수준이 낮을 때는 주의가 산만해 쓸데없는 정보에도 신경을 쓰므로 업무 수행능력이 낮다. 그러나 긴장 수준이 적절히 높아지면 중요한 정보에만 주의가 집중되므로 업무 수행능력이 좋아지게 된다. 하지만 긴장 수준이 너무 높아지면 주의가 집중되다 못해 협소해져서 중요 정보마저 이용하지 못하므로 오히려 업무 수행을 올바르게 하지 못한다. 이러한 관계를 설명한 것이 요크스-다드슨(Yerkes & Dodson)의 법칙이다.

미국 캘리포니아주는 날씨가 늘 온화해 스쿠버 다이빙이 매우 인기가 있다. 산소통을 메고 잠수하면 호흡은 답답하겠지만, 태평양 바다 속에서 수영을 하는 즐거움은 그런 답답함을 훨씬 능가하는 일이리라. 그런데 물속이 너무 고요하므로 불현듯 두려움이 엄습하기도 하고, 못 보던 동물을 접하게 돼 심하게 놀라기도 한다. 그래서 공포심(panic)이 생길 경우 무게추를 벗어버리고 차분히 떠오를 수 있도록 수없이 연습한다. 다이버들은 대부분 20m 이내로 잠수하므로, 침착하게 행동하면 어렵지 않게 물 위로 떠오를 수 있다.

그런데 철저한 훈련을 받아 엄격한 면허시험을 통과한 다이버들이 캘리포니아에서만도 해마다 20~30명씩 익사체로 발견된다. 이상한 것은 사고를 당한 사람들의 대부분이 마우스피스를 잡아 빼고 질식해 죽는다는 점이다. 가만히 떠오르기만 하면 살 수 있었을 텐데 왜

마우스피스를 물지 않은 채 질식해 죽었을까?

요크스 교수와 다드슨 교수의 공동 연구에 의하면 물속에서 공포심을 느끼게 될 때 긴장감의 수준이 지나치게 높아져 당황한 나머지 무게추를 풀고 떠오르게 하는 단순한 일조차 수행하지 못하고 그저 허둥대다 죽고 만다고 한다. 다이버들은 물속에 갇힌 느낌이 들면서 숨이 막힌다고 생각돼 답답한 마우스피스를 뽑아 버리고 물을 먹고는 사고를 당하는 것이다.

국가대표 축구선수가 밀어 넣기만 해도 되는 노 마크 찬스에서 실축하는 것을 드물지 않게 보곤 한다. 그래서 코치는 선수들에게 '연습은 실전같이, 실전은 연습같이'라는 말을 입버릇처럼 한다. 연습 때는 긴장의 수준이 낮아 연습 능률이 잘 안 오르므로 실전에 임하는 마음을 갖게 함으로써 긴장감을 높이려는 것이다. 반면, 실전 때는 긴장의 수준이 너무 높아 제 실력을 발휘하지 못하는 경향이 있다. 그래서 연습할 때와 같이 긴장의 수준을 낮추고 마음을 편히 갖도록 만들어 오히려 역량을 최대한 발휘할 수 있게 하려는 것이다.

요크스-다드슨의 법칙에 의하면 면접시험 때 입을 옷이나 비싼 제품을 구매할 때처럼 중요한 구매일수록 의사 결정시의 긴장감 때문에 오히려 선택을 잘못하는 경우가 많다고 한다. '모시 고르다 베 고른다'는 우리 속담도 같은 맥락이다. 중요한 결정을 해야 할 때 정보와 생각이 너무 많으면 하찮은 정보에 집착해 잘못 판단하기 쉽다. 나무만 보고 숲을 보지 못하는 결과를 초래하기 때문이다.

소비자들이 좋은 것을 고르려고 과도하게 신경을 쓸수록 도리어 좋지 못한 것을 고르고 후회하기 십상이다. 그러므로 소비자에게 정보를 하나라도 더 많이 주는 것보다는 만족스러운 판단을 내릴 수 있도록 긴장수준이 적절한 시점에 정보를 주는 것이 중요하다. 나아가 소비자가 더 편안한 분위기에서 후회 없는 선택을 하도록 만드는 것이야말로 유능한 판매자의 몫이다.

출처: 조선일보 [Weekly BIZ], 2011.09.24

3. 상품의 구매 내용 확인

1) 구매 마무리 전략

(1) 관계 매니지먼트

관계 매니지먼트는 평상시 꾸준한 고객 관리를 통해 단골 고객을 창출하는 것으로 이들 단골 고객은 고객의 15~25% 정도를 차지하지만 전체 이익의 70~80%를 차지한다. 또한 신규고객 확보에 드는 비용이 단골 고객 관리 비용보다 5배 이상 높기 때문에 단골 고객의 유지 및 관리가 중요하다.

(2) 관계 매니지먼트를 위한 카운터 전략

성공을 거두고 있는 소매업체들의 카운터 운영의 특징에는 공통점이 있다. 쇼핑의 마지막 단계인 계산대 응대는 고객의 재방문 여부에 큰 영향을 준다. '잔존효과'라는 것이 있는데, 최후에 보거나 들었던 것에 대한 인상이 강하게 남는다는 의미이다.

다음은 미국의 한 성공 소매점포의 카운터 운영 방법이다.
① 계산대에 우수한 직원을 배치한다.
② 계산대 주변을 항상 정리·정돈한다.
③ 고객을 기다리지 않도록 한다. 대부분의 성공적인 점포는 고객이 3명 이상 기다리고 있을 경우, 계산대를 추가로 운영할 지를 판단한다.
④ 계산대가 혼잡할 경우, 시식품 제공 등을 통해 고객이 지루하지 않게 한다.
⑤ 계산대 근무자는 눈을 보고 웃는 얼굴로 인사한다.
⑥ 찾는 물건이 모두 있는지를 확인한다.
⑦ 상품이 훼손되지 않도록 포장에 주의한다.
⑧ 회원카드를 사용할 경우, 고객의 이름을 호명하여 감사의 인사를 한다.

⑨ 주차장까지 운반 도우미가 필요한 지 확인한다.

⑩ "즐거운 하루 보내세요."라고 인사한다.

(3) 구매 이후의 관계 매니지먼트 노하우

① 어떠셨습니까?

상품 구입 후 24 시간 이내에 구매에 대한 감사 인사와 함께 제품 사용의 불편 여부를 확인한다. 불편을 확인하면서 만일 불편했던 점이 있다면 언제든지 연락해달라는 메시지를 전단한다.

구매 후 3개월에 1회 정도의 연락을 취하면 내점 빈도가 높아진다고 한다.

② 계절인사 DM

계절에 맞는 안부 엽서, 또는 메시지를 통해 고객과 연결고리를 지속적으로 이어 나갈 수 있다. 이때는 세일, 판촉의 메시지가 아니라 안부 메시지만을 전달하는 것이 포인트이며 지속적으로 하지 않으면 효과가 떨어진다.

③ 기간 한정 카운트다운 작전

세일 기간이 되면 '세일까지 앞으로 며칠', 또는 '세일 종료까지 앞으로 며칠'과 같이 메시지를 전달한다. 이런 방법은 고객의 흥분을 유도하고 '늦기 전에 가야하지 않을까'하는 충동을 일으킨다.

④ 개인적인 이야기를 나눈다

고객과 신뢰를 형성하고 거리감을 줄이기 위해서 개인적인 이야기, 실패담, 콤플렉스 등에 관한 이야기를 하는 것이 좋다. 이는 고객에게 '당신과 똑같은 고민이 있다'는 점을 알리는 의사 표시가 된다. 고객은 공감을 얻을 수 있는 사람에게 보다 친근감을 느낀다.

⑤ **우산은 판매하지 않고 빌려 준다**

갑작스럽게 내리는 비는 우산을 판매할 수 있는 기회이다. 그러나 생각을 바꾸면 고객에게 다음 번 방문을 유도하는 좋은 계기가 된다. 좋은 우산보다는 저렴한 투명우산이라도 판매 대신 빌려준다면 단골 고객을 유치하는 좋은 투자가 될 것이다.

⑥ **고객 소개 캠페인**

고객 소개 카드 등을 활용하여 고객 소개 캠페인을 진행한다. 이 때 소개한 고객과 소개 받은 고객 모두에게 메리트가 있어야 한다. 이런 고객 소개 캠페인은 고객과 소통하는 좋은 방법이 될 수 있다.

⑦ **내점객 모두를 즐겁게 하는 방법을 찾는다.**

어린이를 동반한 고객을 위해 어린이를 즐겁게 해 줄 수 있는 방법을 찾는다. 어린이용 애니메이션 영화를 상영하거나 간단한 과자, 사탕 또는 작은 장난감 선물을 준비한다. 심하게 떼를 쓰는 아이는 전담 직원을 붙여 대응하고 아이가 보이는 위치에 지점의 인기 1위 상품을 진열한다.

⑧ **행운의 추첨 행사**

큰 규모가 아닌 작은 규모의 추첨행사를 진행한다. 행운으로 즐거움을 느끼고 안 되어도 크게 실망하지 않기 때문에 작은 행사가 유리하다. 또한 매장 분위기를 유쾌하게 만들고 재방문을 유도할 수 있다.

Chapter 03 불만 고객응대

1. 고객 불만

1) 고객 불만의 원인

구매 전 기대와 구매 후 성능평가와의 비교과정을 통해서 기대불일치가 일어나면 불만족이 발생하고 기대가 일치되면 만족이 된다고 볼 수 있다. 기본적으로 소비자들의 구매 후에 나타나는 행동을 보면 제품이나 서비스의 사용경험 그리고 소비한 경험과 상관관계에 있을 수 있지만, 심리적으로 소비자가 구매 전에 가지고 있던 선입관과 밀접하게 관련이 있고 소비자가 구매 후 느낄 수 있었던 만족이나 불만족은 위에서 언급한 바와 같이 소비자가 그 제품에 대해서 기대했던 생각과 실제로 그 제품을 사용해 본 후 느끼는 생각이 어느 정도 근접하느냐에 달려있다([그림 5-3] 참조).

그림 5-3 고객 불만과 만족 관계

불만은 자신이 기대한 혹은 지불한 가치만큼의 대가가 무너지고 돌아오지 않을 때와 그 가치를 취하는 과정에 비롯된 문제를 제기했을 때 무시당했다는 느낌이 들거나 전혀 받아들여지지 않는다고 느껴질 때 마음에서 흡족하지 않음에서 비롯되는 것이다.

소비자 권리에 대한 인식 향상과 더불어 소비자 제품 및 서비스에 대한 요구 수준 증가로 불만 고객은 점차 증가하고 있으며 초기 대응이 중요하다. 초기 대응을 어떻게 하느냐에 따라 작은 불만이 큰 불만이 될 수도 있고, 엄청난 사건이 아주 사소한 것으로 끝날 수 있다. 따라서 성급한 대처는 금물이다. 상대하는 고객의 감정을 충분히 듣고 어떤 내용인지 파악해 처리해도 늦지 않는다. 이렇게 하면 서비스 책임자가 한 번에 문제를 해결할 수 있다. 또 늦장 대응과 일의 처리지연으로 인한 2차, 3차 불만을 어렵지 않게 막을 수 있다.

여기에서 고객 불만을 흔히 클레임(claim)과 컴플레인(complain)으로 표현하고 있지만, 그 의미하는 바는 약간의 차이가 있다([그림 5-4] 참조).

그림 5-4 클레임과 컴플레인의 차이

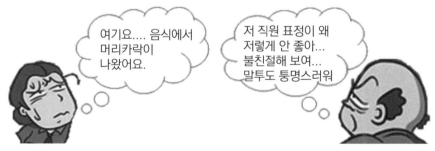

클레임(Claim)
고객이 음식이나 시설의 하자 결함 또는 문제에 대해 구체적으로 지적하여 일어나는 것

컴플레인(Complain)
상품이나 서비스에 대한 객관적인 문제이기 보단 고객 개인의 기대치를 따라가지 못하거나 주관적인 느낌이나 감정의 불쾌함으로 발생하는 것

세계적인 자동차 판매왕 죠 지라드는 "고객을 화나게 하지 말라, 한번 화난 고객은 생각날 때 마다 자기 주변의 사람들에게 회사를 악평하게 될 것이다. "라고 말했다.

따라서 불만 고객의 불만을 해결해 주지 못하면 주변에 회사에 대한 부정적인 악평이 확산되고, 이로 인한 고객들의 신뢰저하로 급기야는 회사의 생존자체가 위협당하는 심각한 상황에 봉착될 수 있기 때문이다. 불만 고객에 대한 응대는 실질적으로 고객이 느끼는 감정적 불쾌감이나 기분 등 감성지수에 영향을 주는 경우가 대부분이다. 그래서 화가 난 고객을 진정시키기 위한 서비스 응대의 기법에 관해 연구되기도 한다.

고객을 화나게 하는 7가지 응대태도는 다음과 같다.

첫째, 무관심이다. 내 소관, 내 책임이 아니며 나와는 상관이 없다는 태도로서, 고객에 대한 책임감과 조직에 대한 소속감이 없는 직원의 경우에 나타나는 태도이다. 이런 태도라면 당신이 왜 그 자리에 있는지를 확인해야 할 것이다.

둘째, 무시이다. 고객의 불만을 못들은 체 하거나 별 것 아니라는 식, 그까짓 것을 가지고 뭘 그러냐는 식으로 대하는 태도이다. 상대의 입장에서 문제를 바라보라.

셋째, 냉담이다. 고객을 귀찮고 성가신 존재로 취급하여 차갑고 퉁명스럽게 대하는 태도이다. 고객은 우리가 존재할 수 있게 하는 가장 소중한 존재이다.

넷째, 거만이다. 고객을 무지하고 어리숙하게 보거나 투정을 부린다는 식으로 대하는 태도로서 의사 등 전문가들 사이에 많이 나타나는 태도이다. 나보다 더 잘할 수 있으면 나에게 말하지도 않을 것이다.

다섯째, 경직화이다. 마음을 담지 않고 인사나 응대, 답변 등이 기계적이고 반복적으로 고객을 대하는 태도를 말한다. 고객은 로봇을 상대하고 싶어하지 않을 것이다.

여섯째, 규정제일이다. 항상 회사의 규정만을 내세우며 고객에게 준수토록 강요하거나, 자기는 규정대로 한다는 식의 태도를 말한다. 우리 회사 규정을 왜 고객이 준수해야 하는가?

일곱째, 발뺌이다. 자기의 업무영역, 책임한계 만을 말하며 처리를 타 부문에 떠넘기는 태도를 말한다. 고객은 회사의 관리자나 담당자가 아니다.

2) 불만관리의 중요성

한 사람의 마음을 사로잡는 것보다 돌아서버린 사람의 마음을 되돌리는 것이 더욱 어려운 일이다. 기업의 경영에 있어서도 고객 한명을 확보하는 일보다 떠나버린 고객을 다시 모셔오기가 더욱 어렵다. 때문에 최근 기업들은 불만 고객들의 마음을 되돌리는 일에 많은 힘을 쏟고 있다. 테러리스트로 변해버리는 불만 고객들을 방치하면 더 많은 고객들이 이탈할 수 있기 때문이다. 또한 그들의 불평, 불만을 해결하는 과정에서 새로운 블루오션을 찾을 수도 있다.

(1) 고객 유지율을 증가시켜 이윤을 높일 수 있다.

불만 고객을 효율적으로 관리할 경우 재구매율이 높아져 수익을 증대시킬 수 있다. 고객 불만과 고객충성도의 관계를 설명하는 존 구드만의 법칙은 "고객이 평소에 아무런 문제를 느끼지 못한 상황에서는 일반적으로 10% 정도의 재방문율을 보이지만, 만약 불만 사항을 말하러 온 손님에게 진지하게 대응했을 경우 고객의 65%가 다시 이용하러 온다"고 정의하고 있다. 즉 고객의 불만을 신속하고 정성껏 처리했을 경우 그 불만이 충성도로 변해 고정고객보다 높은 구매율을 보인다는 것이다.

불만관리가 잘 되면, 불만을 제기한 고객이 전혀 그런 적이 없는 고객보다 앞으로 재구매할 가능성이 높다. 불만을 가지고 있으면서도 불평하지 않는 고객은 말없이 떠나간다([그림 5-5] 참조).

그림5-5 존 구드만의 법칙

• 고객 불만 해결시 재방문 의향

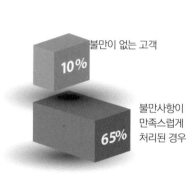

불만이 없는 고객
10%

불만사항이
만족스럽게
처리된 경우
65%

• 불만 해결 정도에 따른 재방문율

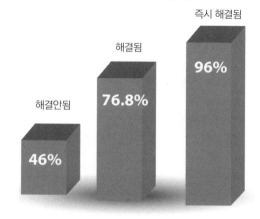

즉시 해결됨
96%

해결됨
76.8%

해결안됨
46%

(2) 좋지 않은 평판을 미리 막을 수 있다.

불만 고객을 관리해야 하는 중요한 이유 중 하나는 그들의 전파력 때문이다. 경영대학원 와튼스쿨이 발표한 '2006 불만 고객 연구 보고서'에 따르면 고객 100명이 불만을 느낄 경우, 32~36 명의 고객이 같은 매장에 다시 방문하지 않는다고 한다. 불만을 느낀 고객 가운데 기업에 직접 항의를 하는 고객은 6%에 불과하며 친구, 가족, 동료들에게 적극적으로 알리는 고객은 31%에 달했다. 31%의 고객 중 16%는 1~2명에게 전달하고 78%는 3~5 명에게, 6%는 6명 이상에게 기업의 험담을 늘어놓은 것으로 조사됐다. 즉 100 명 중 31 명이 느낀 불만이 90명 이상에게 전파되는 것이다. 또 63%의 고객은 침묵을 지키며 다른 기업으로 이동한다는 주장이다. 다시 말해, 만족한 고객은 8명의 다른 고객에게 전파하나 불만족한 고객은 25명의 다른 고객에게 불만을 전파한다. 이처럼 좋은 평판보다는 나쁜 평판이 더 과장되게 마련이다([그림 5-6] 참조).

그림 5-6　고객 불만의 확산경로

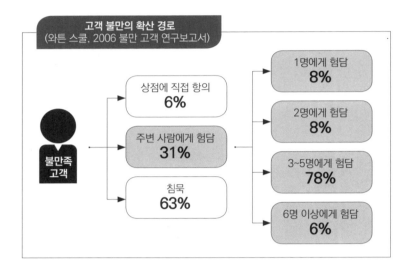

(3) 유용한 정보를 제공해 준다.

불만을 표현하는 고객은 그렇지 않은 고객보다도 상대적으로 회사의 발전과 경쟁력 향상에 없어서는 안 될 중요한 고객이라고 할 수 있다.

그들의 불만을 해결하는 과정에서 회사는 문제점과 취약점을 개선 할 수 있는 기회를 얻을 수 있기 때문이다. 또 불만처리를 통해서 만족한 고객은 재 구매율이 높을 뿐만 아니라 주변에 다른 사람에게 만족감을 홍보하여 신규고객을 창출하는 역할까지 수행한다.

2. 불만 처리 4 단계

고객의 불만은 제품이나 서비스의 문제점을 발견하고 개선하여 품질을 향상실킬 수 있는 대단히 좋은 정보일 뿐만 아니라, 불만을 처리하는 과정에서 고객과의 유대를 강화하여 열성 팬으로 만들 수 있는 절호의 기회이다.

따라서 신속한 불만 처리를 위한 프로세스를 잘 기억해야 한다([그림 5-7] 참조).

고객 불만 처리 4단계

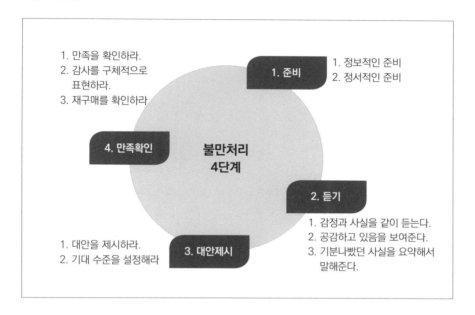

1) 준비

(1) 정보적인 준비

- 고객들과의 대화를 통해 고객들의 주된 불만이 어떤 것인지 알고 있어야 한다.
- 고객들에게 제시할 수 있는 대안을 모두 숙지하고 있어야 한다.
- 불만 처리 수순에 따르는 준비, 즉 서비스 스탠바이(stand-by)가 되어야 한다.

(2) 정서적인 준비
- 고객들의 불만에 방어적이 되지 않도록 해야 한다.
- 고객들이 자신을 비난하는 것이 아닌 문제에 대해서 말하고 있다는 것을 인식해야 한다.
- 우리 매장의 개선을 위해 애써 시간을 내서 건의하시는 소중한 고객님으로 인식을 전환해야 한다.

2) 듣기

(1) 감정과 사실을 같이 듣는다.
- 고객의 기분이 어떤지, 어떠했는지(감정)를 경청하는 자세로 듣는다.
- 무엇이 기분 나빴는가(사실)를 구분해서 들어야 한다.
(2) 고객의 불만을 듣고 있으면서 공감도 하고 있음을 보여준다.
- 경청하는 제스처를 보인다 - '고개를 끄덕인다.'
- 얼굴에 공감하고 있는 표정을 지어 보인다.
(3) 기분 나빴던 사실을 요약해서 말해 준다.
- 고객이 말했던 불만들을 요약하여 고객에게 재확인한다.
- 심문하거나 따지려는 느낌을 주지 않게 조심해야 한다.

3) 대안제시

(1) 대안을 제시하라
- 대안을 제시하는 단계는 고객의 불만을 충분히 경청한 뒤에 한다.
- 성급한 대안 제시는 더 큰 불만을 진작시킬 수 있으므로 자제를 한다.
- 보상체계 등이 정해져 있지 않다면 등가상품이나 등가금액+α로 보상

하는 방법을 택해 최대한 성의를 표시해야 한다.

(2) 기대 수준을 설정해라.
- 할 수 있는 것과 할 수 없는 것에 대해서 알고 있어야 한다.
- 할 수 없는 것은 즉시 말하되 고객의 요구가 무시된 것이 아님을 잘 설명해야 한다.

4) 만족확인

(1) 만족을 확인하라.
- 고객에게 제안한 대안이 만족했는지에 대해서 체크하라.
- 만족하지 않았을 경우, 고객에게 만족할만한 대안을 물어보기도 한 방법이다.

(2) 감사를 구체적으로 표현하라.
- 불만을 말해준 것에 즉각 감사를 표현하라 : 불만을 직접 듣기는 쉽지 않다.
- 구매에 대한 감사를 표현하라 : (불만이 있음에도)구매한 것에 대하여 감사해야 한다.

(3) 재구매를 확인하라.
- 불만을 말한 고객이 다시 점포를 방문, 구매를 하는지를 확인한다.
- 고객 불만 사례를 직원 모두가 공유하도록 한다. 그리하여 향후 동일한 문제가 발생하지 않도록 한다.

3. 불량고객의 관리

'고객이 항상 옳은 것은 아니다', 혹은 '모든 손님이 왕은 아니다'라는 것은 고객관계에서 중요한 시사점을 제시해 준다. 고객관리는 기업이 유치해야 하는 올바른 고객과는 반대로 기업이 관계를 맺지 않기 위해 노력해야 하는 고객도 있다. 이들은 기업에게 수익을 가져다주기보다는 오히려 손해만을 안겨주는 고객들이다.

기업이 피해야 할 고객은 두 가지 부류로 나뉜다. 하나는 장래성이 없는 고객인데, 기업이 제공하는 제품이나 서비스에 의해 충족될 수 없는 욕구를 갖고 있어서 이러한 고객과의 관계를 지속하면 '불행한 결혼 생활'이라는 결말을 맞이할 수밖에 없는 불량고객들이다. 또 한 부류는 기업이 유치하고자 하는 고객의 특성은 갖고 있지만, 고객응대담당자를 곤란하게 한다거나, 기업 시설을 파괴하거나 혹은 다른 고객들에게 피해를 주는 고객들이다. 이를테면, 상품을 구입한 고객이 특별한 이유 없이 환불을 요구하거나, 말도 안 되는 서비스를 강요하는 등 일반적인 사회통념상 상식 수준을 벗어나는 행위를 하며 또한 구매한 상품의 하자를 문제 삼아 기업을 상대로 과도한 피해보상금을 요구하거나 거짓으로 피해를 본 것처럼 꾸며 보상을 요구하는 소비자이다. 따라서 불량고객을 악성 또는 진상을 뜻하는 블랙(black)과 소비자를 뜻하는 컨슈머(consumer)의 합성어로 블랙컨슈머라고 부르기도 한다.

불량고객은 예방차원에서 제외하는 것이 최선이지만, 불량고객을 줄이기 위한 방법은 기업에서만 노력한다고 되는 것이 아니다. 기업과 정부기관, 고객(소비자)과 사회구성원 모두가 불량고객을 감소시키기 위해 노력해야 한다.

1) 불량고객 대처방안
먼저, 불량고객이 늘어나는 원인을 파악해야 한다.

유형	원인
소비자	'소비자는 왕, 사업자는 가해자'라는 왜곡된 권리의식
사업자	부정확한 정보제공, 판매중시경영 태도, 허위과장광고, 미숙한 대응
정부	정책 및 법규정 미비, 소비자교육 부족, 상담기관의 주먹구구식 태도
사회	모바일 활성화, SNS 등 커뮤니케이션 수단 발달, 사회에 대한 불신 팽배

불량고객을 따로 전담하는 고객응대담당자를 선발해 교육하는 방법도 있다. 이들에게는 안정성, 단호함, 예의바름, 동정심, 확신, 능력 등을 고려하여 선발하고 수시 및 정례적 교육을 통하여 그 자질 향상을 도모해야 한다.

불량고객 대처방안에는 E.A.R 기법과 B.I.F.F 기법이 있다. 이를 보다 자세하게 살펴보면 다음과 같다.

① E.A.R 기법

Empathy(공감), Attention(경청 및 주의), Respect(존중) 기법이란 몹시 흥분하거나 감정조절이 제대로 되지 않는 고객들을 진정시키고 차분히 응대할 수 있게 하는 응대방법이다. 고객의 불만족에 대한 상황을 이해하려고 노력하는 공감과 함께 경청 및 주의를 기울이고 동시에 존중하는 태도 및 자세를 통해 흥분한 고객을 진정시킨다.

E.A.R 기법의 경우 감정을 이용하여 고객의 흥분을 가라앉히기 위해 거짓말을 하면 안 된다. 그리고 가능하면 고객의 입장이나 견해를 이해하도록 한다.

② B.I.F.F 기법

Brief(간결), Information(정보), Friendly(친절), Firm(확고) 기법은 일단 흥분한 고객을 진정시키고, 잘못된 정보에 대해서 효과적으로 대응할 수 있게 해주는 응대방법이다. 보통 불량고객들은 지나치게 흥분하거나, 고객응대담당자에게 공격적 성향을 보이는 경우가 많다.

이러한 경향을 보이는 고객들을 대상으로 짧게 물어보고, 짧게 대답하며, 정보 위주로 대응하고, 친근감을 유지하며, 자신의 언행에 대해서는 확고한 자세를 유지하는 것이 중요하다.

2) 불량고객 퇴출

물론 불량고객을 업그레이드시키거나 기회를 제공함으로써 우량고객화하는 방안도 생각해 볼 수 있으나, 상습적이고 고의적인 불량자들은 퇴출시킬 수밖에 없다. 말썽만 일으키고 수익성이 낮은 고객과의 관계에 엄청난 노력과 비용을 투자하는 것은 보다 수익성 높은 다른 고객과의 관계에 투자할 수 있는 자원을 낭비하는 것이기 때문이다.

예를 들면, 고객서비스부서에 문의해 오는 고객에게 친절하게 대하는 것을 원칙으로 하지만, 지나친 서비스를 요구하거나 무례한 행동을 하는 고객에 대해서는 정중히 거절하는 방식으로 불량고객을 퇴출시킨다.

그러나 더 중요한 것은 기업 내의 한 부서, 혹은 한 기업에서 선천적으로 타고난 불량고객을 퇴출시키는 것에 그치지 않고, 전 기업이나 업계차원에서 이들에 대한 정보를 공유하고자 하는 노력을 해야 한다.

3) 불량고객 관리원칙

불량고객과의 관계를 지속시키면서 고객이 올바른 고객으로 거듭날 수 있도록 도와주거나, 불량고객과의 관계를 끊어버리는 것 이외에도 모든 기업들이 명심해야 할 기본적인 원칙은 무엇인지 알아야 한다.

① 예방이 최선책이다

불량고객의 특성을 파악하여 기업이 신규고객을 유치할 때 이러한 특성을 가진 고객을 새로운 고객으로 맞이하지 않는 것이 최선이다.

② 고객에게 올바른 제품이나 서비스 사용법을 제공하라

올바른 사용법을 몰라서 발생하는 고객들의 잘못된 행동은 올바른 사용법만 알려줌으로써 올바른 고객으로 전환할 수 있다.

③ 고객과 직접 만나고 있는 고객응대담당자들이 중요하다

불량고객의 행동을 유형별로 분석하고 유형에 따라 고객응대담당자들이 어떻게 대처해야 하는지를 고객응대담당자들에게 알려주어야 한다.

④ 고객정보시스템을 정리하라

어떤 고객이 불량고객인지, 각 불량고객별로 어떠한 대처방안이 최선인지를 기업 모든 구성원들이 공유하면 각 불량고객별로 개별화된 대응을 할 수 있다.

⑤ 선량한 고객을 불량고객으로 대하지 마라

불량고객을 미리 발견하여 대처하는 것은 좋으나, 대부분의 선량한 고객들에게 자신이 불량고객인 것처럼 대우받는다는 느낌을 주어서는 안 된다.

⑥ 고객이 의심하는 점을 고객의 눈에서, 고객에게 유리하게 해석하라

모든 관계의 기본은 신뢰이다. 관계의 기본인 신뢰가 깨진다면 그 어떤 관계도 지속해 갈 수 없다. 기업이 지속하고자 하는 관계에 있어 파트너인 고객이 의심되더라도, 혹 고객의 입장에서 그럴 수밖에 없는 상황은 아닌지 고객의 입장에서 한번 더 생각해 보는 것이 필요하다.

종합하자면, 불량고객 응대방법은 다음과 같다.

첫째, 신속하게 대응하라.

둘째, 과격한 언행을 삼가라.

셋째, 친절하게 대응해야 하지만 필요이상의 과잉친절을 피하라.

넷째, 보상의 원칙을 제시하고 원칙에서 해결하라.

다섯째, 효과적으로 담당자를 바꿔라.

여섯째, 시간적 간격과 장소를 통해 분위기를 전환하라.

일곱째, 과격한 언행에 대해서는 녹취하여 보관하라.

여덟째, 협박에 흔들리지 마라.

아홉째, 선제적으로 대응하라.

열째, 민사, 형사상 책임을 지게 하라.

불량고객이란?

'제이워커(jaywalker)'는 무단 횡단자를 일컫는다. 이런 맥락에서 서비스나 제품을 잘못 소비하거나 잘못 사용하는 불량고객을 '제이커스터머(jaycustomer)'라는 용어로 부른다[Lovelock, 1996]. 그러나 불량 고객은 이런 사람이라고 한마디로 잘라 이야기 하기는 무척 어렵다. 불량고객은 그 특성을 꼬집어 이야기하기가 어렵다. 어떤 고객이 불량고객인지를 알기 위해서는 우선 기업이 유지하고자 노력해야 하는 고객을 특성을 열거하는 것이 필요하다. 왜냐면 이렇게 열거된 특성에 반대되는 특성을 지닌 고객을 불량 고객이라 고 부를 수 있기 때문이다. 기업뿐만 아니라 모든 조직의 관점에서 올바른 고객의 특성들을 파악하여 나열하면 다음과 같다.

올바른 고객의 특성

1. 순 가치: 기업이 고객에게 제품을 제공하는 데 드는 비용을 고려했을 때 고객이 기업에게 제 공하는 가치
2. 도덕성: 기업과의 관계에 있어 고객이 법을 준수하는지의 여부
3. 절약/검약: 경제적 능력 한도 내에서 소비/지출
4. 시간 엄수: 기업과의 약속한 시간 내에 금 지불
5. 기업 커뮤니케이션 활동에 대한 반응: 적절한 기업 커뮤니케이션 활동에 반응하는지의 여부
6. 정보 제공: 기업이 고객 정보를 변경하거나 새로이 고객 정보를 얻고자 할 때 신뢰성 있는 정보를 제공하는 지의 여부
7. 건전한 습관: 적당한 음주, 금연 등
8. 안전: 안전 운전, 안전에 관한 습관
9. 권리와 책임 수용: 상호 이익을 위한 기업과의 협력 방식을 배우고자 하는 자세

10. 불평: 정당할 경우에만 고객 불평을 제기하는 고객
11. 추천 의사: 제품이 좋다고 판단되었을 때 다른 사람에게 제품을 추천할 의사
12. 안정성: 안정적이고 예측이 가능한 고객

출처 : Meril Stone(1999)

이와 같은 특성에 반되는 성향을 보이는 돈을 잘 갚지 않는 채무자, 거짓말을 잘 하는 고객, 고객의 잘못인데도 기업의 책임으로 전가하고 기업에 한 나쁜 소문을 퍼뜨리고 다니는 고객이 바로 불량 고객이라고 할 수 있다. 좋은 습관을 몸에 익히기 위해서는 많은 시간과 노력이 필요하지만, 흡연과 같은 나쁜 습관은 한 순간에 배우는 것처럼, 불량 고객은 너무나 쉽게 그리고 빨리 나쁜 행동들을 익히고 배운다. 또한 이러한 불량 고객의 행동은 쉽게 다른 고객에게 전이되기도 한다.

불량 고객은 각 산업별, 혹은 기업별로 그 유형이 천차만별이다. 다양한 불량 고객 유형 중에서 일반적으로 적용될 수 있는 6가지 유형을 집중적으로 살펴보도록 하자.

1) 도둑형(thief)

도둑형 고객은 제품이나 서비스에 한 가를 지불하지 않거나 훔치는 고객이나 원래 정해진 가격을 다 지불하지 않으려 하는 사람을 말한다. 가장 흔한 도둑 유형은 가게 좀도둑(shoplifter)이다. 훔친 물건을 되팔 정도로 프로 들인 경우도 있지만 부분 자기가 사용하기 위해 물건을 훔친 경우가 많다. 콘도 객 실 내 미니 바의 음료수, 생수, 혹은 세면도구를 사용 후 사용하지 않은 것처럼 위장 하거나 주방 기물을 훔치는 고객이 이에 속한다.

2) 규칙 위반형(rule breaker)

고속도로에는 안전을 위해 '무단횡단 금지' 규칙이 있고, 실내 수장에는 '수모 착용'이라는 규칙이 있다. 규칙은 정부만이 정하는 것이 아니라 기업도 시설의 작동을 원활하게 하기 위해서, 그리고 고객이 종업원들에 무리한 요구를 하지 않도록 하기 위해, 제품이나 시설을 잘못 사용하지 않도록 하기 위해, 또는 기업체 자신을 법적으로 보호하기 위해, 혹은 개개인의 고객들이 다른 고객들에게 부정적 향을 끼칠 수 있는 여지를 제거하기 위해서 규칙을 정해 놓고 있다. 그런데 고객들 중에는 이러한 규칙을 무시하고 행동하는 사람이 있다. 내부자 거래, 시세 조종 행위 등 불공정 거래 행위로 증시에 한 신뢰를 실추시키는 고객은 증권 거래소 입장에서는 규칙 위반형 고객에 속하게 된다. 증권 거래소는 이러한 고객을 응대하기 위해 불공정 거래 적발 전산시스템에 인공 지능 기능을 도입하려고 하고 있다. 그러나 무엇보다 가장 좋은 방법은 사전 교육과 위험에 한 상기 또는 경고이다. 이러한 조치를 취함으로써 고객들은 올바른 행동을 취할 수 있고, 직원과 기업측은 잘못된 결과를 수정하는 불필요한 절차를 거치지 않을 수 있다.

3) 호전형(belligerent)

상점, 공항, 호텔, 식당 등 어느 곳에서든 얼굴을 붉히면서 고함을 질러고 욕을 하고 삿대질을 해대는 고객들을 종종 볼 수 있다. 언제나 모든 일이 고객의 생각대로 또는 계획대로 이루어질 수만은 없는 노릇이다. 기계가 갑자기 고장 날 수도 있고, 비행기가 악천후 때문에 지연될 수도 있고, 배는 고픈데 음식 배달이 늦어질 수도 있다.

4) 내분형(family feuders)

화난 고객들 중에는 다른 고객들과 싸우는 고객들도 있다. 이들을 내분형이라고 부른다. 예를 들어 부인이 계약한 보험이 마음에 들지 않는다고 보험사에 같이 온 남편 이 부인을 보험사 내에서 윽박지르기 시작하고 부인 또한 남편의 의견에 립하며 부부싸움을 벌이는 상황을 생각해 볼 수 있다. 이처럼 함께 온가족들과 싸우는 사람들 이 있는가 하면 가족과 싸우는 데에서 더 나아가 자신의 정당성을 주장하기 위해 다른 고객들을 자기편으로 끌어들이기까지 하는 고객도 있다. 운동경기 특히 야구 경기장에서는 관람객들 간에 싸움이 종종 일어나는 편이고, 레스토랑에서도 시끄럽게 뛰 어 다니는 아이 때문에 손님들 간에 말다툼이 발생하기도 한다. 골프장에서는 앞 팀과 뒤 팀 간에 다툼이 일어나기도 하고 같은 팀 내에서도 서로 내기 골프를 하다가 심하게 싸우는 경우가 있다. 이러한 상황에서는 일단 싸움을 벌이고 있는 고객들을 다른 장소로 이동하게 해 다른 고객들에게 폐가 되지 않도록 하는 것이 중요하다. 그러나 무엇보다 고객들을 이해하려고 노력하는 것과 신중히 생각하고 신속히 행동에 옮기는 것이 무엇보다 중요 하다.

5) 파괴형(vandal)

의외로 기업의 시설이나 장비가 물리적 가해를 받아 손상되는 일이 상당히 많다. 은행의 ATM에 콜라를 엎지른 다거나, 벽에 낙서를 한다거나, 버스 의자 시트를 칼 로 긋는다거나 공중전화기 번호판을 담배불로 지진다거나 식당 테이블 보에 구멍을 뚫는 행동들 말이다.

6) 신용불량형(deadbeat)

기업에게서 제공받은 제품이나 서비스에 한 값을 지불하지 않으려고 하는 고객 이 바로 신용불량형에 속한다. 술집에서 마지막에 술값이 없다고 배짱을 부리는 고객 이나 술값을 내지 않고 도망가는 고객, 국제 전화를 1개월 동안 마음껏 사용한 후 행방을 감추어버리는 고객이 바로 그 예이다.

출처: 이유재(2002), 불량고객의 유형과 전략적 관리

참고문헌

- 권우현, 강민정, 서환주, 박정수 (2016), 서비스업 인력 수요 변동 분석, 한국고용정보원.
- 문소윤(2016), 서비스파워, 백산출판사.
- 서비스 산업총연합회(http://www.fsi.or.kr)
- 서여주(2017), 글로벌 매너, 백산출판사.
- 서여주(2016), 소비자의 정보인식에 있어서 정교화가능성모델 적용에 관한 연구, 이화여자대학교 대학원.
- 양윤(2014), 소비자심리학, 학지사.
- 이와모토시게키(2016), 나를 위한 사회학: 세상을 바라보는 시각, 정한책방.
- 이인경(2016), 인파워 & 서비스 이미지 메이킹, 백산출판사.
- 이정학(2016), 서비스경영, 기문사.
- 이준재, 허윤정(2015), 고객감동 서비스 & 매너연출, 서울: 대왕사
- 통계청, 경제활동인구조사.
- 한국은행, 국민계정.

Baddeley, A. D. (1966). Short-term memory for word sequences as a function of acoustic, semantic and formal similarity. The Quarterly Journal of Experimental Psychology, 18(4), 362-365.

Baddeley, A. D. (1966). The influence of acoustic and semantic similarity on long-term memory for word sequences. The Quarterly journal of experimental psychology, 18(4), 302-309.

Bandura, A. (1977). Self-efficacy: toward a unifying theory of behavioral change. Psychological review, 84(2), 191.

Bandura, A. (1986). The explanatory and predictive scope of self-efficacy theory. Journal of social and clinical psychology, 4(3), 359-373.

Bolton, M. (2004). Customer centric business processing. International Journal of Productivity and Performance Management, 53(1), 44-51.

Brean, H. (1958). What hidden sell is all about. Life, 31, 104-14.

Carpenter, G. S., Glazer, R., & Nakamoto, K. (1994). Meaningful brands from meaningless differentiation: The dependence on irrelevant attributes. Journal of Marketing Research, 339-350.

Cohen, J. B. (1967). An interpersonal orientation to the study of consumer behavior. Journal of marketing research, 270-278.

Drucker, P. (1954). The principles of management. New York.

Gaidis, W., & Cross, J. (1987). Behavior Modification as a Framework for Sales Promotion Management. Journal of Consumer Marketing, 4(2), 65-74.

Grossman, R. P., & Till, B. D. (1998). The persistence of classically conditioned brand attitudes. Journal of Advertising, 27(1), 23-31.

Higgins, E. T. (1997). Beyond pleasure and pain. American psychologist, 52(12), 1280.

Holbrook, M. B., & Hirschman, E. C. (1982). The experiential aspects of consumption: Consumer fantasies, feelings, and fun. Journal of consumer research, 9(2), 132-140.

Iyengar, S. S., & Lepper, M. R. (2000). When choice is demotivating: Can one desire too much of a good thing?. Journal of personality and social psychology, 79(6), 995.

Kahneman, D. (1973). Attention and effort (Vol. 1063). Englewood Cliffs, NJ: Prentice-Hall.

Keller, E. F., & Scharff–Goldhaber, G. (1987). Reflections on gender and science.

Kitayama, S., & Markus, H. (1990). Culture and emotion: The role of other-focused emotions. In 98th annual convention of the American Psychological Association, Boston.

Levitt, T. (1960). Marketing myopia. Harvard business review, 38(4), 24-47.

Levitt, T. (1972). Production-line approach to service. Harvard business review, 50(5), 41-52.

McCrae, R. R., & Costa, P. T. (1987). Validation of the five-factor model of personality across instruments and observers. Journal of personality and social psychology, 52(1), 81.

Miller, G. A. (1956). The magical number seven, plus or minus two: some limits on our capacity for processing information. Psychological review, 63(2), 81.

Parasuraman, A., Zeithaml, V., & Berry, L. (2002). SERVQUAL: a multiple-item scale for measuring consumer perceptions of service quality. Retailing: critical concepts, 64(1), 140.

Passyn, K., & Sujan, M. (2006). Self-accountability emotions and fear appeals: Motivating behavior. Journal of Consumer Research, 32(4), 583-589.

Rathmell, J. M. (1966). What is meant by services?. The Journal of Marketing, 32-36.

Rathmell, J. M. (1974). Marketing in the service sector. Winthrop.

Scott, R. (1976). The female consumer. John Wiley & Sons.

Shah, D., Rust, R. T., Parasuraman, A., Staelin, R., & Day, G. S. (2006). The path to customer centricity. Journal of service research, 9(2), 113-124.

Shostack, G. L. (1987), ``Service positioning through structural change", Journal of Marketing, January.

Smith, C. A., & Lazarus, R. S. (1993). Appraisal components, core relational themes, and the emotions. Cognition & Emotion, 7(3-4), 233-269.

Stanton, W. J. (1981), Fundamentals of Marketing, 6th ed., McGraw-Hill, New York, NY.

Tulving, E. (1974). Cue-dependent forgetting: When we forget something we once knew, it does not necessarily mean that the memory trace has been lost; it may only be inaccessible. American Scientist, 62(1), 74-82.

Van Trijp, H. C., Hoyer, W. D., & Inman, J. J. (1996). Why switch? Product category: level explanations for true variety-seeking behavior. Journal of Marketing Research, 281-292.

Wallace, W. T. (1994). Memory for music: Effect of melody on recall of text. Journal of Experimental Psychology: Learning, Memory, and Cognition, 20(6), 1471.

Wang, C. L., & Mowen, J. C. (1997). The separateness–connectedness self–schema: Scale development and application to message construction. Psychology & Marketing, 14(2), 185-207.

Zuckerman, M. (1979). Sensation seeking. John Wiley & Sons, Inc..

저자약력

서여주

- 이화여자대학교 일반대학원 경영학 석사
- 이화여자대학교 일반대학원 소비자학 박사
- 전) IDS & Associates Consulting 컨설턴트
- 전) 경기연구원 연구원
- 전) 한국직업능력개발원 연구원
- 전) 과학기술정책연구원 부연구위원
- 현) 아트라스컨설팅 이사
- 현) 이화여자대학교 소비자학과 외래교수

서여주 박사는 소비자에 집중된 수많은 이슈들에 관심을 가진 학자로서 최근에는 4차 산업혁명에 대비한 소비자행동, 소비자심리 및 문화 그리고 소비자정책에 관하여 학계는 물론 실무영역에서도 선도적인 문제제기를 하고 있다. 동시에 대학에서 기업과 소비자에 대한 명확한 이해를 바탕으로 강의를 진행하면서, 다수의 학술연구를 수행하고 있다. 또한 우리 사회에서 진정성(authentic) 있는 기업 행동의 올바른 인식과 구체적인 가이드를 꾸준히 개발하고 있다. 무엇보다도 기업과 정부의 폭넓은 경험을 통해 소비자 중심적인 시각에서 소비자 만족과 효용을 극대화하는 가교역할을 담당하고 있으며 기업이 소비자 니즈를 재빨리 확인할 수 있는 소비행동에 대한 다양하고 심층적인 정보를 수집·가공하여 소비자 복지향상에 기여할 수 있는 정책연구 또한 꾸준히 개발하고 있다.

저자와의
합의하에
인지첩부
생략

고객응대실무

2018년 3월 5일 초 판 1쇄 발행
2021년 3월 15일 개정판 3쇄 발행

지은이 서여주
펴낸이 진욱상
펴낸곳 (주)백산출판사
교 정 편집부
본문디자인 오정은
표지디자인 오정은

등 록 2017년 5월 29일 제406-2017-000058호
주 소 경기도 파주시 회동길 370(백산빌딩 3층)
전 화 02-914-1621(代)
팩 스 031-955-9911
이메일 edit@ibaeksan.kr
홈페이지 www.ibaeksan.kr

ISBN 979-11-88892-96-9 93320
값 18,000원